重大工程社会责任行为选择与演化

谢琳琳 著

中国建筑工业出版社

图书在版编目(CIP)数据

重大工程社会责任行为选择与演化 / 谢琳琳著. —
北京：中国建筑工业出版社，2021.3
ISBN 978-7-112-25941-0

Ⅰ. ①重… Ⅱ. ①谢… Ⅲ. ①重大建设项目—社会责
任—研究 Ⅳ. ①F282

中国版本图书馆 CIP 数据核字(2021)第 040297 号

责任编辑：周方圆　张　晶
责任校对：李美娜

重大工程社会责任行为选择与演化
谢琳琳　著

*

中国建筑工业出版社出版、发行（北京海淀三里河路 9 号）
各地新华书店、建筑书店经销
北京红光制版公司制版
北京建筑工业印刷厂印刷

*

开本：787 毫米×1092 毫米　1/16　印张：16½　字数：364 千字
2021 年 3 月第一版　　2021 年 3 月第一次印刷
定价：58.00 元
ISBN 978-7-112-25941-0
(37202)

前　言

在新的时代背景下，重大基础设施工程（简称：重大工程）已经成为国家综合竞争力的重要标杆。"十四五"规划明确指出要实施川藏铁路、西部陆海新通道、国家水网、雅鲁藏布江下游水电开发等重大工程，推进一批强基础、增功能、利长远的重大项目建设，我国重大工程无疑又迎来了新一轮发展机遇。重大工程已经成为国民经济和社会发展的生命线，然而重大工程不确定因素复杂，涉及利益相关者众多，使得主体社会责任意识模糊、行为不确定性大，极易诱发各种"异化"社会责任行为。如何正确引导重大工程有序、高效、有针对性地实施社会责任，是实现重大工程可持续性发展必须面临的现实问题。

重大工程社会责任（Megaproject Social Responsibility，MSR）作为重大工程建设管理的重要支撑和重大工程品牌的重要表征，受到了社会、行业的广泛关注，引起了学术界学者高度的重视。而传统的工程项目管理中，缺乏针对社会责任柔性目标的有效管理理论和策略，无法适应我国重大工程管理面临的现实需求。因此，将工程社会责任管理纳入传统的工程项目管理中是非常必要的。开展重大工程社会责任行为动因、行为规则、行为机理等相关研究，提出治理对策，促进各利益相关方之间的社会责任行为耦合，保证工程全生命周期各阶段社会责任行为协同，确保重大工程将社会责任原则付诸实践，这是当前理论界和实践界共同关注的热点话题，具有非常重要的理论意义和实践价值。

本书立足于我国重大工程管理实践，以促进重大工程可持续发展为目标导向，在国内外重大工程社会责任相关研究基础上，基于社会行动理论、新制度主义理论、复杂性理论、组织行为学等理论，依托前海深港现代服务业合作区、深中通道等典型案例，对重大工程社会责任行为选择机理和演化规律进行研究和总结，并提出治理对策。通过系统深入的研究，以期为重大工程社会责任行为管理和工程可持续发展提供支撑，为重大工程实践和政府制定政策提供理论依据。

本书主要研究工作包括四个部分：

（1）重大工程社会责任行为内涵。笔者基于充分的文献梳理和工程调研，科学界定了重大工程社会责任行为内涵，阐明了重大工程社会责任行为特征，厘清了重大工程社会责任行为类型。行为内涵的确定为后续重大工程社会责任行为研究奠定了必要的前提理论基础。

（2）重大工程社会责任行为选择机理。笔者基于社会行动理论、新制度主义理论等理论，结合重大工程实际情境，从利益相关者视角分析了影响重大工程社会责任行为选择的核心因素，构建了重大工程社会责任行为选择理论模型和行为网络模型，并依托前海深港现代服务业合作区群体项目进行实证，揭示了重大工程社会责任行为选择机理。

（3）重大工程社会责任行为演化规律。笔者基于复杂性理论、组织行为学等理论，构建了符合中国重大工程情境特征的工程社会责任行为演化理论模型，以深中通道开展案例仿真实证研究，挖掘出了重大工程社会责任行为演化规律，为重大工程社会责任行为治理对策提供了理论依据。

（4）重大工程社会责任行为治理对策。笔者基于重大工程社会责任行为选择机理和动态演化规律的研究成果，从"正向促进"和"反向遏制"两个方面总结了重大工程社会责任行为治理对策，并提出了"企业—政府—社会"三维主体治理机制。

本书研究成果得到了国家自然科学基金面上项目"重大基础设施工程社会责任行为选择机理、动态演化及治理对策研究（项目编号：71871096)"的资助和支持。对重大工程社会责任行为选择机理、动态演化及治理对策等方面进行研究，有利于指导我国重大工程社会责任实践，提升我国重大工程国际竞争力，这对于完善和发展具有中国特色的工程治理理论体系，推动我国治理能力现代化的发展，具有较大的实践意义和理论意义。

本书撰写过程得到了同济大学乐云教授、何清华教授、李永奎教授、胡毅助理教授、美国佛罗里达大学 JING "ERIC" DU 副教授、澳洲昆士兰科技大学 Martin 教授、夏波副教授、重庆大学杨宇教授、向鹏成教授等的指导和建议；得到了上海科瑞真诚建设项目管理有限公司罗晟副总经理、董杰副总经理、广东省审计厅吴鹤峰高工、广东省公路建设有限公司李彦兵总经理、广州越秀集团何培勇总经理等的指导和帮助；得到了广州市住房和城乡建设局、广州市交通局、深圳市住建局、深圳市前海管理局、深中通道管理中心等单位部门的支持和帮助，在此表示衷心的感谢。

特别感谢我的研究生韩婷、贺迪、许庭、具天浩、罗子媛、黄棉、陈雅娇、林桂欣、吴思思、黄玉翠为课题研究和本书所做的贡献！回首课题研究和专著撰写的过程，我们经历了许多困难与挫折，但最终在坚持与努力中迎来"柳暗花明"，迎来本书的出版。

同时，由于笔者自身能力和水平有限，书中难免存在不足之处，敬请各位专家、读者不吝指正。

笔者

2021 年 2 月

目 录

第 1 章 导 论

作为全书的导论部分，本章从研究问题出发，阐明了本书研究的背景、动机和意义，概括出本书的主要研究内容和逻辑分析框架，并阐述了本书的研究方法和技术路线。本章是全书的纲领，将对全书的整体研究起到系统引导和宏观界定作用。

1.1 问题提出

重大基础设施工程（以下简称"重大工程"）社会责任是指重大工程利益相关者在项目全生命周期中通过透明及合乎道德的行为，为其决策和活动对社会、环境的影响而承担的责任（Zeng 等，2015）。在当前强调绿色发展、重视社会稳定的形势下，重大工程越来越强调与社会、经济、文化、生态交叉融合（汪应洛，王宏波，2005），注重人与社会、自然环境的和谐共生和可持续发展（陆佑楣，2005）。作为实现重大工程可持续性（Zeng 等，2015）、提高重大工程社会效益（Flyvbjerg，2014）、促进社会和经济发展（Donaldson 等，2010；刘生龙，胡鞍钢，2010；Leigh，Neill，2011；Zheng，Kahn，2013；Dalin 等，2014；Zhao 等，2015）的重要因素，重大工程社会责任无疑是衡量工程项目是否成功的重要"价值"要素之一（Rao，Reusch，2011；Turner，Zolin，2012）。

重大工程社会责任与工程利益相关者行为密切相关，其成功实施需要各方在工程全生命周期内紧密合作、共同协作（Ma 等，2017），任何一方责任行为缺失、不当或异化都可能损害工程投资效益，破坏工程社会形象。如建造方生产安全意识疏忽带来的工程事故与人员伤亡（超鸿燕，2014；Xue 等，2015；Ma 等，2017）、管理方社区责任意识薄弱引起非政府组织的抗议、员工罢工、社会冲突、严重时甚至导致工程终止（Lee 等，2017；中国行业研究网，2013）。并且，重大工程社会责任主体类型众多，使得主体的社会责任角色模糊（Zhou，Mi，2017）、行为不确定性大，极易诱发各种"伪"社会责任行为，诸如逃避行为、效仿行为、循规行为、伪装行为等。

为促进各利益相关方之间的社会责任行为耦合，保证工程全生命周期各阶段社会责任行为协同，引导各方有序、高效、有针对性地实施社会责任，有必要将社会责任行为管理纳入传统的工程项目管理中，以确保组织提供监督及将社会责任原则付诸实践（ISO26000，2010），防止工程社会责任行为缺失或异化。但传统的工程项目管理理论，缺乏针对社会责任柔性目标的有效管理策略，迫切需要开展工程社会责任行为专题研究。

　　重大工程利益相关者众多，每个主体的社会责任行为动机及影响因素不尽相同（Zhou，Mi，2017），主体的异质性、交互性加上重大工程本身的复杂性，使重大工程社会责任行为选择机理错综复杂。更为重要的是，工程社会责任行为具有复杂的主体行为动态演化过程，其行为表现出显著的多元异质性、复杂的情景依赖性和动态演化性。有效的社会责任行为管理需要深入掌握不同情境下各主体的行为选择动机、行为交互规则、行为动态演化及行为响应模式。现有理论研究总体相对薄弱，研究视角和研究方法存在不足，缺乏从全局的高度和系统的角度对行为机制进行集成的、多层次的系统分析（Zhou，Mi，2017）；在研究方法方面，许多研究是基于描述性的概念界定、或以纯数理分析为主，缺乏从工程社会责任行为网络视角，分析行为情境要素和诱因，挖掘行为交互与演化机理，无法深入刻画"主体—行为—情境"之间的复杂交互关系，难以为工程社会责任实施提供直接参考。

　　为了规避这些不足和更为细致地探讨重大工程社会责任行为微观过程和宏观结果，需要采用全新的研究视角和方法，对重大工程社会责任行为进行情景仿真，刻画行为选择模式、情景动力学特征和行为人之间的交互关系，将微观个体层面的行为选择与宏观社会层面的情景要素有机结合，从根本上寻求重大工程社会责任行为管理的有效对策。

1.2　研究目标

　　本书立足"中国情境"进行重大工程社会责任行为研究，以期实现以下研究目标：

　　（1）通过定性分析识别重大工程社会责任行为情景要素及诱因，为重大工程社会责任行为选择机理分析奠定基础。

　　（2）构建重大工程社会责任行为元网络模型，识别行为主体社会责任行为选择策略，研究重大工程社会责任行为涌现规律，为重大工程社会责任行为仿真分析提供理论基础。

　　（3）探索我国重大工程社会责任行为动态演化的计算实验方法，在理论研究的基础上，进一步集成Agent仿真技术，验证和优化理论研究成果，为实证研究与实践应用提供工具和方法支持。

　　（4）提出不同情境下重大工程社会责任行为治理对策，构建重大工程社会责任行为管理机制，为重大工程社会责任实践提供理论支持和方法指导。

1.3　研究内容

　　本书立足中国重大工程实践，从行为网络形成的动态视角，针对工程社会责任行为显著的多元异质性、复杂的情景依赖性和动态演化性，采用组织行为学、质性研究、元网络分析等理论和方法研究工程社会责任行为的基本理论、选择机理、动态演化及响应规律等关键问题，进而有针对性地提出治理对策。具体包括：

（1）重大工程社会责任行为的概念界定、特征提取、类型识别与影响因素提取。首先，全面、清晰地界定社会责任行为概念，对重大工程社会责任行为系统进行明确的边界划分，界定重大工程社会责任的责任主体并提取工程社会责任行为特征。分析重大工程社会责任行为"主体—行为—情境"组织场域，提取重大工程社会责任行为选择的影响因素，并分析各影响因素对行为主体社会责任行为选择的驱动作用与影响路径。

（2）重大工程社会责任行为选择机理研究。首先，从主体、客体和情境三方面分析重大工程社会责任行为影响因素特性；其次，构建重大工程社会责任行为元网络模型，根据"重大工程社会责任行为选择内聚—影响机理"研究动态演化路径；最后，考虑工程全生命周期动态性—社会责任多维性—行为主体交互性，初步构建"时间—任务—主体"三维下的工程社会责任行为动态演化模型。

（3）基于 Agent 的重大工程多主体社会责任行为动态演化研究。利用基于 Agent 的仿真技术进行计算，实现并以此进行多主体行为的动态演化规律分析。结合典型案例对不同因素作用下社会责任行为选择交互规则与动态演化路径进行比较研究，验证模型可靠性；识别行为"突变点"并分析其发生条件与演变规则；通过对关键因素的敏感性分析，确定不同因素对行为演化路径的影响程度，识别关键影响因子，以此作为社会责任行为治理对策的理论依据。

（4）重大工程社会责任行为治理对策与实证研究。根据不同情境因素作用下各行为主体的行为选择策略、动态演化规律的研究成果，从正向促进、反向遏制等方面提出不同情境下重大工程社会责任行为治理对策。

1.4 研究方法和技术路线

1.4.1 研究方法

本书综合运用文献分析法、案例研究、定性比较分析、解释结构模型、结构方程模型、动态元网络分析、计算机仿真技术等主要研究方法，按照"行为情景诱因—行为选择机理—行为动态演化—行为治理对策"思路，研究了"重大工程社会责任行为选择机理、动态演化与治理对策"的科学问题。结合国内外文献和案例研究成果，在定性解构重大工程社会责任行为情景要素和情景诱因基础上，借助元网络分析方法定量剖析社会责任行为选择内在机理，通过计算机仿真计算进一步研究行为演化路径，探寻行为响应规律，据此提出行为治理对策，最后通过实际案例验证理论研究结果。具体研究方法包括：

（1）文献分析法

通过大量阅读已有文献，了解和掌握重大工程社会责任研究现状，寻找支持本研究的理论基础。并通过文献研读，界定重大工程社会责任行为等相关概念，确定重要的社会责任行为影响因素，为后续实证研究奠定扎实的理论基础。

（2）问卷调研法

由于社会责任的特殊性，许多分析数据的来源依靠问卷调研获得。在设计问卷量表时，为保证量表的可靠性和实用性，请学术界和行业内专家对问卷内容进行把关。同时，选择具有代表性的重大工程案例，借助课题组力量寻求工程所在地方政府管理部门的帮助，保证问卷数量与质量。

（3）元网络分析法

为综合研究工程组织间关系、宏观影响因素对重大工程社会责任行为作用机理，本书选取元网络作为基本分析模型，在此基础上结合多元回归分析方法（SPSS、PROCESS）研究重大工程社会责任行为机理，并使用元网络（ORA 软件）辅助重大工程社会责任行为涌现分析模拟。此外，在数据处理中还借助 SPSS、AMOS 进行信度和效度分析。

（4）仿真计算实验

为了探究 MSR 行为演化规律，本书在定性分析的基础上，采用计算实验中的 ABMS 方法，根据深中通道工程案例的调研数据设置仿真环境和 Agent 参数，依托重大工程社会责任行为演化理论模型设定 Agent 交互过程、Agent 交互规则，基于 Netlogo 原语编码建立起与重大工程社会责任实践相对应的计算模型，进行重大工程社会责任行为演化模拟和敏感性分析，捕捉重大工程社会责任行为演化的敏感点，进而总结归纳出重大工程社会责任行为演化规律。

1.4.2　技术路线

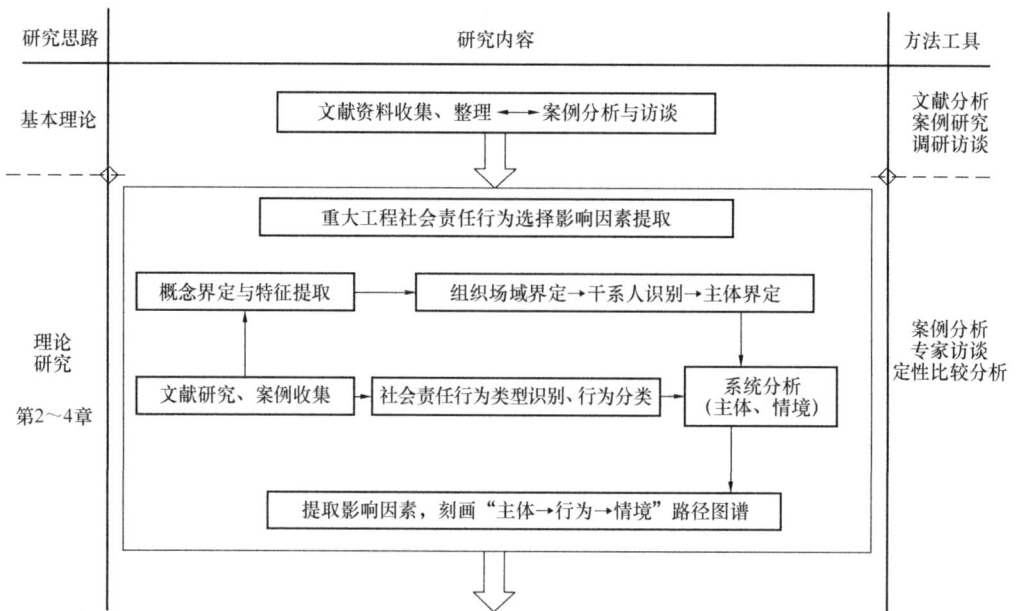

图 1-1　技术路线图（一）

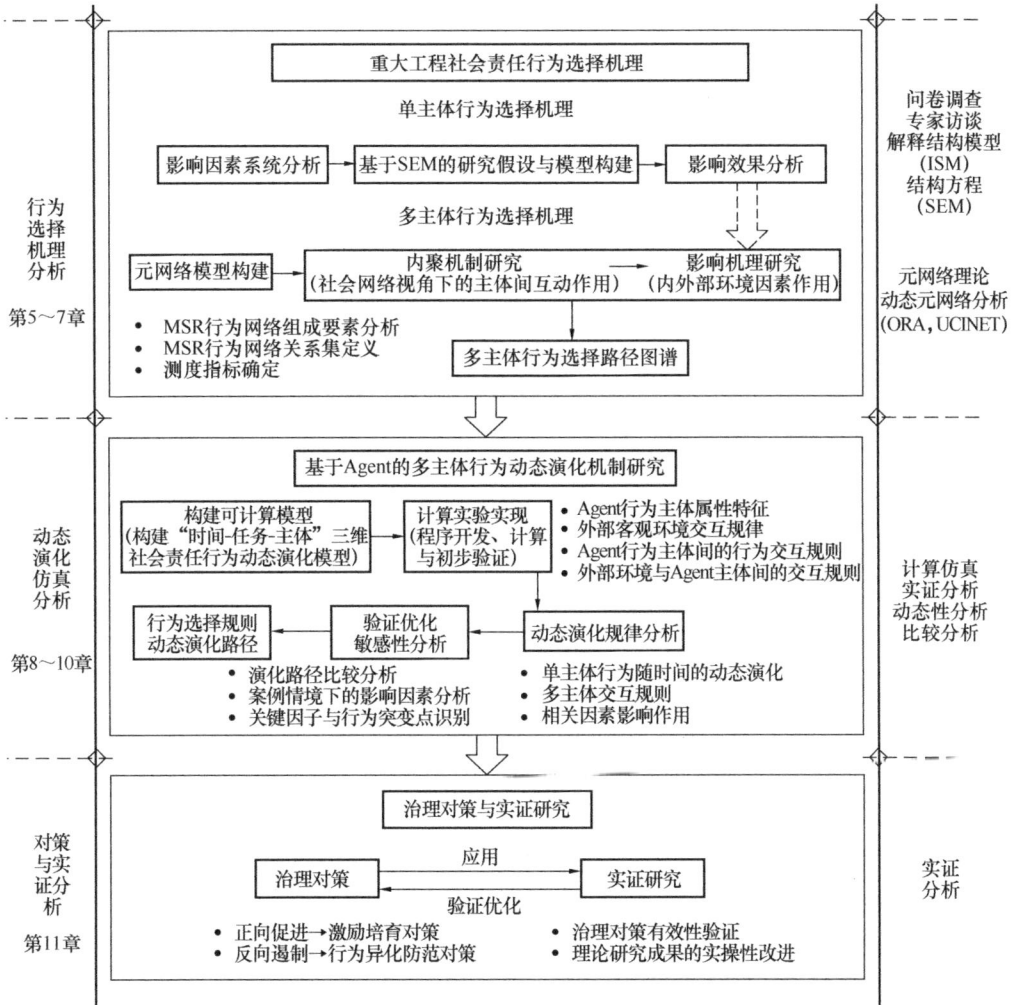

图 1-1 技术路线图（二）

1.5 研究的主要创新点

（1）当前社会责任的研究绝大部分都是围绕企业社会责任展开，工程社会责任研究在近几年才出现，重大工程社会责任行为的专项研究尚处于起步阶段。本书扎根中国重大工程实际情景，聚焦于重大工程社会责任行为，基于行为人导向的网络动力学，从行为视角研究不同情境下工程利益相关方的社会责任行为模式、行为选择机理以及行为演化路径，探索工程社会责任行为响应规律，优化工程社会责任实践路径，研究视角独特，研究内容前沿。

（2）本书借助元网络理论分析主体、行为、任务、知识等要素间的互动关系，并利用基于 Agent 的仿真技术模拟分析多主体行为的动态演化过程，对工程社会责任行为进行情景仿真，刻画行为选择模式、情景动力学特征和行为人之间的交互关系，将微观个体层面的行为选择与宏观社会层面的情景要素有机结合，更好地探索了工程社会责任行为的内在交互、动态演化机理，研究方法科学，研究路线可行。

（3）本书分析了重大工程各参建主体的行为规则和交互规律，提出了重大工程社会责任行为涌现路径图，采用元网络分析理论与方法研究了重大工程社会责任行为选择机理，为重大工程社会责任行为治理提供了理论基础。

（4）本书率先探讨了重大工程社会责任履行的"事前"因素，将学术界的研究焦点由对工程社会责任履行的"事后"的评估、管控转移到了重大工程社会责任行为产生的起因，在一定程度上补充了重大工程社会责任的理论体系。

（5）本书立足于中国重大工程实践，依托中国深圳前海深港现代服务业合作区、深中通道等典型重大工程案例，总结和提炼了中国重大工程社会责任行为选择机理和演化规律，对提高重大工程社会责任管理实践水平，促进重大工程可持续发展做出了一定贡献。

第一篇

理论研究篇

第 2 章　理论基础与文献综述

本章对相关基础理论进行梳理，从社会责任、重大工程社会责任、重大工程社会责任行为、行为机理以及行为演化等方面进行了全面的文献回顾工作，总结分析了前人丰富的研究成果，指出现有研究的不足，引出了本书研究的核心问题和研究的切入点。

2.1　社会责任的起源与发展

ISO 认为社会责任是"组织通过透明和合乎道德的行为，为其决策和活动对社会、环境的影响而承担的责任"，这一定义意在强调组织有就其决策和活动对于环境的影响承担责任的意愿。

过去和现在社会责任的研究主要集中在企业社会责任（Corporate Social Responsibility，CSR）。CSR 理论以早期弗里曼的利益相关者理论和社会契约理论为基础，逐渐过渡到卡罗尔提出的经济、法律、伦理和慈善四维度经典模型（Carroll，1991），从早期的工具理论演化为政治理论、综合理论和伦理理论三维度扩展到企业利润、政治绩效、社会需求和伦理价值四维度（Stein，2018）。CSR 的研究内容也逐步丰富，从 CSR 行为、履行、评价指标等方面逐步延伸到 CSR 对于财务绩效的影响（Brammer，Millington，2008）、CSR 测量（Wood，2010）、CSR 价值创造（Peloza，Shang，2011）等方面，相关议题包括市场营销（Sen，Bhattacharya，2001）、绿色创新（Lin 等，2014）和组织行为（Aguinis，Glavas，2012）等。

由此可知 CSR 的研究议题十分宽泛，但由于社会责任概念本身具有"模糊"和"无形"的特性，CSR 的概念尚未有一个广为接受的统一界定（Jamali，2008）。CSR 的概念从早期的"为股东创造利润"，过渡到中期的"在传统法律和经济要求之外参与社会议题"，再发展到后来的"为更广泛的利益相关者负责"（Davis，1973；Doh，Guay，2006；Godfrey，Hatch，2007）。鉴于 CSR 概念的难以界定，Marrewijk 等认为与其概括出适用于所有人的定义，保持 CSR 概念的包容性和多样性不失为一种好的解决方案（Marrewijk，2003）。Pirsch 等进一步提出，CSR 可以视为概念上的连续体，从最基本的遵守法律和履行对股东义务，到超过基本要求的对于社会的自由裁量的利他贡献（Pirsch et al.，2007）。

2.2　重大工程社会责任

重大工程不仅投资规模大、建设周期长，还会对公众、环境、和政府财政等产生重大影响（Little，2011）。Guikema 等指出重大工程为社会生产、经济发展和人民日常生活提供了公共服务，已经成了现代社会的支柱（Guikema，2009）。王爱民认为重大工程社会责任是重大工程因实施对利益相关者造成了经济、环境、社会等多维度的影响所应承担的责任，此外还包含了工程目标的实现（王爱民，2015）。Zeng 等指出，重大工程社会责任（Megaproject Social Responsibility，MSR）是指在整个项目生命周期中利益相关者的政策和实践，这些政策和实践反映了对更广泛社会福祉的责任（Zeng 等，2015）。这一定义被学者们广为接受，因此，本书采用这一概念界定。

相比于企业社会责任只有单一的承担主体，重大工程的社会责任由多元异质的主体承担。随着项目生命周期的推进，MSR 的关键议题以及主要履行者都在不断发展变化，加之 MSR 的履行依赖于各个参与主体的紧密协作，而每个主体的行为动机不尽相同，主体之间存在着复杂的交互作用。这赋予了 MSR 不同于 CSR 和一般工程社会责任的独特性，Zeng 等将其总结为项目生命周期动态性，利益相关者异质性以及社会责任互动性（Zeng 等，2015）。

从行为主体来看，重大工程社会责任的行为主体具有多元性，参与工程建设的各个企业（如设计院、施工企业、监理单位等），以及其他相关组织（如政府部门、当地社区等），甚至可以具体到工程师都可以视为行为主体。

从行为客体来看，重大工程社会责任主体主要针对五大维度的社会责任做出相应的行为选择：①环境责任：如 Schieg（2009）以及 Hafner 和 Miosga（2008）都指出工程建设不能以破坏生态稳定为代价；Lichtenstein 等（2013）人强调工程建设中保护环境的重要性；②法律责任：Velásquez（2012）指出工程建设需要遵循法律和规章制度的要求，这也是最基本的社会责任（Zeng 等，2015）；同时由于重大工程的特殊性，反腐败是其需要注意的重要社会责任之一（Le 等，2014）；③伦理道德责任：主要包括职业健康与安全（Veláslquez，2012）、关爱特殊员工（如农民工、残疾人等）等与员工相关的责任（区莹，2007）；④经济责任：社会责任中提及的经济责任主要指重大工程应该提供对社会有价值的设施和服务（Korytáro vá and Hromád ka，2014）；⑤政治责任：重大工程通常会有政府当局参与且建设目的是提供公共服务项目，应该承担的重要政治责任之一是促进社会的稳定与公平（Orji，Awortu，2015；Strauch 等，2015）。

2.3　重大工程社会责任行为

随着社会责任研究领域的不断扩大，社会责任行为这一概念逐渐突显出来。社会责任强调了责任的应然性，即要求主体应当做什么，侧重于道德维度；而社会责任行为强调了责任的实然性，即主体实际做了什么，侧重于管理维度。现有文献中并未对 MSR 行为直接进行定义，本书从 CSR 行为的相关研究出发，在此基础上结合重大工程的特点界定 MSR 行为概念。

CSR 的概念在提出后如同一把大伞容纳起各类的思想、概念和争论，这也意味着 CSR 概念目前尚未有权威定义（Valor，2010）。这种概念上的模糊性影响了企业 CSR 的实践，因此为了使 CSR 更具有可行性和实操性，学者们提出了企业社会责任响应（Corporate Social Responsiveness，CSR2）的概念，这也标志着 CSR 从道德义务维度迈向了更具实践性的管理维度。Frederick 将企业社会责任响应定义为"企业回应社会压力的能力"，这一概念被学术界广泛接受。学者们认为，CSR 强调的是企业"应当做什么"，而 CSR2 提供的是企业行动的方向，即企业"如何去做"。CSR2 提供了企业在履行 CSR 的行为导向，很多学者在此基础上提出了企业 CSR 行为或者企业社会战略反应的概念。

Carroll（1979）认为 CSR2 是企业应对社会责任和社会议题所采取的发展战略，这种回应有可能是道德的，也可能是不道德甚至违背法律的（Carroll，1979）。

Wartick 等（1985）认为企业的社会回应反映了企业应对社会压力的能力，社会回应可以引导企业管理者有效执行社会政策（Wartick，Cochran，1985）。

张玉爽（2011）认为 CSR 行为是企业对于社会责任认知的结果，企业对于社会责任采取不同的态度就会产生不同的行为（张玉爽，2011）。

吴晓姣（2013）认为 CSR 行为即是企业根据 CSR 要求所采取的行动（吴晓姣，2013）。

于飞（2014）将 CSR 行为定义为企业在制度环境的作用下做出的响应（于飞，2014）。

杨菊兰（2016）将 CSR 行为定义为"一定时期内企业对其利益相关者的需求和期望所做的回应和主动担当，即企业以满足利益相关者需求和期望为目标的行为"（杨菊兰，2016）。

从重大工程特性出发，重大工程外部面临着来自政治、经济、技术等多方面的挑战，内部则是由不同参建主体构成的开放的跨组织社会网络系统（Provan 等，2014）。这使得重大工程在全生命周期中蕴含着丰富的情境，情境中的诸多要素可能对主体的 MSR 行为产生影响（Zeng 等，2017）。项目管理是基于情境的，需要不断根据情境进行权变（Brocke，Lippe，2015）。因此在定义 MSR 行为时应当注意到 MSR 行为的情境依赖性。综合以上分析，本书将 MSR 行为定义为重大工程各行为主体基于一定情境条件在内外部影响因素的作用下对 MSR 要求所产生的响应。

2.4　重大工程社会责任行为机理

目前针对 MSR 行为影响因素的讨论和分析相对不足（Zeng 等，2017），而 MSR 履行效果影响因素的研究成果较为丰富。考虑到 MSR 履行效果正是 MSR 行为的结果，这些研究在一定程度上有助于理解哪些因素影响了 MSR 行为。随着项目生命周期的推进，MSR 的关键议题以及主要参与者都在不断发展变化，加之 MSR 的履行依赖于各个参与主体的紧密协作，而每个主体的行为动机不尽相同，主体之间存在着复杂的交互作用。这赋予了 MSR 不同于 CSR 和一般工程社会责任的独特性，Zeng 将其总结为项目生命周期动态性、利益相关者异质性以及社会责任互动性。因此，MSR 的影响因素也是错综复杂的。Zhou 等通过聚类分析和词频分析回顾了以往 MSR 相关文献，发现可以根据成因将其分为内部和外部两个类别（Zhou，Mi，2017）。

内部影响因素来自重大工程参建主体，考虑到参建主体主要是企业，大部分学者从单一责任承担主体（如承包商）的角度出发，研究了社会责任的影响因素，如组织规模、财务绩效、高管特征等。

组织规模：组织规模较大的公司往往具有较大的社会影响，应当承担较多社会责任，这符合人们的公平认知（Udayasankar，2008）。工程项目也同样如此，Gliedt 等发现社会责任议题的接受程度与项目组织规模有关，大型项目的接受度比小型项目更高（Gliedt，Hoicka，2015）。而且组织规模越大的参建方往往拥有较高的行业地位，研究表明行业中的领军企业往往会采取更加积极主动的社会责任行为（Masurel，Rens，2015）。

财务绩效：财务绩效与社会责任表现的关系不那么明确，二者之间关系的方向性尚未得到统一结论（Radhakrishnan 等，2014）。尽管争论不断，学者们都认同财务绩效和社会责任表现是密切相关的，大量研究指出拥有较强盈利水平或者营业额的企业往往倾向于履行社会责任承诺（Lichtenstein 等，2013）。

高管特征：Han Lin 发现，自恋型 CEO 会阻碍 MSR 的实现，降低重大工程的可持续性（Lin 等，2018）。Briggs 等指出促进重大工程成功的核心要素之一是 CEO 的个人价值观，组织行为选择所反映的价值观会作用于重大工程的全生命周期（Briggs，Little，2008）。CEO 的价值观是行为的基础，反映出决策行为的伦理性，决定了多大程度上社会责任议题被纳入组织的战略规划过程（Fassin 等，2015a）。对于重大工程而言，高管的价值观似乎更为突出。对于一般工程而言，追求自身利益以完成建设任务，履行社会责任是一种常见且理性的做法。而对于重大工程，承包商可能会表现出超出正常合约的建设行为，如主动建言、积极参与劳动竞赛等。这种角色外的积极行为有助于提高重大工程项目绩效，却无法获取短期利益（Müller 等，2014）。这种行为反映出的高管价值观值得探究。

尽管单一组织的研究视角有所局限，考虑到重大工程作为临时性的组织由各种常设组织构成，常设组织的社会责任也会对 MSR 产生影响。如企业文化，Zhou 等指出项目参与主体的企业环境和企业文化对于项目文化会有一定影响（Zhou，Mi，2017）。如公司声誉，He 等指出，在香港珠海港大桥的建设过程中，管理层为了维护和提高公司声誉会尽最大可能避免事故，提高项目绩效（He 等，2019）。此外，也有学者证实了单一组织社会责任对于 MSR 或一般基础设施工程社会责任的促进作用

（Awortu，2015；Othman，Abdellatif，2011）。

外部影响因素来自于重大工程所处的环境。如利益相关者压力，利益相关者参与被视为维护公共利益的有效手段，这在现有文献中得到了特别强调（Mok 等，2015）。来自利益相关者的压力督促主体尽可能平衡各方利益，减少冲突，确定项目的优先事项（Deegan，Parkin，2011）。如制度环境，良好的制度环境对于促进工程社会责任的实施具有相当的积极意义（Xie 等，2017），而缺乏透明度和约束力的制度环境容易出现"制度漏洞"，进而滋生腐败机会，尤其是在重大工程的招标投标过程中，个别工程频出腐败丑闻，个别政府部门声名狼藉（Lin 等，2017a）。如第三方认证，在中国，人们热衷于追求工程、政治、社会等多方面的胜利，往往对重大工程提出一系列的获奖要求（Zhai 等，2017）。

上述研究侧重于探究 MSR 的履行效果的影响因素，可以帮助我们理解什么因素会影响社会责任的最终履行效果。但仅关注行为结果是不够的，更应当关注行为过程。考虑到 MSR 处于动态演化中（Qiu 等，2019），因而需要关注主体是如何做出各种行为的，即行为演化规律，厘清什么因素会影响主体响应社会责任而做出不同的 MSR 行为。

对于 MSR 行为影响因素，目前只有一些零星的针对具体工程社会责任行为的研究。如重大工程组织公民行为（Megaproject Citizenship Behavior，MCB）。Yang 等指出，重大工程的情境要素驱动主体超越合同要求，采取有利于他人的行动，从而形成了不同形式的 MCB（Yang 等，2018a）。具体到环境责任维度，Wang 等指出，为了弥补正式管理制度的不足，加强主体之间的关系互动，促进隐性知识的共享，会鼓励重大工程环境组织公民行为的出现（Wang 等，2017）。如"漂绿行为"，Feintein 等指出施工方可能根据政府管制的弹性和市场偏好的变化来动态地调整自身"漂绿行为"，伪装履行环境维度的社会责任（Feinstein，2013）。业主对于工期的严格要求也可能使得施工方的环境管理措施难以实施，降低其在环境维度社会责任的表现（Zhang 等，2015）。

上述研究有助于我们理解特定的几种 MSR 行为，但是没有从整体角度出发探索一般性的 MSR 行为演化过程。重大工程组织具有群体网络特性，主体之间存在着复杂的交互影响机制。因此，重大工程组织中往往是多种 MSR 行为并存，不同的 MSR 行为相互作用，不断演化。研究单一的 MSR 行为并不能很好地帮助我们理解这种演化机制。因此，本研究认为有必要从重大工程整体角度出发，充分考虑主体间交互作用，探究 MSR 行为演化过程。

2.5　重大工程社会责任行为演化

当下针对 MSR 行为整体性状的演化和推进的研究成果相对不足，部分学者对工程社会责任行为演化的驱动因素进行了研究。Bowen 等指出，施工方单方的舞弊行为可能在压力、机会、合理化因素形成的不等边舞弊三角形的作用下演化为涉及业主、监理方的多方舞弊行为（Bowen 等，2012）。Wang 等发现，在共同环境价值观的推动下，单方的环境保护实践可能演化为多方的环境保护实践（Wang 等，2017）。Qiu 等指出，来自外部环境的难以调和的制度压力和来自内部行为主体的组织冲突导致了宏观层级和微观层级的制度复杂性，这种制度复杂性会推动组织行为不断演变（Qiu 等，2019）。此外，行为主体之间的协调机制也得到了关注。当发生冲突时，一些行为主体会调整自身行为，以便与其他主体的行为进行聚合、综合或结合（Ramus 等，2017），一些行为主体则会选择遵从拥有较高地位主体的行为实践。协调机制所催生的灵活的行为演变有助于重大工程的效能提升和创新重构（Mair 等，2015）。

迄今为止，大多数研究都局限于分析零散的行为演化动力因素或者某种具体的工程社会责任行为的演化过程，缺乏一个整合这些方法和演化过程的模型框架。目前迫切需要一个更有效的理论基础来解释哪些因素在什么阶段推动了 MSR 行为转变，进而涌现出演化现象。这是现有文献中的一个主要空白。

随着重大工程的推进，MSR 整体性状不断涌现出新的变化。行为现象的影响因素多是相互依赖而非独立的，仅仅了解 MSR 行为的概念特性和影响因素难以解释 MSR 行为的演化规律。相对于前者较为丰富的研究成果而言，影响因素的作用路径、MSR 行为的演化过程和演化机理等内容值得关注，需要进一步研究。而现有的经典社会责任理论模型，如 Carroll 的金字塔模型，多是静态理论，无法反映出主体在一定情境下的社会责任战略调整过程，无法揭示 MSR 行为的演化规律（Loosemore，Lim，2018）。正如 Godfrey 所言，"对社会责任的进一步理解依赖于更多微观层级的研究"（Godfrey，Hatch，2007）。为此，本书旨在从微观层级出发，以行为主体为研究对象，探究行为影响因素的作用路径，考察 MSR 行为的演化过程，自下而上地揭示 MSR 行为演化规律。

第 3 章　重大工程社会责任行为概述

本章首先基于社会责任内涵，结合重大工程实际，提出了重大工程社会责任行为概念。然后，将重大工程社会责任行为与企业社会责任行为、一般工程社会责任行为进行了对比分析，提出了重大工程社会责任行为的三个特征，即网络性、生命周期性以及政治与社会性。最后，在重大工程社会责任行为特征基础上，从行为态度视角和网络视角分别对重大工程社会责任行为进行了分类，为后续研究奠定理论基础。

3.1　重大工程社会责任行为内涵

2010 年，国际标准化组织发布《国际社会责任指南标准》ISO 26000，正式将社会责任的承担主体从企业扩散到了组织层面，将社会责任定义为"组织通过透明和道德行为，为其决策和活动对社会和环境的影响而承担的责任"（Idowu，2019）。该指南第一次正式将社会责任的承担主体从企业扩散到组织层面，这意味着任何"对责任、权限、关系做出安排并有明确目标的实体或人与设施的集合"都应该考虑社会责任的履行（韩婷，2019）。重大工程作为一个由诸多利益相关者组成的临时性组织（谢琳琳等，2018）在其建设过程中履行社会责任是必要的。重大工程社会责任是指重大基础设施工程利益相关者在项目全生命周期中通过透明及合乎道德的行为，为其决策和活动对社会和环境的影响而承担的责任（Zeng 等，2015）。重大工程社会责任包含整个项目生命周期中参与的利益相关方的决策和实践，反映其为增进社会福祉而承担的责任（Zeng 等，2015）。

社会责任是由社会责任内容、行为过程、绩效影响等构成的广义概念，包含社会责任行为、响应、绩效等范畴（谢琳琳等，2018）。社会责任绩效的含义是反映社会责任行为的结果优劣，社会责任响应则是指组织面对社会外界刺激下采取的回应行为，而社会责任行为更强调组织如何承担社会责任，是应对和实现社会责任的途径与手段（董宋行，2019）。在已有企业社会责任行为研究中，社会责任行为可以理解为企业在制度环境的作用下做出的响应（于飞，2014）。重大工程是由诸多单一企业组成的组织，其社会责任行为亦可理解为在一定情境（制度、社会压力等）下，主体（工程组织）对客体（社会责任内容）的应对或响应行为。因此，本书认为重大工程社会责任行为（MSR）是指：重大工程行为主体在制度环境、社会压力等综合作用下，出于组织肩负的社会责任意识，试图去应对与组织相关的重大工程社会责任问题，为此所采取的明确发生了的相应行动，无论行动是积极的还是消极的（谢琳琳等，2018）。

3.2 重大工程社会责任行为特征

重大工程组织通常是由为实现工程建设目标的建设单位、设计单位、施工单位、监理单位等利益相关者组成的临时性组织（谢琳琳等，2018）。各利益相关者在工程建设过程中会相互沟通协作完成工程建设目标，待工程结束后，重大工程组织解散（韩婷，2019）。与一般企业社会责任行为相比，重大工程社会责任行为具有以下不同之处：

（1）重大工程社会责任行为实施者具有多主体性。企业社会责任行为是一个企业为应对自身所承担的社会责任所开展的工作或活动（董宋行，2019）。而在重大工程中，社会责任行为则涉及诸多参与单位，包括政府、建设单位、施工单位等多家企业或机构，并且不同单位在履行社会责任过程中的作用或影响力存在差异（马汉阳，2018）。

（2）重大工程社会责任行为具有层级性。学者 Lin 等（2017）从利益相关者角度出发将重大工程社会责任划分为项目和组织两个层级的社会责任。重大工程利益相关者既需要应对组织自身企业层级的社会责任，如遵守法律及行业规章制度、保障股东经济利益等，也需要应对重大工程项目层级社会责任，如进行施工创新与技术进步、保护生态环境等（马汉阳，2018）。

（3）重大工程社会责任行为具有网络性。重大工程社会责任行为系统是一个群体网络（韩婷，2019），处于该网络结构中的行为主体响应或应对社会责任的行为会相互影响，如政府的政策和企业行为不可避免地相互影响，并被社会公众关注（Zeng 等，2017）。而企业社会责任行为则是由单一企业自身发出，不存在主体层面的网络结构，其决策和实施受企业的所有者兼管理者的个人影响较大（曾祥龙，王丽萍，2019）。

重大工程战略性高，涉及诸多利益相关者，具有社会性（Lin 等，2017），是一个开放的社会系统（乐云等，2019）。此外，重大工程冲突性尤为突出，如资源消耗及环境影响与绩效冲突、利益相关者的利益诉求冲突等。这就导致重大工程与一般工程具有不同的差异，其社会责任行为呈现复杂性和互动性（林翰，2016）。

与一般普通工程社会责任行为相比，重大工程社会责任行为具有以下不同之处：

（1）相比于一般工程，政府在重大工程响应或应对社会责任的过程中发挥的作用或影响力更大。在我国，政府在重大工程中扮演重要角色（李永奎等，2019）。重大工程一般由国家政府作为决策和投资主体，并且需经政府审批或核准。因此，政府在重大工程建设中一直起着重要主导作用（Sheng，2018），在工程是否立项、是否出资、何时建设、如何建设等问题上有着权威的决策权和话语权（Ceorge，Caims，1988）。重大工程组织通常存在各级政府部门的直接参与介入，而普通工程组织中虽有政府部门存在，但极少直接介入普通工程建设中。如三峡工程由国务院发起建设，工程组织中涉及国家计委及地方各级政府部门。在移民安置方面，国务院采取多种措施对移民进行长期扶持和扶助，如通过全国对口支援三峡库区移民工作等，使百万移民得到妥善安置、生活水平有明显提高。在生态保护方面，国务院三峡建委办公室相继组织实施了湖北宜昌大老岭植物保护区建设、中华鲟自然保护区工程等生物多样性保护措施。

（2）重大工程社会责任行为具有很强的政治性和社会性影响力。在中国特色社会主义制度下，重大工程是由政府审批或核准的工程，对社会及国家发展具有重要战略意义。重大工程通常会更加注重政治影响力等综合绩效，而较少单纯地考虑工程本身的经济性。如港珠澳大桥工程投入大量资金，不断研发新材料、新工艺、新设备、新技术来攻克难关，造就桥梁界的"珠穆朗玛峰"。虽然港珠澳大桥需要超过100年才能收回成本，但港珠澳大桥政治影响是巨大的，该桥不仅加强了港珠澳之间的交流合作，更是彰显了我国综合国力、自主创新能力、敲开了庞大的国际市场，提升了我国国际影响力。此外，重大工程通常举世瞩目，如三峡工程、青藏铁路、南水北调工程家喻户晓。由于具有很高的关注度，重大工程为保持自身的良好形象，其社会责任行为将更加注重信息公开和公众参与。

（3）重大工程社会责任行为的互动性更复杂。重大工程社会责任的成功实施需要各方紧密合作、共同协作（Ma等，2017）。由于工程规模巨大，重大工程通常涉及较多参建单位，各参建主体通过建设任务、资源交换、信息交流而形成一个来往密切的临时性的社会网络。参建主体数量越多，社会网络越复杂，参建主体之间的互动交流越复杂，各参建主体社会责任行为越易相互影响。而普通工程一般来说，参建单位较少，各参建单位在实施社会责任过程中互动相对有限。

重大工程社会责任行为是重大工程在特定环境下应对社会责任的行动。在重大工程组织的临时性、复杂性、社会性等特点的基础上，结合重大工程社会责任行为与企业社会责任行为、普通工程社会责任行为的差异，不难发现重大工程社会责任行为具有以下典型特征：

（1）网络性

重大工程由于工程规模巨大，通常涉及较多参建单位，如港珠澳大桥共有超过100家建设单位、上万名建设者。重大工程组织中的各参建主体在应对社会责任问题时会相互沟通、互动。如为响应或应对社会责任"生态保护"，港珠澳大桥工程诸多利益相关者之间密切沟通，协调合作，共同开展针对中华白海豚（Sousa chinensis）的生态补偿工作，最终取得良好成效（Zheming等，2018）。此外，在该网络结构中，各行为主体的社会责任行为互相影响，如在重大工程组织中，当大部分主体都积极响应社会责任时，在各主体频繁的互动中，不积极响应社会责任的主体在从众心理作用下，其消极态度将会转变为积极态度。相反，但当大部分主体不积极响应社会责任时，在各主体频繁的互动中，积极响应社会责任的主体其积极态度可能会发生转变。

（2）全生命周期性

重大工程社会责任行为贯穿于项目全生命周期。随着重大工程项目生命周期的推进，工程的参与者和需应对的社会责任问题都在动态变化（Zeng等，2015）。例如，在立项阶段，政府单位是应对社会责任"工程项目可行"的行为实施者；设计阶段，设计单位是应对社会责任"设计方案合理"的行为实施者；在施工阶段，施工单位、监理单位等是应对社会责任"工程质量安全"的行为实施者；在运营阶段，运营单位是应对社会责任"工程维护与运营"的行为实施者。

（3）政治与社会性

为提升国家政治影响力和取得良好的社会形象，重大工程通常更加注重实施有利于提高工程全生命周期综合绩效以及提升工程社会影响的社会责任行为。例如，北京大兴国际机场，该工程是我国"十二五"和"十三五"时期国家重点工程，是国家重大标志性工程，是国家发展的一个新的动力源（程程，2018）。北京大兴国际机场工程为贯彻落实绿色理念开展了绿色机场建设顶层设计，从"资源节约、环境友好、高效运行、人性化服务"4个方面提出了54项绿色建设指标，最终实现70%以上的机场建筑都按照三星级绿色建筑设计建造，并且航站楼设计荣获中国最高等级的绿色建筑三星级和节能建筑3A级认证。在国家政治背景及社会关注下，重大工程将更加注重工程可持续发展，主动甚至花费更多资金地开展多项技术创新，并且更加注重信息公开和公众参与。

此外，政治性还体现在应对社会责任过程中，政府部门发挥重要作用，这些政府部门响应和应对社会责任的行为是重大工程社会责任行为的重要组成部分。如为保障大兴国际机场如期实现通航目标，河北省政府要求省相关部门主动对接机场建设单位，能立即解决的立即解决，需要研究解决的尽快拿出方案，同时与北京市和国家有关部委密切沟通、协同配合。

3.3 重大工程社会责任行为类型

关于社会责任行为类型的研究始于企业社会责任领域，学者围绕社会责任行为类型开展了诸多研究。例如，Carroll（1979）将社会责任行为按社会责任内容划分为经济、法律、伦理和慈善四种维度的行为表现，并根据企业对社会责任的态度将CSR行为概括为抵制、防御、适应和主动响应行为。Wood（1991）认为社会责任行为包含了个人、组织和制度三个层面，社会责任响应行为包含利益相关者管理、环境分析等。Fassin等（2011）从实践角度提出社会责任行为类型连续性分类，界定了理想型、真诚型、理性型、有限理性型、机会主义型、虚伪型和权谋型等7种社会责任行为。在Fassin等研究基础上，赖文勇（2019）按执行水平划分为真诚型、虚伪型、权谋型三种社会责任行为。黄丹萍（2019）从股东责任、员工责任、客户责任、合作伙伴责任、政府责任、环境责任6方面测度企业社会责任行为，并采用系统聚类法将社会责任行为划分为机会主义型社会责任行为、理想型社会责任行为、理性型社会责任行为。

目前，企业社会责任行为分类研究已经较为成熟，学者主要从行为表现和行为策略两个视角依据一定标准进行分类。行为表现侧重于关注"做了什么"，强调采取的具体措施；而行为策略更关注"如何做"，强调行为动机或态度（韩婷，2019）。

对于重大工程来说，目前少有文献研究社会责任行为类型。自 Zeng 等（2015）首次提出重大工程社会责任概念以来，诸多学者从重大工程社会责任行为内涵、影响因素、绩效、机理等方面开展了不少研究。但现有文献主要集中于针对某一类具体社会责任行为的研究，如组织公民行为、漂绿行为、关系行为等，只有极少数学者明确提出重大工程社会责任行为类型，如林翰根据社会责任内容归纳出经济、法律、伦理、政治四类社会责任行为表现（林翰，2016）；谢琳琳等依据主体数量将社会责任行为划分为单方行为和交互行为（谢琳琳，2018）；韩婷在社会责任行为表现基础上，梳理出经济、法律、伦理、政治四类社会责任行为具体措施（韩婷，2019）。

在计划行为理论模型中，行为态度是主体的实际行动的重要影响因素（姜楠，2019）。目前，从行为态度视角界定企业社会责任行为的研究已经较为丰富，但尚未有学者以行为态度为标准划分重大工程社会责任行为。此外，与单一企业实施社会责任不同，重大工程会形成一个多主体的社会责任行为网络（韩婷，2019）。因此，本小节从行为态度和行为网络视角识别社会责任行为类型，补充和丰富目前重大工程社会责任领域的行为类型研究，为进行重大工程社会责任行为相关研究提供理论基础。

3.3.1　行为态度视角下的重大工程社会责任行为类型

关于主体的行为，经典的理性行为理论提出主体行为受行为意向驱动，行为意向的取向又受行为态度和主观规范决定，行为态度是主体的实际行动的重要影响因素（申鹏霞，2019）。在建设重大工程过程中，各行为主体针对社会责任态度存在差异。社会责任行为主体可能会真诚且切实地履行社会责任，如组织公民行为、利他行为（何清华等，2014）；但由于利益等因素的驱使，部分社会责任行为主体也会逃避甚至破坏社会责任的履行，不采取真正的行动去增进社会福利，只做表面工作，如伪装行为、腐败行为等（张兵等，2015）。社会责任行为的缺失、不当、异化会损害工程的投资效益，破坏工程社会形象，甚至还会影响国家的国际形象（韩婷，2019），如中国在波兰 A2 高速公路项目未处理好环保、劳工权益等问题，招致了波兰政府、媒体的批评与不信任（曾赛星等，2018）。厘清社会责任行为类型，对于重大工程社会责任行为管理、减少和遏制消极社会责任行为具有一定的现实意义。

态度是个体对某一类社会事物的一种心理倾向（葛艾红，2019），主体的行为态度是主体对自身行为的一种心理倾向。在企业社会责任领域，学者依据态度划分社会责任行为已经较为成熟，在重大工程中社会责任领域，依据态度划分行为类型的研究不足。消极与积极态度通常是学者划分行为类型的重要依据，因此，本小节将重大工程社会责任行为依据态度划分为主动行为（积极）、适应行为（中立）、抵制行为（消极）三类。

（1）主动行为

近年我国在港珠澳大桥、南水北调、青藏铁路等重大工程项目管理实践中取得了巨大建设成就，这些巨大成就的取得，除了归因于我国特有的制度、体制优势以及较强的工程建设能力外，还与业主单位、施工单位、设计单位等众多参建主体在建设过程中自觉自愿履行社会责任的行为高度相关。例如，在高温与寒冷等极端气候条件下坚持工作，主动投入更多的资源（时间、人力等），主动积极相互配合并自觉避免冲突，完成超出期望的项目交付等（祝军等，2017）。因此，本书将这类参建主体主动、自愿履行社会责任、最大化增进社会福祉、提高工程综合绩效的积极行为称为"重大工程社会责任主动行为"。在重大工程建设过程中，社会责任主动行为的典型行为方式包括组织公民行为、崇高行为等。

广义组织公民行为包括个体和群体两个层面。Organ 是最早关注组织行为的学者，并正式提出了个体层次的良性组织行为表现形式，即组织公民行为的概念并将其定义为"自觉自愿地表现出来的、非直接或明显地不被正式报酬系统所认可的、能够从整体上提高组织效能的行为"（Organ，1988）。在群体层次上，群体公民行为是良性组织行为的典型表现（Li 等，2014，Organ，W.，1997）。群体公民行为是群体作为整体所表现出来的，有利于促进整个组织目标实现的一种角色外行为（吕政宝等，2010）。也就是说，群体公民行为是团队整体表现出来且有利于组织目标的一种角色行为（黄瑛，王宝英，2012），如重大工程组织主动进行信息公开。

崇高行为是指行为主体出于道德、信仰、追求等不计回报地履行社会责任的行为（谢琳琳等，2018）。韦伯的社会行动理论中包含一种非功利化的行动，即价值理性行动。价值理性行动来源于行为主体对真善美（精神与道德）的追求，是一种行动者认为是向自己提出"戒律"或"要求"而发生的行动（刘正强，2018），是一种自愿奉献和不求回报的崇高性行为。在重大工程建设过程中，崇高行为体现行为主体责任感较强，主动做出有利于社会责任目标的行为，如施工单位主动提出并实施技术创新措施。

（2）适应行为

积极主动最大化承担社会责任、增进社会福祉通常意味着牺牲部分自身短期利益，如港珠澳大桥在建设过程中为保护中华白海豚耗资约 3.4 亿元，并投入大量人力、时间开展保护方案研究（Zheming 等，2018）。但重大工程具有公共物品性质，参与重大工程建设的主体被鼓励主动承担社会责任（Yang 等，2020），积极主动承担社会责任是社会公众的诉求。因此，部分参建主体会仅承担必要 MSR，履行最低限度 MSR，以回应社会公众的期待与诉求，获得组织的合法性。合法性是指基于社会规范、价值观念和信仰，组织在多大程度上被社会公众等利益相关者所接受及容纳。参建主体履行必要或最低限度 MSR 的行为是一种适应国家、法律、社会等诉求与期待的行为。因此，本书将这类重大工程行为主体仅承担必要 MSR、履行最低限度 MSR 的行为称之为"重大工程社会责任适应行为"。在重大工程建设过程中，社会责任适应行为的典型行为方式包括循规行为、履约行为等。

循规行为是指重大工程行为主体为实现遵守法律法规、相关技术规范等基本社会责任而采取的行为（谢琳琳等，2018），是一种必要的行为方式。新制度主义理论认为生活在制度中的人或组织与制度会相互影响，制度会制约、规制和调节人或组织的行为（韩婷，2019）。重大工程建设过程中，利益相关者会采取行动去适应和遵守制度，从而使工程建设合法和合理化。哈贝马斯在交往行为理论中，将社会群体成员遵从共同规范的行为称为循规性行动，并认为只要在有规范适用的情境，行动者就要遵从规范（黄陵东，2003）。规范是指群体成员共同认可的行为标准，包括法律、制度和技术标准等，可以由组织正式规定，也可以是非正式形成。为保障重大工程建设目标的顺利完成，重大工程各参建单位必须遵守国家法律法规和相关技术规范，如《中华人民共和国建筑法》、《建设工程质量管理条例》以及《混凝土结构耐久性设计标准》GB/T 50476-2019 等。

履约行为是指重大工程组织成员为履行事先签订的合同条款或实现合同目的而采取的行为。施工单位在合同约定的完工日期前申请竣工验收，监理单位遵从合同约定依法检举、纠正施工单位的不当施工行为等都是典型社会责任履约行为。履约行为既包括合同条款强制执行的字面履约行为，也包括缔约人自愿做出的有利于合同目的达成的尽善履约行为（Hart，Moore，2008）。契约精神强调自由、平等、守信，重大工程各参建方在自由、平等、公平和公正背景情况下签署的合约，各参建方理应采取合适的行为去履行合约。履行合约是重大工程各参建方的基本社会责任行为，不当的履约行为会造成各方权益纠纷甚至法律追责。

（3）抵制行为

在理性行为理论模型基础上，Ajzen（1991）引入了新的变量——感知行为控制，建立了计划行为理论，如图 3-1 所示。感知行为控制是指行为主体所感知完成某一行为的难易程度，当行为主体认为实施某行为的难度或成本较大，则行为主体很有可能会放弃做出行动。在重大工程建设过程中，若重大工程行为主体觉得实际履行社会责任的难度或成本（资金、时间、物力）较大，则行为主体可能会选择不履行社会责任。承担重大工程建设任务的各个企业，其本质是追求经济利益（陶友之，2008）。在追求经济利益的背景下，某些个别企业可能为了谋取私利会逃避履行 MSR，甚至做出严重违背 MSR、损坏公共利益的不当行为，如设计院与建设单位、施工单位等合谋进行工程变更而谋取额外利益等行为。Carroll（1979）认为完全不履行社会责任的行为是一种抵制行为。因此，本书将这类重大工程行为主体逃避、违背 MSR 的消

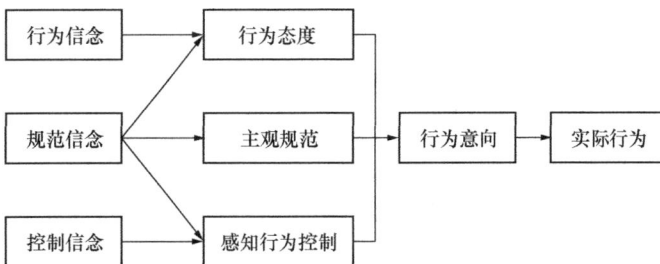

图 3-1　计划行为理论模型图

极响应行为称为"重大工程社会责任抵制行为"。在重大工程建设过程中，社会责任抵制行为的典型行为方式包括隧道行为、漂绿行为等。

隧道行为（Tunneling or Self-dealing）是指重大工程行为主体通过合法或非法手段将项目利益进行转移而侵蚀项目利益或公共利益的行为（乐云等，2012）。隧道行为源于公司治理理论，原本指的是上市公司的控股股东通过种种手段挖掘隐蔽的地下隧道，转移公司的资产或利润，而导致中小股东利益受损的行为（Johnson 等，2000）。随着理论的不断丰富与发展，学者目前已将隧道行为概念引入建设工程领域。事实上，在重大工程建设过程中存在着复杂多样的"隧道行为"现象，例如具有决策权的建设单位为了私利上马不必要的项目；建设单位在公开招标中进行暗箱操作，操控中标结果，高价发包给"关系企业"；施工企业在施工过程中偷工减料降低质量等。

漂绿行为是指施工单位为应对政府规制、社会或者第三方监督，通过舞弊手段逃避环境问题的惩罚，节约环境管理成本，谋取不正当利益的伪装行为。哈贝马斯交往行为理论指出，在社会行动中主体会有意向地向外界展现自己掩饰真实内心的戏剧性行为（黄陵东，2003）。换言之，行为主体在社会行动中，会有意向地向外界伪装真实情况。"漂绿"是"绿色"和"漂白"两个词语的混合体，是指企业或组织以某些行为或行动宣示自身对环境保护的付出但实际上却是反其道而行。在重大工程建设过程中，施工单位可能履行环境责任程度降低，或者未履行环境社会责任，甚至蓄意做出严重破坏环境行为，但在社会公众面前，表现出热衷公益和倡导保护环境的负责形象，如夸大虚假宣传履行保护环境，做出高质量低成本、绿色施工等空头承诺但并未实施。借鉴交往行为理论，本书认为施工环境管理过程中施工单位的舞弊伪装性的破坏性行为是漂绿行为，属于典型的重大工程社会责任的"抵制行为"。

3.3.2 网络视角下的重大工程社会责任行为类型

从组织的角度来看，重大工程是一种特殊的临时性组织。重大工程涉及极其广泛的利益相关者，包括政府、承包商、供应商、设计方、员工、公众、非政府组织等。诸多利益相关者通过建设任务、资源交换、信息交流而形成一个来往密切的临时性的网络结构（韩婷，2019），组织网络结构内部利益相关者通过互动、协调、促进、融合实现重大工程社会责任的履行（马汉阳，2018）。

已有研究表明，学者通常采用组织行为学研究组织内部行为，常见的观点是将组织行为划三个层次，即个体、群体和组织层面（斯蒂芬·P·罗宾斯，贾奇，2008）。但组织行为学理论主要解释公司和商业环境中的行为问题，重大工程是极其开放的组织系统，涉及大量相互作用、相互影响的利益相关者，将传统组织行为学观点应用于研究复杂的重大工程行为问题不完全适用。因此，学者 Li 等（2019）在已有研究基础上，提出了重大工程组织行为第四层，即重大工程组织场域。重大工程是一个行为主体互相联系、依赖的组织场域（谢琳琳等，2018），是一个开放、多主体的网络结构（Yang 等，2018）。重大工程社会责任行为的形成是一个由个体到群体网络的动态过程，其行为系统是一个群体网络结构（韩婷，2019）。组织网络由个体、群体构成，组织网络行为涵盖组织行为的四个层面，即个体、群体、组织和整体网络行为，但组织层面的行为通常指的是组织文化、组织结构等内容（斯蒂芬·P·罗宾斯，贾奇，2008），其本质并非行为主体做出的响应行为，故本书中将组织文化、组织结构等组织层面行为视为重大工程社会责任行为的影响因素和背景因素。因此，从网络视角出发，本书将重大工程社会责任行为划分为单体、群体和网络三个维度。

（1）单体行为

在重大工程建设过程中，单一行为主体响应或应对社会责任的行为称为重大工程社会责任单体行为。在响应和应对社会责任的过程中，单一主体可能选择积极应对社会责任行为，也有可能消极应对社会责任的行为。个体的崇高行为是典型的单体积极社会责任行为。单体消极应对社会责任的行为典型表现如利己行为和伪装行为。心理学家 Feinberg 在其《心理学利己主义》指出任何个体行为的动机最终都只能是对自身利益的追求（陈真，2005）。利己主义强调做任何事情的出发点都要看对自身是否有利，凡是有利于个体利益的，个体就会采取实际行为去实施（陈文津，2015）。在应对社会责任的过程中，利己行为是指行为主体因履行社会责任代价较大而选择逃避履行该社会责任的行为，是一种与社会责任本意相悖的行为，如施工单位不履行采用新技术、新工艺提高生产效率的经济责任。

（2）群体行为

重大工程作为公共物品，其对经济、社会、环境等多方面的影响广泛而深入，因此企业、政府、社会的任何一方都无法承担全部的重大工程社会责任（马汉阳，2018）。重大工程社会责任与利益相关者群体密切相关，其成功实施需要多方在工程全生命周期内紧密合作（Zeng 等，2017）。群体（Group）是指为了实现特定目标，由两个或两个以上相互作用的单体组合而成的整体（肖兴政，杨晓宇，2015）。本书将重大工程内部两个或两个以上利益相关者协作共同响应社会责任的行为称为重大工程社会责任"工程群体行为"。社会责任群体行为的典型行为方式包括协同行为、沟通行为等。

重大工程的复杂性以及场域多变迁的特性，加强了主体之间的依赖，需要紧密深度的沟通、协同才能更好地应对社会责任问题。协同行为是指行为主体认为单独应对 MSR 较困难而选择同其他主体合作的行为（Xie 等，2019），如政府、建设单位、设计方以及运营方共同商定项目在社会责任方面的策略；设计方、承包商和监理方协同合作确保项目质量安全等。在重大工程建设过程中，行为主体面对另一方承担 MSR 时，会给出要求或建议这类积极的"言论"行为。沟通行为是指行为主体向另一方建言献策，对其社会责任实施提出建议、要求的行为（谢琳琳等，2018）。例如，业主建议设计方采用绿色设计、建议施工方采用绿色施工技术等行为都属于工程社会责任实施过程中的沟通行为。

（3）网络行为

工程利益相关者众多以及利益相关者之间的关系复杂是造成重大工程复杂的重要原因（Li 等，2019）。不同利益相关者在重大工程社会责任履行中的作用、影响存在差异，即异质性（曾赛星等，2018）。重大工程社会责任的成功实施需要利益相关者相互配合（Ma 等，2017），重大工程社会责任行为的形成是一个由个体到群体，到网络的涌现过程（韩婷，2019），多元主体应对多元社会责任的行为会涌现出重大工程社会责任行为网络。因此，本书将行为主体响应或应对多元社会责任的异质行为网络在宏观上表现出的结构分布形态称为网络行为。参与重大工程建设的参建单位需要在两个不同的层面运作，即组织层面和项目层面（Zhao 等，2012）。组织层面涉及广泛的政治、经济、社会、环境和法律背景下的互动，而项目层面是指利益相关者在全生命周期特定阶段的生产活动。学者 Lin 等（2017）将重大工程利益相关者需要履行的社会责任划分组织和项目两个层面，组织层面和项目层面的利益相关者、社会责任存在差异。本研究发现，重大工程应对组织层面社会责任的网络结构呈现小世界性，而应对项目层面社会责任的网络结构呈现无标度性。

社会责任行为的内涵是重大工程主体应对社会责任的行为，即重大工程社会责任行为网络的基本单元结构是"主体⇄社会责任"。笔者在学者曾赛星（2018）等已有研究基础上，将利益相关者和社会责任内容进行总结梳理，得出组织、项目层面主体与社会责任内容表，如表 3-1 所示；根据重大工程行为主体与社会责任，构建社会责任行为网络，网络结构模型如图 3-2 所示。模型图中，三角形指代行为主体，圆形指代社会责任，三角形与圆形的连线指代行为主体响应社会责任的行为，即重大工程社会责任行为。

组织、项目层面主体与社会责任内容　　　　表 3-1

组织层面		项目层面	
主体	社会责任	主体	社会责任
政府	社会责任管理、法律、伦理、政治责任	政府	经济、法律、伦理、政治责任
参建企业	社会责任管理、经济、法律、伦理、政治责任	设计方	经济、法律、伦理、政治责任
公众	法律、伦理、政治责任	项目法人	经济、伦理、政治责任
NGO	法律、伦理、政治责任	承包商	经济、法律、伦理、政治责任
		监理	经济、伦理责任
		供应商	经济、伦理责任
		运营商	经济、法律、伦理、政治责任
		媒体	法律、伦理、政治责任

小世界网络结构是指在大部分的网络中大部分的节点通过较短的路径来连接的网络（严云峰，2011），是一种由完全规则网络向完全随机网络过渡的一种网络模型（李梦，2019）。小世界网络的特性是平均距离比较短，聚类系数比较高。学者杜春澎（2019）在已有研究基础上绘制小世界网络示意图，如图 3-3 所示。重大工程组织层面的社会责任行为网络中，存在大部分节点之间通过最短路径链接，但这种链接又不完全随机，符合小世界网络结构模型特征。因此，可认为组织层面的社会责任行为网

络是一种小世界网络。

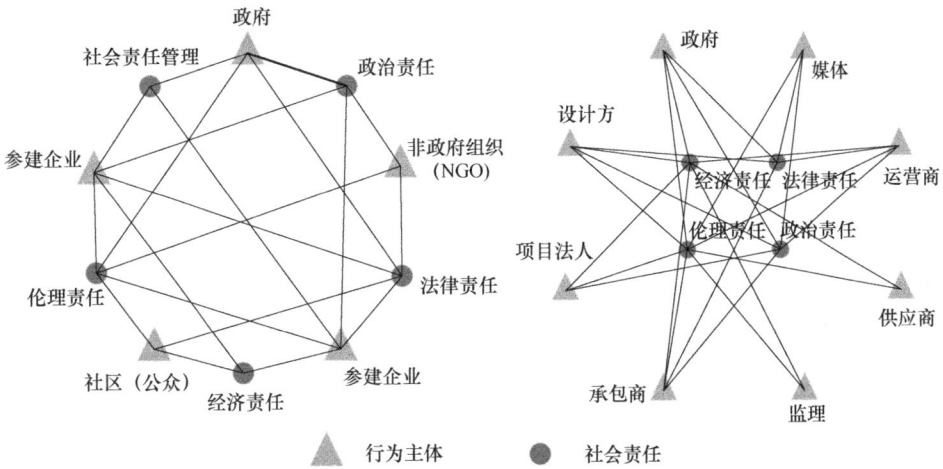

图 3-2　组织（左）和项目（右）层面社会责任行为网络模型图

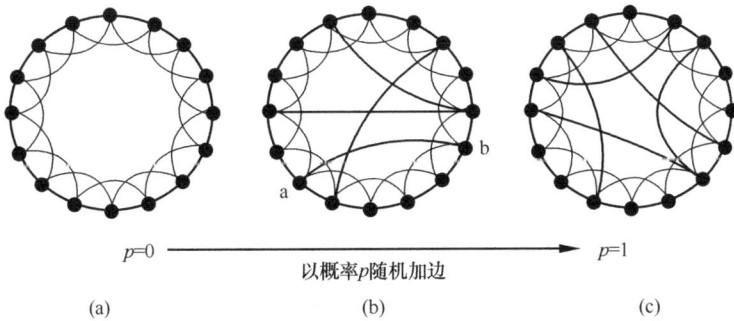

图 3-3　小世界网络示意图

（a）规则网络；（b）小世界网络；（c）规则＋随机网络

1999 年，美国圣母大学 Barabasi 和 Albert 两位科学家首次提出无标度网络概念。无标度网络是指网络中多数节点连接边数量较少，而少数几个节点却与其他节点有大量连接，度分布表现为幂律分布的网络（李梦，2019）。现实生活中存在着许多无标度网络，比如电影演员群体网络，娱乐圈中的每一位演员就是网络中的节点，而演员共同参演一部电影则是演员网络里的每一条连接边（许钰埑，2019），再比如飞机航班网络，每个城市的飞机场就是节点，对应的航线就是网络中的连接边。通过观察分析可发现，在项目层面重大工程社会责任行为网络中，多数行为主体的链接边较少，而中间社会责任节点却与其他很多节点相连接，整个网络呈现无标度性。因此，可认为项目层面的社会责任行为网络是一种无标度网络。

第二篇

重大工程社会责任
行为机理篇

第 4 章　组织场域视角下重大工程
社会责任行为选择研究

　　利益相关者理论无法考虑到重大工程中组织所处的环境情况，组织间关系也只是简单的"利益"相关，无法突出组织间彼此影响和动态演变。本章采取组织场域理论，解释了重大工程中的组织关系、制度体系、场域结构和变迁与组织的关联。又通过行为理论归纳了 MSR 行为方式，最后将 MSR 行为主体、行为方式和情境联系起来，并考虑了社会责任的多维性和项目阶段的动态性，构建了 MSR 行为系统。

　　建立重大工程行为系统是识别重大工程社会责任行为影响因素的前提基础。本章首先引入重大工程组织场域概念，打破传统的利益相关者视角来研究重大工程组织行为的模式，从场域的角度找出重大工程中组织间、组织与环境间相互作用的关联性。然后，通过重大工程组织场域模型进一步识别出 MSR 行为主体。接着，参考行为理论的成果，结合重大工程实践归纳出 MSR 行为表现方式。最后基于组织场域视角，建立"主体—行为—情境"的 MSR 行为系统。

4.1　组织场域视角下的重大工程情境研究

4.1.1　重大工程组织场域内涵

　　根据 W. Richard Scott 对制度理论的描述，其研究分析对象包含组织、组织种群和组织场域、社会等层次，其中组织场域，按 DiMaggio 和 Powell 的定义，是一个包含供应商、消费者、管理部门等组织在内的制度性生活领域，场域的提出者布迪厄认为场域的存在性只能通过经验确定。重大工程将众多的利益相关者聚集起来形成一个特殊的组织场域，它有着重大工程特有的组织架构，包含着各种组织种群，彼此联系合作，与所处的建设环境发生物质、信息交换，共同努力完成重大工程项目的建设。具体地看，重大工程是个相对独立的建设空间，在空间里的利益相关者因为重大工程的建设有着各种客观关系联系着彼此，并伴随着规划、设计、建造等活动和争斗，符合布迪厄描述的场域条件，所以在建设过程中，重大工程可看成一个临时的组织场域，是众多组织互相联系依赖，进行重大工程建设活动并不断演变的开放性复杂领域。

4.1.2 重大工程组织场域核心要素提取

以组织场域视角来研究重大工程，需要首先分析重大工程组织场域的核心要素。本书将组织关系、制度体系、场域结构原型以及集体行为等作为构成重大工程组织场域的基本要素，是重大工程组织场域结构化和变迁的载体要件。

1. 场域关系系统

重大工程组织场域首要的核心要素就是它的组织关系系统。各种直接或间接的组织间关系把各组织联结为重大工程组织网络。重大工程项目的立项和实施就是在复杂的场域组织交互关系中形成的（许劲，任玉珑，2010）。重大工程这个场域内的各个组织相互联系，组织间关系的主要通过合同建立，此外，还存在着承包商与监理方的监督关系、与设计方的合作关系等，这些错综复杂的关系网络形成了重大工程的基本关系系统。

上述的关系是基于重大工程组织内部视角分析得出的，事实上，重大工程外部的影响也不容忽视。重大工程立项阶段有公众参与现象，如鸟巢工程；建设阶段会受到政府环保、市容等有关部门的监管。重大工程建设方案推行后在征收土地、拆迁房屋、移民问题等方面也都存在公众参与现象，如日本成田机场、我国的南水北调工程等。重大工程的多冲突、高风险的特性决定工程建设需要内外部的组织协同参与。

2. 场域制度系统

布迪厄明确指出每个场域都有特定禀性的"惯习"。Scott 将文化—认知系统作为组织场域的第二个核心要素，认为场域有一套自身的制度逻辑。在重大工程组织场域里，其制度系统可以视为由法律法规、建设行业规范、合同文件和项目文化等在内的组织行为准则系统，主要分为规制性、规范性和文化—认知性三类组成要素。规制性要素上，法律法规、建设标准等具有强制约束力，在项目建设期内一般不会变化，这是场域内组织种群行为活动的根本原则。规范性要素上，建筑行业规范、范例、评价工程绩效优良的标准，通过道德和价值观念约束组织种群，是参建组织面对任务要求、渴望荣誉证明时参照的行为准则。文化—认知性要素上，项目文化是重大工程参建组织对建设目标和活动理解认可的信念和行为逻辑，受到建设背景、重大工程类型、建设当地社会文化氛围影响，重大工程组织种群的情况和组织文化对项目文化也会产生影响。这些规则制度共同指导、限制着重大工程的各种组织活动行为，是重大工程实施项目管理、履行社会责任等行为的制度基础。

学者也强调组织制度逻辑并非静态固定的，而是动态演进的建构、修正过程。合同和项目文化就是在重大工程场域建构中形成的，并会不断变更完善，二者最好地解释了制度逻辑和场域成员行为活动以及物资资源间的交互与争斗。合同虽然也属于工具性的强制规则，但重大工程组织种群围绕它产生的争斗、冲突最多。工程变更已是项目建设的常见现象，每次合同条款的增减、修改都会改变重大工程建设目标，组织种群也由合同条款调整组织内部建设计划和行为。

3. 组织种群

组织种群是具有一类相似特征的组织的集合体，类似生态群落的一个集群。在重大工程组织场域中，本研究认为重大工程组织种群是在场域内发挥着相应角色职能的组织聚集体，分为参建方和非参建方两类。此前，有学者对重大工程的利益相关者进行了分类，或是给出重大工程的组织架构，在此汇总得出具有代表性的研究结果，帮助提取重大工程组织种群，如表 4-1 所示。

重大工程利益相关者或组织结构研究　　　　　表 4-1

划分维度	来源
直接的、内部的利益相关者：政府、承包商，设备和材料供应商，运营方，设计单位、雇员	Lin 等，2017
非直接的、外部的利益相关者：当地社区、公众、非政府组织	
决策层：政府及有关部门	何清华等，2016
项目管理层：建设单位	
管理支持层：设计单位、监理单位、招标代理、工程咨询等公司	
项目实施层：总承包商和分包商	
建筑公司的七类项目利益相关者：资助机构，社区，政府，员工，供应商，股东和所有者	Liao 等，2016
项目层面： 立项：客户；设计、招标投标：客户、本地社区、竞争者、环境和资源机构；施工：员工、供应商、合作者、客户环境和资源机构、当地社区、监理； 运营：客户	赵晓婧，2012
公司层面： 股东、员工、债权人、当地社区、政府、非政府组织	

4. 场域原型与集体行为

组织场域存在有限的组织模型，这些结构（或模式）等原型会被组织采用，而后期出现的组织的特征会趋向于组织原型。重大工程相比较其他组织最大的区别在于具有临时性，即随着项目完工交付，项目部也就解散，组织场域不复存在。但实践证明有效的重大工程组织管理模式、融资模式、承发包模式等会被保留成为重大工程组织场域的模板、原型，这些模式在各类重大工程项目实践中日趋完善。

重大工程组织场域不是简单地由组织种群、关系、制度拼凑而成的一个大组织，场域内的组织种群们在项目建设期里一直上演着工程建设的集体行动，集体行为也是重大工程组织场域的要素之一，行为方式（方案）受到场域制度的限制。

通过对以上重大工程组织场域核心要素的分析，得出了重大工程组织场域的核心要素内容，如表 4-2 所示。

重大工程组织场域核心要素 表 4-2

核心要素		属性
组织种群	参建方	政府、建设单位（业主）、施工方、供应商、勘察设计单位、监理单位、员工
	非参建方	运营单位、公众、当地社区、非政府组织、政府相关监管机构
场域关系系统		合同关系、监督关系、合作关系等
场域制度系统		法律法规、合同文件、项目管理制度、工程建设标准与规范、项目文化等
场域组织原型		承发包、项目管理、项目融资、招投标等模式、项目组织架构
场域集体行为		工程建设行为、工程管理行为、社会责任行为等

4.1.3 重大工程组织场域模型构建

组织场域使得割裂开来的组织层面的建设活动、项目层面的结构与制度和社会层面的压力和反响等联系起来。将重大工程看作一个组织场域，是将重大工程的利益相关者嵌入项目建设的环境背景里，通过场域的结构化过程和变迁历程探究组织种群场域位置关系。

根据布迪厄的场域理论，场域运行和变迁的动力源是它的结构形式。广义上看，重大工程场域的结构化不仅包含重大工程内项目组织关系结构和制度系统的形成，以及各种工程建设活动的开展，还包含项目与周边外界非参建组织间的关系、制度形成和发生的相关活动。

重大工程立项时，法律规范、组织架构、项目管理模式等作为初始动力构成了场域基础结构，场域里组织种群占据的"权力位置"和关系结构被确定下来。在各建设阶段，场域制度扩散，重大工程项目整体以及组织种群内部的管理体系、进度计划等各种规章被制订，治理模式形成。

场域成员的组织类型、数量随项目阶段演变，场域内参建的组织种群也会受到外部的压力如监管部门、公众参与等影响，参建组织为追逐各自利益，也会有合作、争斗等行为发生，交互影响。此外，重大工程建设活动的绩效情况造成建设方案修改，进度计划被调整，合同发生变更等，引发重大工程组织场域的变迁（宋洁，2011），同时，重大工程的变迁又会对重大工程内外部产生作用，如图 4-1 所示。期间，组织参建方互相知悉，互动程度提高，遵循的场域制度趋于一致，重大工程组织场域边界也越来越清晰，如此不断发展下去，场域制度结构化、变迁，重大工程组织场域持续演变，直到工程项目完工，发生解构，运营方进入主导，使得重大工程再结构化，形成新的一套组织关系、制度系统。

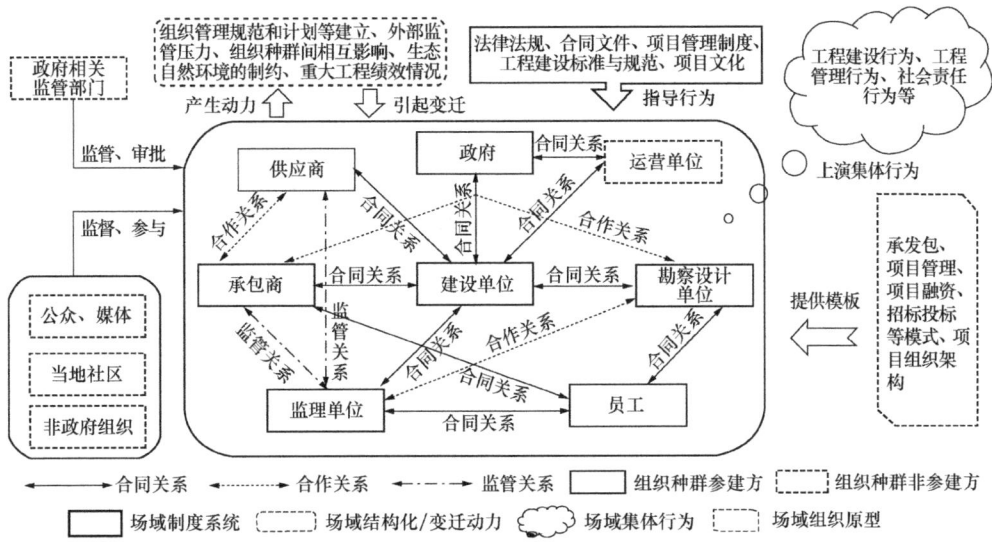

图 4-1　重大工程组织场域模型

4.2　重大工程社会责任行为"主体—行为—情境"系统

在得出重大工程的组织场域后，可以清晰地看出重大工程的组织种群间关系密切，任意两方都会直接或间接地对其他组织种群的行为方式造成影响。并且在组织种群的相互交流，共同合作进行项目建设的过程中，重大工程的组织场域又会形成自身的管理模式、文化氛围，这些制度或者变迁动力又反过来指导、制约着重大工程组织种群的各种行为，重大工程履行社会责任的行为也不例外地牵扯其中。

重大工程的社会责任是通过组织场域内的行为主体实现的，他们做出的社会责任行为选择与自身组织特征和所处的情境息息相关。不同的 MSR 行为主体在重大工程中承担着不同方面的社会责任，组织关系、制度系统以及引起场域变迁的组织外部动力则构成了 MSR 行为选择的情境。

4.2.1　重大工程社会责任行为主体

重大工程组织种群是场域内进行决策和行动的主体，但是其行为对工程的影响力有区别。有学者对项目按其紧迫性、影响性、主动性对重大工程组织种群分类，或是采用社会网络分析组织种群在项目中的集中度研究其影响力（沈岐平，杨静，2010），表明不同的项目实施阶段组织种群的影响力不同。本书研究的 MSR 的行为主体主要是针对与重大工程建设关系密切的参建方，不可否认的是，公众和非政府组织等组织种群对重大工程的建设有着不可忽视的影响，甚至会直接引起重大工程的建设，改变项目建设方案以及停工。但他们的影响还是作用于项目的决策方如政府、项目管理层等。同样的，员工这一组织种群是工程建设中的执行者，在相关 CSR 和 MSR 行为研

33

究的文献中，主要是考虑企业对员工利益的社会责任行为，如保障经济权益、职业健康安全和教育培训等，所以将以上两大组织种群视为影响 MSR 行为主体决策的外部因素考虑，而不作为 MSR 行为主体来研究。

　　基于上述分析并结合相关研究文献后，得出重大工程社会责任的行为主体包括：政府（与建设单位签订重大工程建设委托合同的政府方）、建设单位（业主，项目管理层）、勘察设计单位、承包商（包括负责专业施工的分包商，项目实施层）、监理单位、供应商，还有工程咨询、招标代理公司等单位。此外，还有运营单位，运营单位虽然不是参建方，但在重大工程的运营阶段，运营单位承担了几乎全部重大工程的责任，重大基础设施都是在运营阶段发挥它们的经济、社会效益，所以运营单位也在本书的研究范围内。

4.2.2　组织场域中的重大工程社会责任行为表现

4.2.2.1　单方行为——积极

　　在心理学中，行为是个体根据认知对目标的行动。著名社会学家 Habermas 的目的性行为和 Weber 的工具理性行为都指出理性的行为主体会通过合理计算，为达成目的采取行动。TRA 理论中个体行为态度由人们对行为的感知和对行为后果的评估构成，也说明了目标结果对行为的作用。CSR 研究中有观点认为 CSR 有助于提升企业经济绩效是企业承担社会责任的动因，还有研究指出驱动因素还包括 CSR 对企业品牌、行业声誉的潜在积极作用。

　　总之，目的是行为的关键原因，这在重大工程社会责任中也不例外：MSR 行为主体有着共同的建设目标，确保成本、工期、质量和安全三大基本社会责任；政府还会关心重大工程建设中的社会冲突，接受公众媒体的监督和意见，并保证重大工程不影响环境生态，为此执行环境规章；承包商为了施工业绩和企业股东的经济利益，会履行控制工程成本和质量的社会责任；供应商为了自身企业声誉会确保材料设备质量；设计方为了跟上行业发展、确保竞争力，会追求设计技术革新等。以上 MSR 行为的履行是行为主体组织种群内部目的驱动下产生的，有利的行为后果让 MSR 行为主体选择履行社会责任，借用哈贝马斯的分类将这种行为视为谋利行为。

　　由于道德感和责任感的观念的存在，受到社会上对社会责任的推崇和号召，行为主体也会有自发的意愿去履行社会责任，尽管这并不能为行为主体带来利益或其他好处。韦伯的四大社会行动类型中，理性行为除了逐利的工具理性外，还包括一种价值理性行动，其来源于行为主体对真善美的追求，一种崇高的道德感和美好信仰，希望升华自我、实现其价值的高尚行为。在重大工程中就有典型的例子——组织公民行为（祝军等，2017），一种自发的、不计报酬的行为。区别于目的驱动，本书将行为主体自愿地、超过通常外界规定要求地履行 MSR 的行为界定为崇高行为。

　　前文提到重大工程组织场域中有一套由法律、行业规范以及项目内部文化等组成的逻辑制度系统，这个场域的组织制度系统指导着组织种群的行为，MSR 行为主体在处理社会责任过程中也必然会参考有关制度规章对 MSR 的要求。Habermas 指出社会组织的行为会遵照共有一致的规范制度、价值观念，称之为规范调节行为，理性行为理论中行为构成变量之一的"主观规范"是规范性信念和其倾向的函数，也说明规范对行为的调节作用。学术界把企业按照政府规章制度采取行动的行为称为规制遵从行为（肖兴志，赵文霞，2011）。在工程管理领域，重大工程中的行为主体也会遵循国家建设法律条文、合同条款、行业或组织内部规章，参照项目部的文化理念实施MSR 行为，这种遵从规则、循规蹈矩的行为可以视为循规行为。

个体或者群体在遇到问题时会参考周围群体大众的做法，这种追随主流做法的行为就是行为科学里的从众行为。在重大工程组织场域内这种现象也屡见不鲜，各省、市每年都会评选优质工程，大型的施工企业内部也会评选标杆工程，这些优质工程的绿色施工做法、施工新技术等就会被其他施工单位组织效仿。政府在项目规划阶段考虑重大工程肩负的就业创造、社会稳定、消除贫困等社会责任时，必然会效仿成功的同类型重大工程的规划设计，本研究称为效仿行为。

TRA 最近的研究表明过去行为能够直接影响行为主体的行为意向，Weber 的理论也支持这一观点，认为人类大多数行为都是按照过往习惯，是一种固定的"传统行为"。行为经济学中，卡尼曼和特沃斯基（何大安，2008）认为个体行为受到记忆中行为结果影响，所以 MSR 行为主体的管理决策者会考虑过往社会责任履行结果，以此形成 MSR 价值观念。在建筑业这样革新速度慢的传统行业，项目规划、设计、施工等方法模式都已趋于成熟，照搬老一套的行为可有效防止出错，降低风险。再者，承接重大工程项目的施工方、设计方、监理方大多被要求具有丰富的项目经验，意味着他们必然会参照过去相关行为做法，本书在此称为守旧行为。

4.2.2.2　单方行为——消极

并非所有 MSR 行为主体都愿意履行所有的社会责任，事实上，要 MSR 行为主体积极地将各维度的社会责任都百分百地做好也很难实现。CSR 早期研究中就有学派争辩企业经营第一目的是实现利润最大化，而不是努力实现其他利益相关者的利益（郑海东，2007）。

社会责任的对立面是贪污腐败、违法犯罪等阴暗、扰乱社会安定的问题。工程建设中滥用职权等腐败行为侵蚀公共利益，暗箱操作、串标、转包等违法行为时有发生，施工时偷工减料、以次充好等违约行为也难以避免。乐云等（2012）指出建设工程中存在侵占项目、公共利益的"隧道行为"，虽然不正当却不一定非法。在重大工程中，上述行为性质都是谋取私利，严重降低了项目质量，使得成本攀升，危害社会安全、公众权益，与社会责任背道而驰，本书将其视为徇私行为。

哈贝马斯指出行动者会有意地向外界表现自己掩饰真实内心的"戏剧行为"。CSR 的学者们已经关注到虚假的漂绿行为（李大元等，2015）、伪社会责任行为存在，表明企业实施社会责任时也会言过其实，伪装出热衷公益，倡导社会责任行为的形象。社会责任行为是否"伪"的本质区别在于四点：第一是动机，是否利用社会责任名义谋取私利；第二是行为表现，是否有真实的社会责任行为；第三是言行一致，是否存在空洞的承诺和夸张的宣传等问题；第四是社会责任行为绩效是否提高了社会福利（肖红军等，2013）。在重大工程中，MSR 行为主体的能力有限不能兼顾到众多的社会责任，面对公众媒体压力和各方监管等诸多压力，可能会选择伪装来为自己赢得口碑，树立良好形象。本书将这种 MSR 中虚伪的舞弊行为视为伪装行为。

TPB 的感知行为控制变量反映行为个体对开展行为的感知和控制信心，若是行为主体认为实施某项行为过于困难会选择放弃实施。因此，对于要求高的 MSR，若是行为主体觉得某项社会责任没有履行的必要，又缺乏外界的强制要求，会选择逃避责任。逃避行为也属于 MSR 的行为表现之一，尽管与伦理道德诉求不符，却不可忽视它的广泛存在。

4.2.2.3 交互行为

上述的行为表现都是以单个行为主体履行社会责任的角度考虑的，若从重大工程组织场域的组织关系系统看，合作、监督等关系纽带的存在情况下，行为主体会选择有关联的其他主体协同履行社会责任，如设计方的绿色建筑设计和承包商的绿色施工建造相配合，业主依靠承包商和监理方共同合作来确保项目质量和安全。合谋实施 MSR 是行为主体感觉自身单独开展难以妥善履行工程社会责任，与其他行为主体共同规划、决策与实施的工程社会责任行为，本书视为协同行为。

奥斯丁言语理论中"以言行效"行为指行为主体通过言论影响听者的行为结果，之后 Habermas 根据对言论是否具有命令的强制性进一步讨论该行为。在重大工程中，行为主体面对由另一方承担社会责任时，可以给出要求或建议这类"言论"行为，如业主希望施工方多采取绿色施工技术，监理要求施工方须按照法规和规范施工等，但也可以保持沉默，独善其身。员工行为选择里的建言行为是员工表达不满、与同事及主管等商讨解决办法的方式，而忽视或忠诚行为则被理解为漠不关心，只去完成自身的工作（刘燕，2014）。据此，本书将某一方行为主体针对另一方行为主体承担的社会责任向其建言献策的行为视为沟通行为，而选择沉默、采取旁观的态度视为缄默行为。

总体上看，MSR 行为方式按涉及的行为主体数目可分为单方行为和交互行为，其中单体 MSR 行为的类别又可进一步分为积极、消极两类，单体履行积极的行为方式有谋利、崇高、循规、效仿、守旧五类，而消极则有徇私、逃避和伪装三类。交互行为则包括合谋、沟通、缄默三类。根据以上分析论述，本书汇总得出 MSR 行为表现如表 4-3 所示。

组织场域中 MSR 行为表现类别   表 4-3

类别		重大工程社会责任行为方式	内涵	典型行为表现	理论依据
单方行为	积极	谋利行为	行为主体出于组织利益等目的的驱动自行采取的积极、主动的行为	承包商为确保业绩和股东的经济利益，主动控制工程成本和质量的；供应商为了自身企业声誉会确保材料设备质量；设计方确保竞争力，会追求绿色设计、技术革新等	哈贝马斯"目的行为"；理性行为理论"态度"变量；企业社会责任行为研究

续表

类别		重大工程社会责任行为方式	内涵	典型行为表现	理论依据
单方行为	积极	崇高行为	行为主体出于道德感、信仰、追求等自愿地、不计回报地履行社会责任的行为	组织公民行为,如自发履行社会责任;积极提出并实施环境保护建议等	韦伯社会行为理论;"价值理性行动";组织公民行为理论
		循规行为	行为主体遵循法律法规等制度采取的循规蹈矩的行为	承包商遵循国家建设法律条文,合同条款,行业规范等确保工程质量、员工权益、生态保护等	哈贝马斯交往行为理论"规范调节行为";理性行为理论"主观规范"
		效仿行为	行为主体受到群体主流的行为影响或者追随行业领导者采取的模仿借鉴为	承包商模仿标杆工程的绿色施工做法,施工新技术等;政府、建设单位立项时借鉴成功的同类型重大工程在社会责任方面的管理方法等	心理学"从众行为";行为金融学的"羊群行为"
		守旧行为	行为主体根据经验习惯,沿袭过去做法的因循守旧行为	承包商、设计方、监理方按照过去的项目经验进行施工、设计、监督工作	理性行为理论"过去行为";韦伯社会行为理论"传统行动"
单方行为	消极	徇私行为	行为主体为了谋取私利,损害公共利益,与社会责任相违背的行为	违法违纪、腐败和"隧道行为"等如滥用职权、暗箱操作、串标;施工时偷工减料、以次充好等	建设工程腐败、违法现象;公司治理"隧道行为"
		伪装行为	行为主体为了维护自身形象或迫于外界压力伪装出履行社会责任的虚假舞弊行为	夸大、虚假宣传履行保护环境、考虑社区居民的要求等责任义务;做出高质量低成本、绿色施工等空头承诺但并未实施等	哈贝马斯交往行为;理论;"戏剧行为";伪社会责任行为研究
		逃避行为	行为主体在权衡利弊下逃避、放弃履行自身某项社会责任的行为	对工程造成的环境污染、项目附近居民的投诉不管不顾	经验总结
交互行为		协同行为	行为主体认为单独开展 MSR 较困难而选择同其他行为主体合作履行的行为	政府、建设单位、设计方以及运营方共同商定项目在社会责任方面的策略;设计方、承包商和监理方共同确保项目质量安全和经济效益等	Habermas "交往行为";计划行为理论"行为控制认知"

续表

类别	重大工程 社会责任 行为方式	内涵	典型行为表现	理论依据
交互 行为	沟通行为	行为主体向另一方行为主体建言献策，对其的社会责任提出建议、要求的行为	业主建议设计方采取绿色设计、施工方采取绿色施工技术；监理要求施工方须按照法规和规范严格施工	奥斯丁"以言取效行为"； Habermas"沟通行动"； 员工行为选择"建言"行为
	缄默行为	行为主体只关注自己的责任，对其他行为主体的社会责任保持缄默、旁观漠视的态度	监理方对施工方的偷工减料等行为视而不见；政府、建设单位征询专家、运营方等关于项目社会效益的意见时，各方都闭口不言	员工行为选择"忠诚"； "退出"行为

4.2.3　重大工程社会责任行为情境

在当前组织行为学研究领域里，尽管缺乏在组织行为中引入情境变量，或者是把其作为控制常量，但组织环境、组织间关系等情境要素不断被帕森斯等著名学者们强调，要重视它对组织行为的作用。MSR行为主体在作出行为方式的选择时，所处的情境对他们的决策结果必然有关联。

本研究的情境是MSR行为主体所处的重大工程组织场域环境，由组织关系系统、组织制度系统和场域原型以及变迁动力等组成。首先，重大工程的类型、规模、建设环境决定了行为主体面对的社会责任问题，进而影响主体的行为决策。其次，MSR行为主体受到场域中各个组织种群的影响，做出行动选择时要考虑到与自己有关系的其他组织种群的利益和态度。再次，制度系统与重大工程组织场域一同诞生，强制性地约束着行为主体的选择。最后，场域变迁动力决定了重大工程新的场域结构、项目组织架构、管理模式的形成，重大工程过程绩效情况，各个组织的进入、退出等使得重大工程组织产生变迁动力，并反过来作用于组织场域，使得情境不断动态演化。MSR行为主体正是在如此复杂的情境中做出一个又一个MSR行为选择。

4.3　组织场域视角下重大工程社会责任行为选择模型

帕森斯认为行为系统是单位行动的集合，一个完整的社会行动应当包含四个要素："行动者"（行为主体）、"目的"（行动结果）、"处境"和"规范性取向"。处境又根据行为主体是否能够控制，分为不可控的"条件"（情境）和可控的"手段"。在MSR行为选择模型中借鉴该行动理论，认为MSR行为选择系统包括行为主体、行为方式、行为情境、行为表现等要素。其中，行为主体的行为方式受到来自组织内外两方面的因素影响。

组织内部情况则是行为主体的内部特征的调节。考虑到重大工程的项目特征，MSR 行为主体的内部影响因素应为组织规模、组织文化和组织中进行决策的管理者等。行为主体的社会责任意识或者认知对组织行为选择有直接影响，这已在 CSR 行为的实证研究中得到证实（曹家彦，2009）。行为是意识的产物，社会责任认知是行为主体的选择动因，道德感强、价值观正确的组织更热衷于关注、解决社会责任问题。也有学者发现组织社会责任行为与组织规模、财务绩效等因素间正相关（Li，Zhang，2010；Stanwick，2013）。

外部情境下，有场域制度和场域原型等结构化、变迁动力两部分影响。法规规范对组织社会责任行为有约束作用，法律法规的明令要求，合同条款、行业建设标准的限制是组织社会责任行为的底线，G. Y. Qi 等研究证实政府环境规章条例与承包商采取绿色施工显著相关。重大工程项目内部制度同样影响行为主体的选择，完善沟通机制、提高透明度是有效解决重大工程危机、履行社会责任的手段。场域原型方面的影响上，重大工程的类别、规模、建设环境、融资模式等项目特征决定了参建方遭遇的社会责任问题，行为主体对社会责任的规划和选择需要基于重大工程的项目背景。

组织场域关系网络也约束着 MSR 行为选择。作为参建方的行为主体间必定会交互影响，而非参建方方面，政府监管部门的强制约束力、当地社区的诉求也迫使行为主体要平衡项目建设与社会发展间的和谐关系。在社会责任、伪社会责任行为选择因素研究中都表明公众压力、政府监管对社会责任行为有正向作用（赵红丹，2014）。

工程随项目进展的动态变化性和社会责任的多维性，使重大工程社会责任行为主体在不同的实施阶段面临不同的社会责任维度，行为主体根据工程不同阶段社会责任动态变化制定重大工程责任实施战略，是在组织内部特征和外部组织间

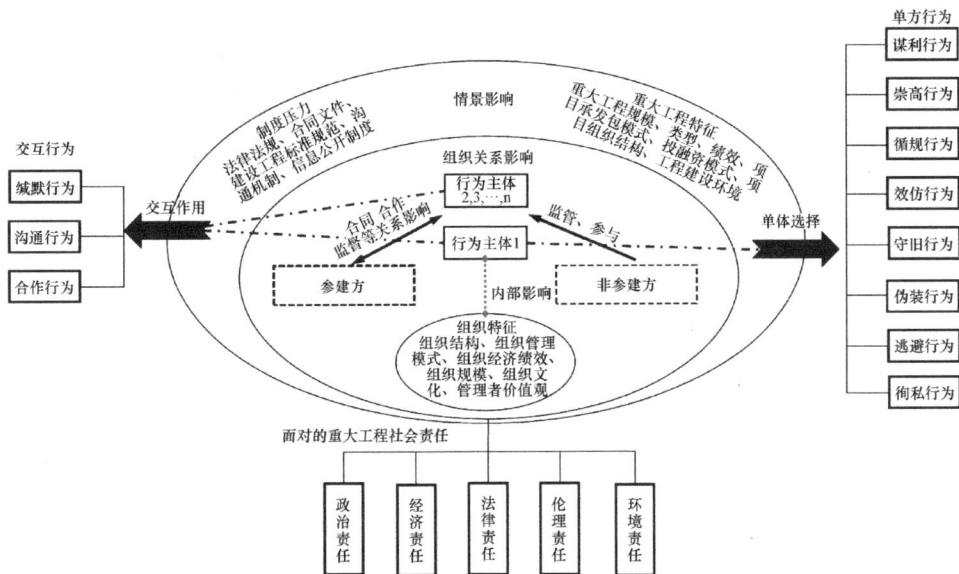

图 4-2　基于社会行动理论的 MSR 行为系统模型

关系与情境的共同作用下进行社会责任行为方式的决策与调整，如图 4-2 所示。因此，再将项目生命周期和社会责任维度等要素引入行为系统，根据系统内各构成要素间对应关系得出"主体—行为—情境—阶段"的四维重大工程社会责任行为系统，如表 4-4 所示。

MSR 行为概念系统　　　　　　　　　　　　　　　　表 4-4

代表性行为主体	主体特征	社会责任维度	项目生命周期阶段	行为方式	情境	社会责任典型表现
政府	领导者态度领导能力	政治责任		谋利行为	公众参与决策	关心当地区经济发展、创造就业机会
		环境责任		崇高行为	媒体报道	考虑项目的生态影响
		法律责任		循规行为	法律法规约束	项目信息透明公开
建设单位	管理者社会责任认知管理能力	政治责任	立项	崇高行为	项目建设背景	关心社会公众需求
		伦理责任		合作行为	同运营单位、咨询单位共同商讨	制定重大工程社会责任规划
		经济责任		谋利行为	可行性研究报告结果	项目经济、技术可行性
工程咨询单位	工程经验组织能力	经济责任		谋利行为	政府、建设单位的要求	确保项目的经济效益
		政治责任		守旧行为	项目建设背景、环境	确保项目的社会效益
运营单位	管理者价值观	伦理责任		沟通行为	项目建设背景、环境	向建设单位、政府关于项目社会责任方面的规划建言献策
设计单位	组织经济绩效	经济责任环境责任	规划设计	谋利行为循规行为	合同条款指导建设设计规范标准	经济合理、设计革新
				效仿行为	工程类型项目建设背景	绿色设计

续表

代表性行为主体	主体特征	社会责任维度	项目生命周期阶段	行为方式	情境	社会责任典型表现
建设单位	组织管理模式组织结构	经济责任政治责任	建造	谋利行为	合同文件要求项目投融资模式	确保项目效益、投资回报
				守旧行为合作行为	信息公开方式项目治理架构	维持社会稳定
承建方	组织能力组织经济绩效组织文化组织成长阶段管理者价值观	经济责任		谋利行为循规行为	项目承发包模式合同条款要求	保证项目质量安全、成本、进度符合要求
		伦理责任		伪装行为效仿行为	项目文化有关部门监管	员工健康和安全保护生态环境
		政治责任		合作行为逃避行为	项目管理模式当地社区监督参与	维持与当地社区关系
监理单位	组织文化管理者价值观	经济责任		沟通行为缄默行为	建设工程标准规范沟通机制	监督工程质量、成本、工期，监督员工的权益
供应商	组织经济绩效组织成长阶段	经济责任		循规行为徇私行为	合同条款要求项目招投标模式	确保材料设备的质量
运营单位	组织经济绩效组织能力组织管理模式管理者价值观	经济责任	运营	谋利行为	合同文件要求项目投融资模式重大工程绩效	维护项目控制运营成本
		伦理责任		崇高行为伪装行为逃避行为	媒体信息披露项目建设背景	节约使用资源维护社区和谐

注：该行为系统是根据帕森斯社会行动的结构理论等分析后得出的概念性系统，表 4-4 列出了一些代表性的
重大工程社会责任行为系统情况，建立了行为主体、主体特征、责任维度、项目全生命周期、行为方式
和情境的概念联系，是一个开放性系统。

第 5 章　组织场域视角下重大工程
社会责任行为选择实证研究

本章首先以社会责任影响因素为关键词，梳理了近 10 年内涉及社会责任行为影响因素的高被引期刊文章和硕博士论文，提取出组织内部特征、组织间关系和外部情境三个层面上的影响因素，在与具有丰富重大工程建设管理经验的专家讨论后，在文献研究基础提出了 6 个 MSR 影响因素的研究假设。对已有相关较成熟的这些变量测量量表在重大工程社会责任背景下的进行重新编制，形成调研问卷，为问卷回收后的实证检验做铺垫。

接着对提出的 MSR 研究假设进行实证检验。首先对回收的问卷样本进行描述性统计，进行了控制变量多因素差分析并讨论选取了结构方程模型方法。接着进行量表的信度和效度检验，先后运用 EFA 和 CFA 筛选、检验了测量题项对 MSR 影响因素和行为方式的代表性。最后运用 PLS-SEM 模型和回归方程实证检验了影响因素和伪装行为以及协同行为间的路径关系以及中介作用。

5.1　重大工程社会责任行为选择影响因素识别

5.1.1　重大工程社会责任行为影响因素文献评述

已有的社会责任文献大多关注其内涵、表现、维度等方面，以及社会责任行为产生的影响"后果"。大量的研究想建立企业社会行为和企业绩效间的联系，或是研究重大工程社会责任造成的社会风险、环境生态问题，而相比于社会责任的"后果"，学者对它的"前因"的讨论并不多。事实上，对于社会责任行为的动因研究也是从社会责任的效果出发的。研究表明 CSR 行为有助于提高企业财务绩效、顾客购买力以及对员工的吸引力，这反过来也就成为企业选择履行社会责任的动机。同样，大量的文献证明重大工程社会责任的缺失会对社会、环境造成不可逆的破坏，为避免社会冲突，保持工程与自然的和谐相处，消除重大工程危机，学者们呼吁重大工程应承担起社会责任。

随着研究的深入，学者开始考虑除以利益等目的驱动社会责任履行之外的其他影响因素，如道德、制度等影响因素。总体来看，这些因素可分为组织内部和外部两个方面。

5.1.1.1　组织内部影响因素

Zhou 在分析影响 MSR 的因素中，将其划分为内、外部两个子类，内部因素来源与中央利益相关者有关，涉及金融投资、组织规模、组织文化、经济绩效、资源和政府行为等。内部因素下的个体维度研究的对象都是管理者，学者试图找出管理者特征的差异对 CSR 行为表现的影响，特征包括职业背景、管理者权力、任职期限和薪酬等，但其中研究最多，影响最显著的是管理者对待社会责任的态度或者说价值观（许婷婷，2014），冯臻从计划行动理论出发实证企业高层意图对企业社会责任行为起到了促进作用（冯臻，2014）。也有研究论述了工程师、专家等在工程项目社会责任实施中起到的作用（Yun，2014）。

内部因素在组织层面上的特征研究更是繁多，组织规模、经济绩效如负债和利润率等是国内外研究热点，不同学者的研究结论也不一致，如 Burton 等实证发现了中小型企业比大型企业在 CSR 行为评价方面要好，但 Stanwick 的研究结论却是大公司社会责任行为支出更高，Udayasankar 理论分析构建出社会责任随企业规模大小呈现先下降后上升的"U"形模型（田祖海，叶凯，2017）。我国学者结合中国企业的国情验证了企业所有制结构、企业战略、经营管理能力、出口能力、创新能力等对中国企业社会责任的影响（杨春方，2009）。谢小辉以浙江民营企业为研究对象，发现规模、性质、行业阶段都会造成民营企业社会责任行为的差异（谢小辉，2008）。

5.1.1.2　组织外部影响因素

外部因素方面，Zhou 认为技术进步使得重大工程信息趋于透明化，促进了社会责任行为，此外，全球化、公众意识、市场环境、社会价值、民族特色和产业发展等是促进重大工程组织履行社会责任的动因。首先，社会责任披露会引起来自组织外部的监督。Ulmann 最早研究了 CSR 信息披露的影响因素，郑海东在其博士论文中把企业暴露度视为组织层面的影响因素，而赵红丹将媒体曝光率视为企业伪社会责任行为的情境因素。关于重大工程管理的研究中也强调信息公开和透明度是促进 MSR 履行的重要手段。

组织社会责任行为与组织所处的背景环境密不可分，组织所处的国家、地域、行业等都直接或间接地作用于其社会责任行为。Matten 等对比美国和欧洲间 CSR 的不同，认为国家间的 CSR 存在差异（谢小辉，2008），Maon 等进一步提出政治背景差异下 CSR 的区别。我国学者则以中国传统文化等社会背景为角度，探讨社会责任行为的特征。另外有研究证实不同行业 CSR 侧重不同（李艳丽，高岚，2015）。

制度压力是最明显外部影响因素，但现有相关研究表明其影响力并不显著。政府的规章制度具有强制性，迫使行业内的组织遵从标准，政府惩罚机制会刺激企业环境行为，但企业违法成本和逐利本质使得规章的激励效果有限（金帅等，2017）。G. Y. Qi 等研究发现政府环境规章条例与承包商采取绿色施工显著相关，但公众、非政府组织和雇员的压力却影响较小，杨春方的研究实证结果也表明市场竞争、法制环境等外部环境与我国企业社会责任行为关联性不高。除了政府监管、法律规章的压力，来自社会公众的呼吁和关注一直是社会责任行为的重要影响因素，例如 Baron 等学者实证表明公众压力与 CSR 行为正相关，香港理工大学的 S. Thomas Ng 等提出可以将公众参与引入 PPP 项目，明确项目责任来促进基建设施发展（Ng 等，2013）。

5.1.1.3 社会责任行为影响因素文献评述

表 5-1 汇总了近 10 年来的代表性社会责任行为影响因素研究。综合以上社会责任行为影响因素的研究，总结其研究现状情况：

（1）强调组织内管理者的社会责任态度。研究发现管理者对社会责任的认知对组织社会责任行为有直接影响或以行动者为中介间接影响社会责任行为。

（2）社会责任行为与组织利益联系紧密。无论是履行社会责任可以提高企业财务，还是探究履行 MSR 行为与重大工程风险的联系，都是将这些组织利益作为组织社会责任行为的动因。

（3）意识到了环境对组织行为选择的影响。学者从最初的组织规模、组织性质等特征的影响因素转移到研究地区、文化、行业等背景对组织社会责任行为的影响。

（4）关注社会责任行为表现结果，而缺少行为选择机理的研究。已有研究都是分析因素对社会责任行为表现或绩效的影响作用，用经济、伦理、环境等维度评价社会责任行为的结果，属于"事后评估"；却没有研究因素对社会责任行为发生的影响，即对选择采取何种行为，这个属于"事先决策"的行为选择机理缺乏关注。

基于前人研究的基础上，本章根据上章的社会责任行为选择模型的分析，从组织内部特征、组织间关系和情境三方面对 MSR 行为选择影响因素进行分类识别，并通过具有重大工程建设经验的行业专家进行深入访谈（访谈提纲见附录 1），筛选出关键的影响因素。

社会责任行为影响因素代表性研究　　　　　　　　　　　　　　表 5-1

研究的影响因素	时间	研究学者
企业规模，多样化水平，研究与开发等	2001	A Mcwilliams，Siegel，2001
个体上：高层管理者的社会责任态度 组织上：经济绩效等 社会上：NGO 发育状况等 其他：企业规模、成长阶段和产业类型	2007	郑海东，2007
国家背景	2008	MATTEN 等，2008
内部因素：企业规模、企业出口行为、企业经营年限、企业创新能力、企业的管理能力等 外部因素：市场竞争水平等	2009	杨春方，2009
企业所有权结构、企业规模，盈利能力，员工权力，财务杠杆和增长机会	2010	Wen 等，2010
显著相关：管理层的关注度和政府环境规章条例 不显著：项目利益相关者（客户、公众非政府环保组织、雇员）的压力	2010	G. Y. Qi 等，2010
伙伴关系	2011	Othman，Abdellatif，2011
内部因素：管理者责任价值观等 外部因素：竞争因素等 控制变量：企业规模、所有制性质、行业类型、企业生命周期	2013	张坤，2013

研究的影响因素	时间	研究学者
专家社会责任	2014	Yun，2014
内生性压力：逐利本性等 舞弊容忍度：媒体曝光率等 外源性压力：社会责任运动压力等	2014	赵红丹，2014
企业类型、行业类型、企业所处的环境（有无林地）	2015	李艳丽等，2015
农村环境	2015	Orji，Awortu，2015
内部因素：金融投资，组织规模，组织文化，经济绩效，资源和政府行为，企业的情况和文化 外部因素：技术进步，全球化，公众意识，市场环境，社会价值，民族特色和产业发展	2017	Zhou 等，2017
管理者对企业社会责任商业案例的意识形态	2017	Hafenbradl，Waeger，2016

5.1.2　重大工程社会责任行为选择的影响因素识别

1. 组织内部特征因素

通过以上关于重大工程社会责任行为影响因素的研究以及行为理论，作为工程社会责任的执行者，行为主体对社会责任的观念、自身组织的特征对其行为选择有直接影响。重大工程社会责任的行为主体众多，在先前 Han 等的重大工程社会责任研究中，在组织层面上，社会责任行为评估被依据政府、企业还有外部的公众和非政府组织的类别来划分。第 4 章在行为主体的识别时已经说明本书将公众等视为外界诉求压力的影响因素，而非工程社会责任行为主体，故在此不再展开讨论。

研究表明政府和企业承担的社会责任完全涵盖经济、法律、政治、伦理四个维度，涉及的指标项最多，权重最大。但值得注意的是政府作为重大工程建设的发起者，组织性质与设计单位、承包商等企业具有明显区别。此外，组织规模、治理结构、绩效水平等组织内部能力特征也应分开讨论，政府方面的组织能力评价应考察其行政能力、廉政建设、政务公开等政府职能（负杰，2015）。而企业方面的组织能力评价应考察项目经验、运营、盈利、技术创新、企业文化等企业能力特征（韵江，高良谋，2005）。考虑到组织能力与社会责任绩效的相关性比行为方式更强，相比之下，管理者对社会责任的认知态度则直接作用与组织的行为决策，所以本书从内部特征层面里选取组织管理者对 MSR 的认知作为变量来研究。

2. 组织间关系影响因素

组织间关系分为参建方和非参建方两类影响因素。由于行为主体彼此之间的关系影响非常复杂，不同主体间的关系类型不同，难以同时研究。故本书选择关系质量来衡量参建方之间的交互影响，一方面，关系质量同项目绩效和参建方如业主的满意度有关（Williams 等，2015），和谐融洽的工作氛围有利于产生协同等社会责任交互行为；另一方面，现有的关系质量研究中已有较成熟的评估体系便于测量。非参建方的影响中，前文对非参建方的识别包含公众媒体、当地社区居民、政府监管部门以及非政府组织等，这类组织对重大工程项目的要求和监管反映了来自项目外界对重大工程社会责任行为的社会期望。另外，将项目场域中的员工组织种群的影响也考虑进来，共同归为重大工程社会责任行为的外部诉求这类影响因素。

3. 情境因素

外部情境范围最大，涉及的影响因素多且杂，包含组织场域内的制度系统、组织原型以及过程绩效等场域变迁动力，还有重大工程类型、建设环境条件等项目特征属性。同时考虑所有因素进行假设检验过于复杂，本书根据文献分析和专家访谈意见，选取场域制度作为影响行为主体的决策重要因素，把重大工程类型、管理模式等重大工程项目特征作为控制变量。场域制度中，合同、法律法规等被视为强制性的制度压力维度，而沟通机制和信息公开机制属于制度手段，其特性与制度压力明显不同，故被分离为单独的影响维度研究。

5.2　问卷设计与研究假设

5.2.1　研究变量的测量

行为主体的行为选择方式中，考虑到后续研究的变量数目的合适性以及数据收集处理的可操作性，本书没有同时将 11 种行为方式作为内生变量研究，而是依据专家访谈中对行为方式的讨论分析结果，选取伪装行为和协同行为作为研究变量。这两种行为方式在重大工程社会责任中表现最普遍，特征最显著，效应最强烈。伪装行为表征行为主体在履行社会责任言过其实、弄虚作假的现象；协同行为表征多元行为主体协同履行重大工程社会责任，提高社会福祉的举措。首先，伪装和协同分属积极和消极的行为方式；其次，从行为主体上看二者分别为单方和交互行为，故具有典型代表性。

结合上文识别出的影响因素，按结构方程模型中对变量的分类，本书研究的外生变量包括制度压力、沟通机制、信息公开制度、关系质量、外部诉求、社会责任认知共六个潜在变量，内生变量包括伪装行为和协同行为两个潜在变量，将重大工程类型、施工承发包、工程项目管理以及工程项目投融资等模式视为控制变量来研究。为保证测量的区分精度，量表使用 7 分制的 Likert 量表。测量量表题项借鉴了国内外已有研究，并在此基础上结合重大工程的情境进行修改设计，形成了最初的 MSR 行为选择测量问卷。之后，进行问卷试调查，试调查一共发放 50 份问卷，收回 32 份有效问卷。根据答卷人的回答情况和意见反馈，结合课题组例会讨论结果对题项的结构和表述进行了修改，形成正式发放的问卷（附录 2）。

问卷的修改主要基于以下两方面的考虑：

一是，鉴于社会责任还属于学术界的概念，实际建设工程项目中的社会责任在法律规范等中未有直接定义，故将社会责任一词进行了解释说明，在测量题项中尽量用具体明确的工程安全质量、环境保护、社会公众影响、员工权益等内容替代该词。

二是，伪装行为一词过于敏感，其隐蔽性使得其不易测量。答卷者在回答时往往会回避自身的行为，已有的研究测量是以受访者对第三方伪装行为的评估，题项设置直接涉及"伪装形象""说一套做一套"等词语，过于消极负面，而本问卷是受访者的自我评估，直接采用该测量题项容易引起答卷者的警惕造成不真实作答。故问卷设计选择采取反向问题，以降低回答者的抵触心理，提高回答的可靠性和真实性，如表 5-2 所示。

量表题项开发设计　　　　　　　　　　　　　　　　　　表 5-2

变量类型	变量	参考来源
外生变量	制度压力	郑海东，2017；Lin 等，2017
	沟通机制	Wu 等，2017
	信息公开制度	Holland 等，2017
	关系质量	Lu，Wang，2017；许劲，2010
	外部诉求	王歌等，2018；赵红丹，周君，2017
	社会责任认知	郑海东，2007
内生变量	伪装行为	Wagner 等，2009
	协同行为	严敏等，2015
控制变量	重大工程类型	项目管理书籍
	承发包模式	
	项目管理模式	
	投融资模式	

5.2.2　研究假设

1. 制度压力对重大工程社会责任行为影响

组织场域理论中，场域制度指导行为主体的行为，限制了行动方案的范围，社会责任行为作为场域中集体行为的一种，也应当符合制度的"合法性"要求。制度压力维度中，测量题项来源于组织场域中的强制性制度，如建设法律、合同、行业规范等，这些强制性制度有着明确的奖惩性质，社会责任行为主体必须要重视合同条款、法律中对社会责任的要求，如果违背会受到惩罚。有关实证研究表明合理明确的惩罚机制有效地控制了企业在环境方面遵从规制的行为，王歌等也证实了强制的制度压力对重大工程环境方面社会责任行为有显著促进作用。

从理性人的角度分析，行为主体必定会权衡实施社会责任的行动成本、不履行社会责任导致的惩罚成本以及表面佯装履行实则不付出相应行动的成本，以此获取最大利益。伪装行为可以用最低的成本赢得最大的好处，但该行为与制度要求相违背，没有制度赋予的规范性迫使行为主体要冒风险，即行为被揭穿后遭受更大的损失。组织场域中合同、工程管理制度等不但构成各个行为主体行动的参考准则，还形成了行为主体间的利益、权责等关系，是行为主体处理 MSR 时沟通交流、协商决策等联合行动的规范基础。此外，合同和法规等往往不可逃避，在不得不履行责任的驱动压力和难以单独胜任的矛盾下，行为主体会主动寻求他方的帮助和支持。根据上述分析，提出如下假设：

假设 1a：制度压力对协同行为有正向影响

假设 1b：制度压力对伪装行为有负向影响

2. 沟通机制对重大工程社会责任行为影响

沟通是建设项目团队互相知悉、配合协作的重要手段。良好的沟通机制提供了行为主体交流的途径，规范了沟通流程、方式和要求，有利于消除理解偏差，避免信息孤岛问题。建立在高效、透明沟通机制上的重大工程项目团队能够及时掌握社会责任问题动态发展情况，明确行为主体在社会责任事件中承担的职责和任务，防止社会责任缺失现象的产生。

王爱民、Ma 等，不少学者都提出实时有效的沟通机制有助于行为主体重视利益相关者的利益，从而获得重大工程项目团队的支持和协作，减少社会责任危机损失。另一方面，频繁的沟通也让行为主体的社会责任行为暴露度上升，造成行为主体欺瞒、虚假履行社会责任的难度加大，提高了言行不一致被察觉的可能性。根据上述分析，提出如下假设：

假设 2a：沟通机制对协同行为有正向影响

假设 2b：沟通机制对伪装行为有负向影响

3. 信息公开机制对重大工程社会责任行为影响

信息公开和沟通机制都是提高项目透明度，保证行为主体协同分析、决策重大工程社会责任问题的关键制度。在先前关于组织透明度的研究中，学者已经证实透明度对提高成员对组织的信任感起到积极效果（Derrick Holland 等），而信任感奠定了 MSR 行为主体协同履行社会责任的基础。在重大工程项目里，王爱民强调信息共享机制直接影响行为主体预防应对社会责任危机的演化，信息技术和策略为协同解决社会责任危机创造了可能，Ma 等认为透明度在预防和打击腐败以及权力滥用等重大工程社会责任治理上起到了作用。伪社会责任行为出现，究其原因也与曝光困难息息相关，但在信息公开制度有效的情况下，行为主体于黑暗中的隐蔽行为就被置于阳光下，参建方意识到乙方的社会责任行为信息会被公开，这种心理压力下会促使行为主体减少抱有侥幸心态的投机行为。根据上述分析，提出如下假设：

假设 3a：信息公开制度对协同行为有正向影响

假设 3b：信息公开制度对伪装行为有负向影响

4. 关系质量对重大工程社会责任行为影响

关系质量是衡量项目中各个主体间交互程度的变量。许劲认为可以用承诺、交流、信任与公平来表征关系质量，严敏等人用信任、承诺和沟通作为关系规范研究工程项目组织间的关系，以上关系的子维度都与交互行为联系紧密。交流、承诺塑造了行为主体对项目其他参建方的印象，信任让行为主体产生接触、合作的意愿，因此良好的关系质量是多方愿意协同履行社会责任的前提，降低了伪装等负面行为的发生。Lu、Williams 等学者研究发现关系质量与工程项目合作、协调行为显著相关，MSR 协同行为同样强调多方主体在信任、交流基础上依赖集体力量履行社会责任，故关系质量的高低决定了协同行为的出现频率和实施效果。根据上述分析，提出如下假设：

假设 4a：关系质量对伪装行为有负向影响

假设 4b：关系质量对协同行为有正向影响

关系质量构成子维度表明项目间各方加强沟通和信息反馈可以增强关系质量，重大工程中高效的沟通机制和透明的信息公开机制为参建方的交流互馈奠定坚实基础。据此，进一步提出假设：

假设 4c：关系质量在沟通机制以及信息公开机制对 MSR 行为影响中起到了中介作用

5. 外部诉求对重大工程社会责任行为影响

重大工程社会责任的外部诉求来自于非参建方。一般公众、当地社区对重大工程关注度越高，项目便承载了越多的社会责任期望，未能履行社会责任时形成的负面效应也越大。与此同时，政府监管部门和 NGOs 也约束了参建方有关社会责任的行为。就重大工程本身的特点来看，投资大、建设久使得其对社会、经济及生态等方方面面影响巨大，重大工程的社会属性也被学术界和现实社会反复强调。在该背景下，MSR 行为主体不得不关注社会外界对重大工程的诉求，防止社会冲突等问题出现。而社会外界对社会责任需求是与项目整体关联的，需要政府做顶层指挥，由建设单位统筹下多家设计、施工与监理单位协同实施，如此才能最大限度地满足社会期望。不过，过高的外部诉求意味着更高的人力和资源投入，社会责任行为成本的增加会让行为主体更加倾向于在社会责任里作形式表现来维持良好形象，即一定程度上外部诉求会导致虚假社会责任行为的出现。根据上述分析，提出如下假设：

假设 5a：外部诉求对协同行为有正向影响

假设 5b：外部诉求对伪装行为有正向影响

6. 社会责任认知对重大工程社会责任行为影响

无论是最早期的行动理论还是当代影响深远的理性行为理论，都表明了认知和行为有着直接的关系（帕森斯，2012）。郑海东（2007）、曹家彦（2009）等的研究已经实证表明社会责任认知同社会责任行为呈正相关。在重大工程里，行为主体能否清楚地意识到重大工程肩负的社会重任决定其对社会责任行为态度，进而影响实际的行为选择。

在当前情况来看，参建组织里的管理人员对 MSR 的概念还很模糊，这使得他们更加关注传统的三大建设目标，而忽略了社会期望。但未能妥善考虑社会责任问题可能并非工程管理人员的价值观不正确，而是他们尚未真正理解重大工程社会责任的缘故。从社会人角度来看，行为主体对重大工程社会责任的理解越深刻清晰，越倾向于选择协同等积极的社会责任行为，同时减少与价值观违背的伪装等消极的社会责任行为。根据上述分析，提出如下假设：

假设 6a：社会责任认知对协同行为有正向影响

假设 6b：社会责任认知对伪装行为有负向影响

5.3 重大工程社会责任行为选择机理研究

通过向重大工程参建方发放问卷获取样本数据，运用 PLS-SEM 方法和 PLS 回归方程构建各 MSR 因素对伪装行为和协同行为的影响，对研究假设分别进行实证检验。以此探索出影响因素与行为主体的行为偏好间的关联，揭示重大工程社会责任行为选择机理。

5.3.1 问卷样本情况和研究方法

1. 问卷样本情况

考虑到管理层对重大工程社会责任实施情况较清楚，故将问卷发放对象定位参建方管理层。研究人员在根据试调查情况对问卷进行修改后，以网上发布、邮寄等形式向具有重大工程建设管理经验的参建方管理层人员发放了 195 份问卷，收回 145 份，回收率为 74.4%。根据答卷时间、从事重大工程实践年限以及回答是否中立，筛选出有效问卷共 127 份，有效率 87.6%。其中答卷者描述性统计情况见表 5-3。

答卷者描述性统计情况　　　　　　　　　表 5-3

项目	类别	占比
组织性质	政府、建设单位	43.3%
	勘察设计单位	18.9%
	承包商	22.8%
	监理、咨询、运营单位等	15.0%
工程领域工作时间	5 年以下	29.9%
	6~10 年	32.3%
	11~20 年	25.2%
	20 年以上	12.6%
参与重大工程时间	5 年以下	53.5%
	6~10 年	29.1%
	10 年以上	17.3%
项目类型	摩天大楼	27.6%
	大型赛事会展设施	15.0%
	能源基地、电站、机场	6.3%
	高铁、高速公路等	19.7%
	长大桥梁、山岭隧道	10.2%
	港口工程、机场	7.9%
	地铁	13.4%

问卷发放的过程中，主要选取了以下重大工程的参建方：港珠澳大桥主体工程项目，珠海口岸工程，广西壮族自治区南宁火车东站基础设施项目，广东省自贸试验区珠海横琴新片区项目，上海世博会项目，前海深港现代服务业合作区。样本来源涵盖了中国南方的发达地区，具有一定的代表性。答卷者主要为业主单位和政府方（43.3%），其次为承包商（22.8%），与勘察设计等其他单位相比，这两方面临的重大工程社会责任事项更多、更复杂，业主和政府还需制定相关 MSR 策略规划，项目角色不同社会责任行为选择可能存在差异。但在单因素方差分析（ANOVA）检验中，这种差异并不显著（$P>0.05$），如表 5-4 所示。

2. 研究方法选取

因为量表开发阶段是借鉴已有测量相关研究的测量量表，但潜在变量的量表在重大工程社会责任的背景下是否可靠、准确需要进行检验。本书使用信度分析、探索性（EFA）和验证性因子分析（CFA）等方法对量表进行修正和检测。在假设检验阶段采取 OLS 回归分析和 PLS-SEM 的方法做对比研究。结构方程模型检验中，本书经过 AMOS 和 SMARTPLS 软件的试测算结果，并根据已有研究的结论，采取 PLS-SEM 作为进行数据分析工具，理由如下：

组织性质单因素方差分析　　　　　　　　表 5-4

		x^2	df	$x^2/$df	F	显著性
伪装行为均值	组间	14.221	6	2.37	1.446	0.203
	组内	196.638	120	1.639		
	总计	210.859	126			
协同行为均值	组间	9.022	6	1.504	0.801	0.571
	组内	225.186	120	1.877		
	总计	234.207	126			

（1）PLS-SEM 适用于早期的探索性研究。该项研究的潜在变量是本书新提出的，如制度压力、沟通机制、协同行为等，影响路径是对已有研究结果或理论框架的延伸，总体上尚处于初步探索阶段。

（2）PLS-SEM 适合小样本的研究。AMOS、LISREL 和 Mplus 这三个当今结构方程模型研究的主流软件对样本量需求都是样本量越大越好，以 200 为界，达到以上为佳。本文研究样本数为 127 份，故 PLS-SEM 对其适用。

3. 控制变量的影响

为探究重大工程类型、项目管理模式、承发包模式和投融资模式等项目背景对 MSR 行为方式是否产生显著影响，运用多因素方差分析以伪装行为和协同行为为观察变量，工程类型等 4 个因素为控制变量，建立随机效应的饱和模型，分析结果见表 5-5。从最后一栏显著性水平 P 值都在 0.05 以下，可以发现以上 4 个控制变量对伪装和协同行为的选择没有造成显著性差异。

MSR 控制变量方差分析

表 5-5

源	因变量	Ⅲ 类 x^2	df	$x^2/\mathrm{d}f$	F	显著性
修正模型	伪装行为均值	7.607①	4	1.902	1.141	0.34
	协同行为均值	3.059②	4	0.765	0.404	0.806
截距	伪装行为均值	81.628	1	81.628	48.997	0
	协同行为均值	137.095	1	137.095	72.359	0
工程类型	伪装行为均值	3.711	1	3.711	2.227	0.138
	协同行为均值	1.197	1	1.197	0.632	0.428
承发包模式	伪装行为均值	0.288	1	0.288	0.173	0.678
	协同行为均值	0.754	1	0.754	0.398	0.529
项目管理模式	伪装行为均值	2.784	1	2.784	1.671	0.199
	协同行为均值	0.988	1	0.988	0.521	0.472
投融资模式	伪装行为均值	0.56	1	0.56	0.336	0.563
	协同行为均值	0.002	1	0.002	0.001	0.976
误差	伪装行为均值	203.252	122	1.666		
	协同行为均值	231.148	122	1.895		
总计	伪装行为均值	1233.222	127			
	协同行为均值	3055.64	127			
修正后总计	伪装行为均值	210.859	126			
	协同行为均值	234.207	126			

① $R^2=0.036$（调整后 $R^2=0.004$），

② $R^2=0.013$（调整后 $R^2=-0.019$）

5.3.2 信度和效度检验

本书使用 SPSS 23.0 做 EFA 和信度分析，并用 AMOS 21.0 做 CFA，对 MSR 行为选择测量量表的信度和效度进行检验。

1. 量表信度分析

对制度压力、关系质量、社会责任认知等 6 个内生潜变量和伪装行为、协同行为两个内生潜变量下的测量题项进行检验。先用克隆巴赫 Alpha 系数(Cronbach's α)以及校正的项总体相关系数（CITC）分析各潜变量维度内测量题项的内在一致性。根据先前研究的经验，测量题项的 CITC 高于 0.5 时，潜变量的 Cronbach's α 高于 0.7 时，认为内在信度较高，可以接受，否则应当剔除 CITC 值低于 0.5 或剔除该项后 Cronbach's α 显著提高的测量题项。

根据可靠性分析结果，外生变量中删去信息公开机制测量题项的最后两项（DISC5R、DISC6R）、外部诉求的 EXAPPE1 和 EXAPPE4 两项和社会责任认知的前两项（SCAW1、SCAW2），内生变量中删去伪装行为的 HYBE4、HYBE5 两个测量题项和协同行为的 SYBE5R 测量题项。剩余 MSR 影响因素和行为方式的测量题项均达到了要求，如表 5-6 所示，测量题项普遍在 0.7 以上，Cronbach's α 也在 0.866 以上远大于 0.7，这表明量表内在一致性较高。

MSR 行为选择量表信度检验　　　　　　　　　　　　表 5-6

潜在变量维度	测量题项	CITC 值	删除项后的 Cronbach's α	Cronbach's α
制度压力	PRES1	0.775	0.923	0.931
	PRES2	0.855	0.908	
	PRES3	0.864	0.906	
	PRES4	0.818	0.915	
	PRES5	0.777	0.923	
沟通机制	COMMU1	0.777	0.944	0.947
	COMMU2	0.860	0.934	
	COMMU3	0.910	0.928	
	COMMU4	0.776	0.944	
	COMMU5	0.859	0.934	
	COMMU6	0.847	0.935	
信息公开机制	DISC1	0.789	0.853	0.893
	DISC2	0.847	0.834	
	DISC3	0.757	0.865	
	DISC4	0.680	0.897	
关系质量	REQUA1	0.842	0.937	0.947
	REQUA2	0.896	0.931	
	REQUA3	0.873	0.933	
	REQUA4	0.723	0.951	
	REQUA5	0.879	0.933	
	REQUA6	0.830	0.939	
外部诉求	EXAPPE2	0.803	0.853	0.899
	EXAPPE3	0.814	0.845	
	EXAPPE5	0.786	0.869	
社会责任认知	SCAW3R	0.677	0.872	0.866
	SCAW4R	0.819	0.740	
	SCAW5R	0.743	0.813	
伪装行为	HYBE1R	0.710	0.868	0.874
	HYBE2R	0.783	0.805	
	HYBE3R	0.788	0.795	

潜在变量维度	测量题项	CITC 值	删除项后的 Cronbach's α	Cronbach's α
协同行为	SYBE1	0.784	0.924	0.933
	SYBE2	0.846	0.914	
	SYBE3	0.817	0.920	
	SYBE4	0.862	0.910	
	SYBE6	0.813	0.919	

2. 因子分析

1) 探索性因子分析

先用一半的样本量进行 EFA 检验 MSR 行为选择量表效度，通过 KMO 值和 Barelett 球形检测来评价。经验上，KMO 值高于 0.6，Barelett 检验达到显著水平（$P<0.001$）时认为测量题项有较强的相关关系，适合做因子分析。探索性因子分析中发现，外生变量中的沟通机制和信息公开机制具有极高相关性，故将二者合并为一个新因子，并重命名为互馈机制。另外测量题项 PRES1、COMMU4、EXAPPE4 等的因子载荷低的题项很低或者有交叉负荷情况，应剔除这些测量题项。同样地，删去内生变量里相应题项。

依次剔除上述题项后（顺序为 PRES1、EXAPPE4、COMMU4、COMMU4、DISC1、DISC2、DISC4、COMMU6、EXAPEE1、REQUA4），最终 KMO 值为 0.779 和 Barelett 检验达到了要求，累积解释变量由最初的 75.522% 提高到 77.576%，经过这一过程的测量指标因子纯化后，提取出的 5 个因子维度刚好对应制度压力、互馈机制、关系质量、外部诉求和社会责任认知五个内生潜变量，并且测量题项的因子负荷普遍超过了 0.7 以上，如表 5-7 所示。同样，内生变量提取出 2 个因子，分别对应协同和伪装行为，如表 5-8 所示，KMO 值为 0.790 和 Barelett 检验显著性小于 0.000，达到了要求，累积解释变量为 71.418%。

MSR 影响因素因子载荷表 表 5-7

项目	成分 1	成分 2	成分 3	成分 4	成分 5
PRES2	**0.816**	0.315	0.105	0.069	0.056
PRES3	**0.832**	0.226	0.096	0.131	0.082
PRES4	**0.695**	0.381	−0.006	0.305	−0.006
PRES5	**0.706**	0.236	0.311	0.167	0.143
COMMU1	0.287	**0.732**	−0.048	0.241	0.090
COMMU2	0.206	**0.845**	0.113	0.197	0.149
COMMU3	0.301	**0.799**	0.286	0.082	0.136
DISC3	0.294	**0.780**	0.042	0.053	0.165

续表

项目	成分 1	成分 2	成分 3	成分 4	成分 5
REQUA1	0.263	−0.058	**0.838**	0.044	−0.172
REQUA2	0.267	0.006	**0.858**	0.203	−0.094
REQUA3	−0.011	0.130	**0.861**	0.189	−0.151
REQUA5	0.043	0.119	**0.881**	0.139	0.035
REQUA6	−0.012	0.122	**0.816**	0.204	−0.069
EXAPPE2	0.324	0.300	0.254	**0.675**	0.067
EXAPPE3	0.096	0.216	0.277	**0.839**	0.098
EXAPPE5	0.290	0.072	0.413	**0.651**	0.094
SCAW3R	−0.005	0.371	−0.105	−0.294	**0.695**
SCAW4R	0.055	0.134	−0.205	0.165	**0.864**
SCAW5R	0.160	0.063	−0.056	0.203	**0.879**
因子提取	制度压力	互馈机制	关系质量	外部诉求	社会责任认知
方差解释比例（%）	22.128	16.836	15.856	11.565	11.191
累积方差解释比例（%）	77.576				

注：① 旋转在 6 次迭代后已收敛。

　　② 在分析阶段，将仅使用"分组＝1"的个案（即一半的样本量）。

MSR 行为方式因子载荷表　　　　　　　表 5-8

项目	成分 1	成分 2
HYBE1R	**0.807**	−0.140
HYBE2R	**0.893**	−0.200
HYBE3R	**0.698**	−0.378
SYBE1	−0.532	**0.558**
SYBE2	−0.496	**0.694**
SYBE3	−0.021	0.932
SYBE4	−0.320	**0.847**
SYBE6	−0.446	**0.603**
因子提取	伪装行为	协同行为
方差解释比例	36.836	34.582
累积方差解释比例	71.418	

2）验证性因子分析

　　再进一步用剩余一半的进行 CFA 验证测量模型的结构是否合理。根据探索性分析后剩余的测量题项构建测量模型，从因子载荷中得出行为方式和 MSR 影响因素题项因子载荷全部高于 0.80，且达到了 $P<0.001$ 的显著水平，如图 5-1 所示，说明题项代表性很好。同时应当检测测量模型的拟合指标，见表 5-9，其中卡方自由度比、拟合指数 AGFI、CFI 指数、PGFI 指数和标准化整体残差（SRMR）达到了良好的要求，但 GFI 指数、NFI 指数和 RMSEA 系数低于要求，总体上模型拟合较好。

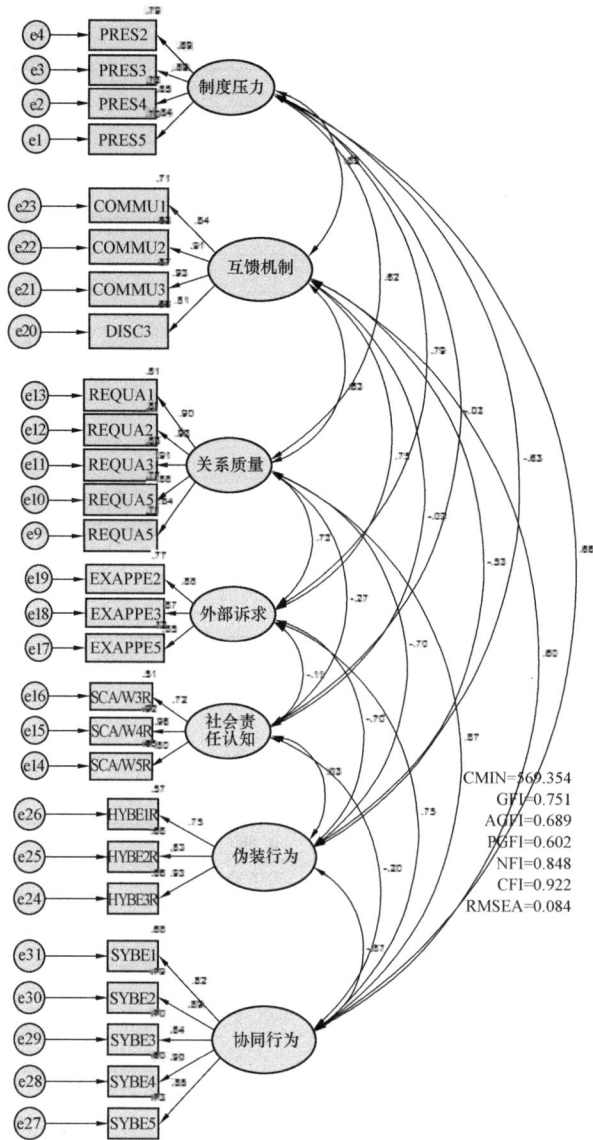

图 5-1 MSR 的 CFA 模型

验证性分析模型拟合度评价

表 5-9

模型值			判断标准
卡方检验	CMIN/DF	1.879	<2
适合度指标	GFI	0.751	>0.90
	AGFI	0.689	>0.90
	PGFI	0.602	>0.50
	NFI	0.848	>0.90

续表

	模型值		判断标准
替代性指标	CFI	0.922	＞0.90
	RMSEA	0.084	＜0.08
残差分析	SRMR	0.0539	＜0.05

3. 量表效度分析

先从内容效度上分析，问卷测量题项来源皆是已有国内外研究量表或是通过文献基础进行开放设计，并且经过了专家讨论和探索性因子分析（EFA）进行了题项剔除，得到了因子降维，所以 MSR 影响因素以及 MSR 行为方式的测量量表内容合适度较高。

再从结构效度上分析，区分了效度和聚合效度两项，采用 SmartPLS 3.0 对其进行检验。区分效度检验中，每个题项在对应 MSR 影响因素和行为方式的构念（潜在变量）上的因子载荷明显高于其他构念的载荷值，再者，各构念的 AVE 平方根值的最小值 0.862 高于其他构念的相关系数最大值 0.832，如表 5-10 所示，说明量表区分效度较好。

MSR 行为选择变量区分效度分析　　　　　　　表 5-10

构念	互馈机制	伪装行为	关系质量	制度压力	协同行为	外部诉求	社会责任认知
互馈机制	**0.907**						
伪装行为	−0.492	**0.895**					
关系质量	0.590	−0.659	**0.914**				
制度压力	0.774	−0.574	0.591	**0.901**			
协同行为	0.576	−0.790	0.832	0.616	**0.890**		
外部诉求	0.700	−0.624	0.688	0.724	0.685	**0.913**	
社会责任认知	−0.001	0.122	−0.264	−0.068	−0.218	−0.157	**0.862**

注：标黑处为潜在变量 AVE 值的平方根，此处为了与相关系数矩阵对比，取代了原本的自相关系数（为 1.000）。

聚合效度检验中，通过 Cronbach's α 值、平均变异萃取量（AVE）值以及组合信度（CR）评估。经验上，CR 达到 0.7 以上认为量表比较稳定，AVE 的判别标准是 0.50，当大于该值时表示潜在变量有理想的聚合效度。之前得出的各潜在变量的 Cronbach's α 值显示在 0.85 以上，大于 0.7，其次是潜在变量的 CR 值几乎都在 0.9 以上，AVE 值普遍在 0.80 左右，且都在 0.74 以上（表 5-11），三个指标共同说明量表的结构效度良好。综上所述，测量题项对 MSR 影响因素和行为方式的测量有很好的代表性。

MSR 行为选择量表聚合效度分析
表 5-11

潜变量	测量题项	因子载荷	测量误差方差	P 值	Cronbach's α	AVE	CR
制度压力	PRES2	0.918	0.157	＊＊＊	0.923	0.813	0.945
	PRES3	0.917	0.159	＊＊＊			
	PRES4	0.882	0.222	＊＊＊			
	PRES5	0.888	0.211	＊＊＊			
互馈机制	COMMU1	0.900	0.190	＊＊＊	0.928	0.822	0.949
	COMMU2	0.918	0.157	＊＊＊			
	COMMU3	0.931	0.133	＊＊＊			
	DISC3	0.876	0.232	＊＊＊			
关系质量	REQUA1	0.910	0.171	＊＊＊	0.951	0.836	0.962
	REQUA2	0.938	0.120	＊＊＊			
	REQUA3	0.923	0.149	＊＊＊			
	REQUA5	0.914	0.165	＊＊＊			
	REQUA6	0.887	0.214	＊＊＊			
外部诉求	EXAPPE2	0.914	0.164	＊＊＊	0.900	0.833	0.937
	EXAPPE3	0.921	0.152	＊＊＊			
	EXAPPE5	0.903	0.185	＊＊＊			
社会责任认知	SCAW3R	0.931	0.133	0.001	0.865	0.743	0.895
	SCAW4R	0.904	0.183	＊＊＊			
	SCAW5R	0.738	0.456	0.002			
伪装行为	HYBE1R	0.862	0.257	＊＊＊	0.876	0.801	0.924
	HYBE2R	0.905	0.182	＊＊＊			
	HYBE3R	0.918	0.157	＊＊＊			
协同行为	SYBE1	0.863	0.255	＊＊＊	0.934	0.792	0.950
	SYBE2	0.907	0.177	＊＊＊			
	SYBE3	0.880	0.225	＊＊＊			
	SYBE4	0.914	0.165	＊＊＊			
	SYBE6	0.883	0.220	＊＊＊			

注：＊＊＊表示显著性水平 P 值＜0.001。

5.3.3 基于 PLS-SEM 的重大工程社会责任行为选择机理分析

1. PLS-SEM 的模型拟合分析

使用 Smartpls 3.0 软件对先前的行为选择影响假设检验，根据理论假设绘制 5 个影响因素外生变量对 2 个行为方式内生变量的影响路径，导入问卷数据后运行模型得出结果，如图 5-2 所示。

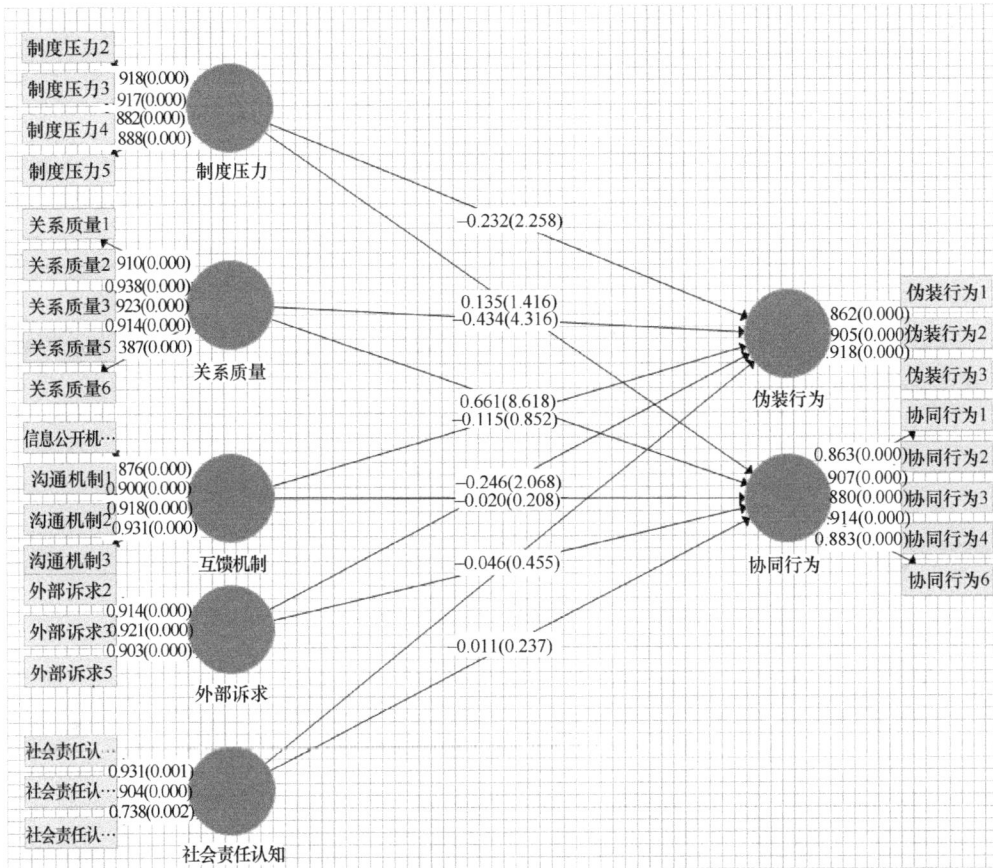

图 5-2　初始 MSR 行为选择结构模型

　　MSR 影响因素对伪装和协同行为的 R^2 解释水平达到了 0.510 和 0.723，说明模型对两种行为方式解释程度很高（表 5-12）。关系质量对伪装和协同行为的路径系数的 P 值均在 0.001 以下，具有很高显著性，另外制度压力和外部诉求对伪装行为的路径系数在 0.005 的显著性水平上通过了检验，其余 MSR 影响因素对协同和伪装的路径系数的显著性水平 $P>0.005$，假设没有通过。

MSR 行为选择影响路径拟合结果　　　　　　　　　　　　表 5-12

假设路径	路径系数	标准差	T 统计量	P 值	R^2
互馈机制→伪装行为	0.115	0.136	0.852	0.395	
关系质量→伪装行为	−0.434	0.100	4.316	＊＊＊	
制度压力→伪装行为	−0.232	0.103	2.258	0.024＊	0.510
外部诉求→伪装行为	−0.246	0.119	2.068	0.039＊	
社会责任认知→伪装行为	−0.046	0.102	0.455	0.649	

续表

假设路径	路径系数	标准差	T统计量	P值	R²
互馈机制→协同行为	−0.020	0.096	0.208	0.835	
关系质量→协同行为	0.661	0.077	8.618	＊＊＊	
制度压力→协同行为	0.135	0.095	1.416	0.157	0.723
外部诉求→协同行为	0.145	0.100	1.453	0.147	
社会责任认知→协同行为	−0.011	0.048	0.237	0.813	

注：＊＊＊表示P值在0.001以下；＊＊表示P值在0.01以下；＊表示P值在0.05以下。

考虑到互馈机制对关系质量的作用，构建以关系质量为中介的MSR行为选择路径模型如图5-3所示。

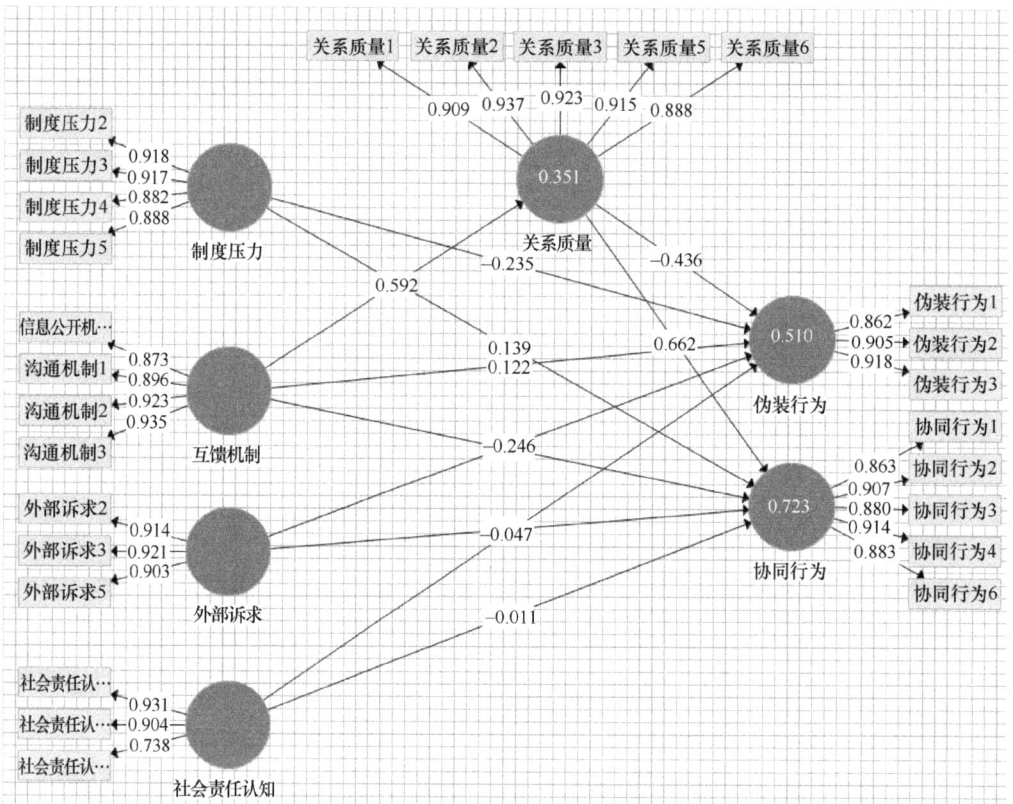

图5-3　修正的MSR行为选择结构模型

把关系质量做中介变量后，互馈机制对关系质量的路径系数为0.592，$P<0.001$，说明影响非常显著（表5-13）；关系质量对伪装和协同行为的影响依旧达到了$P<0.001$的水平，而互馈机制本身对协同行为的直接影响并不显著（$P>0.05$），故互馈机制是通过关系质量间接影响伪装行为和协同行为。

加入中介变量的 MSR 行为选择影响路径拟合结果　　　表 5-13

影响路径	路径系数	标准差	T 统计量	P 值	R^2
互馈机制→关系质量	0.592	0.097	6.126	0.000	0.351
互馈机制→伪装行为	0.122	0.133	0.916	0.360	
关系质量→伪装行为	−0.436	0.105	4.154	0.000	
制度压力→伪装行为	−0.235	0.103	2.276	0.023	0.510
外部诉求→伪装行为	−0.246	0.119	2.065	0.039	
社会责任认知→伪装行为	−0.047	0.107	1.487	0.662	
互馈机制→协同行为	−0.028	0.091	0.303	0.762	
关系质量→协同行为	0.662	0.081	8.132	0.000	
制度压力→协同行为	0.139	0.094	1.475	0.141	0.723
外部诉求→协同行为	0.147	0.099	1.487	0.138	
社会责任认知→协同行为	−0.011	0.050	0.216	0.829	

模型中，关系质量在互馈机制对伪装行为和协同行为的影响作用中起到了中介作用，其直接和间接影响效应分解说明见表 5-14。

互馈机制与伪装、协同行为间影响效应　　　表 5-14

外生变量		内生变量		
		关系质量	伪装行为	协同行为
互馈机制	直接效应	0.592	−0.258	0.392
	间接效应	0.000	0.122	−0.028
	整体效应	0.592	−0.136	0.364

2. PLS-SEM 的检验结果分析

通过上述拟合结果来看，MSR 各影响因素外部诉求、制度压力和关系质量对 MSR 行为中协同行为和伪装行为具有显著影响。此外，互馈机制并非对伪装行为和协同行为产生了直接影响，而是通过关系质量为中介间接地对伪装行为和协同行为造成了影响，而且影响很大，接近 0.5 的路径系数。互馈机制对关系质量潜变量的影响路径很大，路径系数达 0.592，证明了重大工程项目存在良好的互馈机制可以有效地改善重大工程各参建方之间的关系，进而对其社会责任行为产生影响。

5.3.4　基于 OLS 回归方程的重大工程社会责任行为选择机理分析

为进一步验证 MSR 影响因素与行为方式间的关联度，本书选择运用 OLS 回归分析做同 PLS-SEM 的对比分析。本书采用了两组多元回归模型方程，分别对应伪装行为以及协同行为两种行为方式维度下的模型。

MSR 方程模型 1：

$$HYBE = \beta_{01} + \beta_{11} PRES + \beta_{21} TRSPA + \beta_{31} REQUA + \beta_{41} EXAPPE + \beta_{51} SCAW$$

MSR 方程模型 2：

$$SYBE = \beta_{02} + \beta_{12}PRES + \beta_{22}TRSPA + \beta_{32}REQUA + \beta_{42}EXAPPE + \beta_{52}SCAW$$

上面两个模型中：

HYBE—伪装行为（hypocritical Behavior）；

SYBE—协同行为（synergistic behavior）；

PRES—制度压力（institutional pressure）；

TRSPA—互馈机制（project transparency）；

REQUA—关系质量（relationship quality）；

EXAPPE—外部诉求（external appeal）；

SCAW—社会责任认知（social responsibility awareness）。

5.3.4.1 相关性分析

在回归前先进行 MSR 影响因素与行为方式间的相关性分析。若被解释变量（伪装、协同行为方式）与解释变量（MSR 影响因素）相关性强表明该变量适合列入 OLS 回归方程模型进行回归，相关性较低则无须进一步纳入 OLS 回归方程。行为方式和 MSR 影响因素间的相关性系数矩阵如表 5-15 所示。从中看出，伪装行为同制度压力、关系质量与外部诉求间相关性显著（达到了 P 值小于 0.01 的水平），协同行为同制度压力、互馈机制、关系质量和外部诉求认知都显著，且大多到了 P 值小于 0.01 的水平。因此，这些 MSR 影响因素适合进一步进行回归分析。

MSR 与影响因素相关性分析表 表 5-15

| | | 制度压力 | 互馈机制 | 关系质量 | 社会责任 | | 伪装行为 | 协同行为 |
					外部诉求	认知		
制度压力	皮尔逊相关性	1	0.607**	0.317**	0.556**	0.152	−0.440**	0.359**
	显著性（双尾）		0.000	0.005	0.000	0.184	0.000	0.001
透明度	皮尔逊相关性	0.607**	1	0.260*	0.462**	0.318**	−0.216	0.245*
	显著性（双尾）	0.000		0.021	0.000	0.005	0.058	0.031
关系质量	皮尔逊相关性	0.317**	0.260*	1	0.513**	−0.154	−0.528**	0.768**
	显著性（双尾）	0.005	0.021		0.000	0.178	0.000	0.000
外部诉求	皮尔逊相关性	0.556**	0.462**	0.513**	1	0.106	−0.474**	0.487**
	显著性（双尾）	0.000	0.000	0.000		0.358	0.000	0.000
社会责任认知	皮尔逊相关性	0.152	0.318**	−0.154	0.106	1	−0.099	−0.110
	显著性（双尾）	0.184	0.005	0.178	0.358		0.388	0.337
伪装行为	皮尔逊相关性	−0.440**	−0.216	−0.528**	−0.474**	−0.099	1	−0.648**
	显著性（双尾）	0.000	0.058	0.000	0.000	0.388		0.000
协同行为	皮尔逊相关性	0.359**	0.245*	0.768**	0.487**	−0.110	−0.648**	1
	显著性（双尾）	0.001	0.031	0.000	0.000	0.337	0.000	

注：**. 为 P<0.01 级别（双边），相关性显著。*. 为 P<0.05 级别（双标），相关性显著。

5.3.4.2　OLS 回归方程分析

依据相关性分析情况，对 MSR 行为方式的伪装行为和协同行为作为被解释变量进行 OLS 回归分析，采用的是逐步筛选策略，以此筛掉对伪装行为和协同行为不显著的 MSR 影响因素变量，只保留回归系数显著的解释变量。回归结果如表 5-16 所示，两个行为模型的 F 检验均是显著的。

伪装与协同行为多元回归结果　　　　　　表 5-16

模型 1 因变量：伪装行为	Beta	标准误差	T 值	显著性	容忍度	方差膨胀因子（VIF）	条件指数
（常量）	6.328	0.342	18.523	0.000			1.000
关系质量	−0.401	0.082	−4.879	***	0.527	1.898	8.260
外部诉求	−0.317	0.087	−3.658	***	0.527	1.898	11.751
模型 2 因变量：协同行为							
（常量）	0.538	0.263	2.044	0.043			1.000
关系质量	0.704	0.058	12.093	***	0.654	1.528	8.284
制度压力	0.176	0.057	3.089	0.002 **	0.654	1.528	9.685
模型摘要	R^2	调整后 R^2	R^2 变化量	F 变化量	显著性 F 变化量	德宾-沃检验值	
模型 1	0.486	0.477	0.055	13.378	0.000	1.894	
模型 2	0.711	0.706	0.022	9.544	0.002	1.866	

注：*** 表示 P 值在 0.001 以下；** 表示 P 值在 0.01 以下。

再从系数上看 T 值的显著性水平在 0.002 以下，达到了显著水平，而且 R^2 值分别在 0.5 和 0.7 左右说明解释变量对因变量的解释水平较高。但模型结果是否可靠还要对高斯假设进行检验，这里检验以下三个常见的回归问题。

多重共线性上，模型中保留的 MSR 影响因素解释变量的容忍度接近 1，VIF 皆在 2 以下低于限制 10，条件指数大多在限制 10 以下，或接近 10，故综合以上结果认为本次 OLS 回归模型没有多重共线性问题。

再者，对异方差问题进行检验，分别以因变量伪装行为和协同行为的标准化预测值（ZPRED）、标准化残差（ZRESID）为横纵坐标绘制散点图（图 5-4、图 5-5）。两幅图中几乎大部分残差落在了区间［−2，2］里，并且未发现预测值同标准化残差间存在关系，因此异方差问题也不认为存在于两个 MSR 行为模型中。

最后自相关检验中，选取德宾-沃森检验的方法，伪装行为模型的值为 1.894，协同为 1.866，离 2.0 很接近，表明模型也不必担心自相关的问题。

5.3.4.3　OLS 回归的检验结果分析

在伪装行为回归模型中，解释变量中关系质量和外部诉求在逐步筛选后被保留，系数为负说明两个变量对伪装行为具有负向作用，与而其他变量的假设没有本次回归通过检验。协同行为回归模型中，解释变量中关系质量和制度压力在逐步筛选后被保

因变量：伪装行为均值

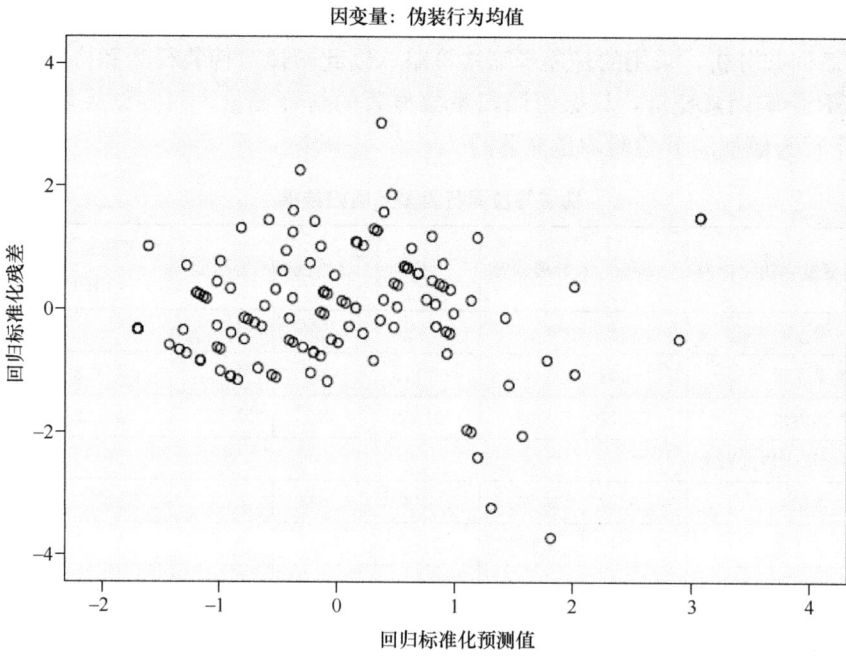

图 5-4　伪装行为 ZPRED 和 ZRESID 的残差图

因变量：协同行为均值

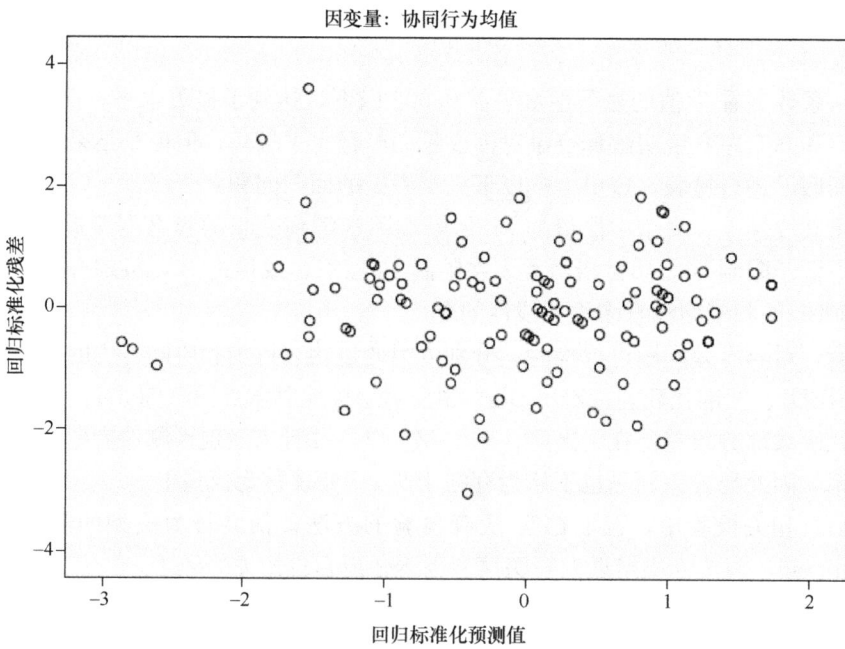

图 5-5　协同行为 ZPRED 和 ZRESID 的残差图

留，系数为正说明两个变量对协同行为具有正向作用，关系质量的回归系数比制度压力要大很多，说明提升 1 单位的关系质量引起的协同行为增加比加大 1 单位的制度压力引起的协同行为增加效果要好，而其他变量的假设也没有通过本次回归检验。

5.3.5　假设检验结果小结

汇总 PLS-SEM 和 OLS 回归分析的检验结果如表 5-17 所示。

研究假设 PLS-SEM & OLS 回归分析结果汇总　　　　　　表 5-17

研究假设	PLS-SEM 检验结果	回归分析检验结果
假设 1a：制度压力对协同行为有正向影响	不接受	接受
假设 1b：制度压力对伪装行为有负向影响	接受	不接受
假设 2a：沟通机制对协同行为有正向影响	不接受	不接受
假设 2b：沟通机制对伪装行为有负向影响	不接受	不接受
假设 3a：信息公开制度对协同行为有正向影响	不接受	不接受
假设 3b：信息公开制度对伪装行为有负向影响	不接受	不接受
假设 4a：关系质量对伪装行为有负向影响	接受	接受
假设 4b：关系质量对协同行为有正向影响	接受	接受
假设 4c：关系质量在沟通机制以及信息公开机制对 MSR 行为影响中起到了中介作用	接受	—
假设 5a：外部诉求对协同行为有正向影响	不接受	不接受
假设 5b：外部诉求对伪装行为有正向影响	接受	接受
假设 6a：社会责任认知对协同行为有正向影响	不接受	不接受
假设 6b：社会责任认知对伪装行为有负向影响	不接受	不接受

第 6 章　基于元网络理论的重大工程
社会责任行为研究

本章首先介绍了元网络理论和分析方法，提出元网络与重大工程社会责任行为系统的契合性，因而借助元网络分析重大工程社会责任行为是可行的。其次，介绍了元网络的组成及研究时需要用到的指标。然后，结合新制度主义理论、利益相关者理论对现有文献进行综合分析，确定重大工程社会责任行为元网络模型中三大节点要素的构成，包括利益相关者的确定（A 类节点），影响因素节点的确定（K 类节点，包含制度环境、组织社会责任认知、信息沟通机制），以及社会责任行为节点的确定（T 类节点）。最后分析了三类节点组成的 5 个子网络的构建方式。本章节完成了重大工程社会责任行为元网络理论模型的构建。

6.1　元网络和网络理论

6.1.1　社会网络

1. 社会网络理论及分析方法

学者刘军认为抽离个体所在的社会情境，不关注社会行动者之间的联系，这样的研究不能揭示社会现象的关系本质（刘军，2014），社会网络理论则将个人置入社会网络结构中，强调借助社会关系、网络结构等解释社会现象（罗家德，2009）。其中，Granovetter（1973）的"弱连带优势"理论（Ensel，Vaughn，1981）、林男的"社会资本"理论都是极具代表性的社会网络理论。"弱连带优势理论"认为强连带形成的网络内部联系紧密，但资源和信息主要在小圈子内部重复流动，与圈子外部的世界联系较少；而弱连带能够连出一张大网，弱连带的网络消息传递更远，社会网络更广，收集到的信息也更多。强连带能够促进网络内部的信息沟通；而弱连带能够获得更广的人际关系，得到更有价值的信息。社会资本理论则将个人的社会网络看作个人的社会资源，个人社会连带的多少、连带的对象、连带的多样性决定一个人所拥有的社会资源等级。此外，网络结构观也是社会网络理论的重要内容，它关注网络结构对社会行为的影响，将人与人、组织与组织之间的关系实体化为可以看到的社会结构，并通过分析这些结构特征来解释行为。

社会网络的研究主要包含社会行动者、社会关系和网络结构三大要素。对于社会行动者行为的研究，主要有两大类：一类是分析网络结构对行动者行为的影响，即探究行为者之间的关系模式怎样影响到行动者的行为，行动者的行为又会怎样反过来影响网络结构（刘军，2014）；第二类则是分析"关系性质"如何影响行动者行为，考虑关系的社会情境。如拥有许多弱关系的人是否更容易找到工作？如果一个人的朋友都吸烟，那么该人吸烟的可能性是不是更大？

社会网理论将社会结构视为一张"人际社会网"，由作为节点的社会行动者及其之间的关系构成，刘军认为"行动者"用"能动者"表述更为准确，以强调社会网络中的行为者不只是被动地受网络结构的影响，还具有主观能动性。社会网络理论主要借助图论和矩阵形成一系列的社会网络分析方法，用矩阵量化社会行动者及其之间的关系，用图将抽象的关系网形象化。社会网络分析（Social Network Analysis，SNA）使用各种定量的指标表征网络关系、网络结构模式，使社会网络的研究更加易于测量和实证研究。

根据网络类型，社会网络研究主要有个体网和整体网两种类型。个体网关注个体的关系特征及其形成的网络结构模式以及对个体行为的影响，该研究视角是从关注对象本身出发，关注个体网络特征对个体行为的影响。个体网的研究测度包括个体网规模、中心性、结构洞、关系模式等。整体网关注网络结构对主体行为的影响，重点研究各种关系形成的关系模式、结构特点，如小团体、成分、区块模型等，借此进一步分析网络结构与群体行为间的相互作用，以解释各种社会现象；此外也会借助结构同型、角色位置等分析不同行为者间的行为相似或相异的原因。个休网与整体网研究之间互为补充，整体网关注网络大环境对个体行为的影响，而个体网关注个体特征造成的行为差异，二者结合能够更加全面地理解个体行为特征。

经典的社会网络分析主要被用来分析人与人之间的关系，节点表示人，相应的网络为 1-模网络。发展到今天，社会网络已经被应用于不同的领域，节点所代表的主体不再局限于人，而可以代表任何实体，如风险因素分析网络中，节点代表具体的风险因素，连线代表因素之间的关系（向鹏成，董东，2014）；但网络主要是 1-模网络，即所有节点类型是一样的，最多可以用来分析 2-模网络，如人员隶属网络（节点包括人员和组织两类，人员与组织之间的连线代表人员隶属于某个组织），风险网络（节点包括风险因素和人员两类，风险因素和人员之间的连线代表该人员面临的风险）等。

2. 社会网络与工程管理

工程建设中，不同的利益相关者为完成工程建设任务，通过人员、技术、资源调配、信息交流、任务合作而形成临时的社会网络结构（王爱民，2015）。该网络从工程立项开始形成到工程建设结束基本解体，有些网络可能会维持到项目运营直至项目报废为止。整个网络从建立到结束一直处于动态变化中，随着工程进展，网络中的成员不断进入和退出。从这一角度来讲，工程中各利益相关者不是孤立存在的，建设任务间的相互依存、主体间的相互利益牵扯使他们必须相互合作才有可能完成工程建设任务。因此，无论是研究整体工程治理，还是研究工程中各利益相关者的行为，将研究对象剖离工程大环境的研究是不完整的，研究对象与工程其他主体的交互作用及其形成的社会网络对主体的影响不可忽视。基于此，已经有许多研究者将社会网络应用于工程管理的方方面面，Lee 等人（2018）遵循 PMI 项目知识管理的分类，发现在工程建设领域，社会网络分析已经被应用于工程网络行为、利益相关管理、进度管理、质量管理、资源管理、信息沟通管理、风险管理、采购管理和健康、安全、环境管理 9 大领域，并通过整理 1998—2017 年共 65 篇文章用到的网络分析方法，发现各种中心度指标及密度指标是研究者最频繁使用的指标。Liu 等人（2015）使用平均路径长度（the average path length）研究在不同时间段两个公司之间的连通程度，以分析公司之间协作行为的演化。社会网络也被用来进行利益相关者管理，如 Yang 等人使用位置中心性（status centrality）来确定项目管理团队的角色（Jing 等，2011）。刘芳（2012）借助动态社会网络进行项目治理研究。季闯（2016）使用社会网络构建了利益相关者和风险因素 2-模关系网络，分析了利益相关者及其相应风险之间关系。还有学者使用社会网络分析方法研究工程安全事故起因及事故之间的关系，进行安全事故防范与管理（Zhou，Irizarry，2016）。

制度理论认为制度可以由关系系统来传递。这种关系系统的传递者，要依赖于与社会位置相联系的网络即角色系统的互动（W·理查德·斯科特，2010）。组织之间存在正式结构和非正式结构，前者往往是官方认同的组织治理结构和行为规则，后者则往往代表着组织间的实际行为模式和工作惯例。同一组织场域内的组织之间会通过正式的组织结构及非正式的关系结构相互来往，形成组织间网络。Di Maggio& Powell（1983）借鉴网路理论的观点，强调组织间的网络关系和组织间的相互依赖性，分析了制度环境对组织结构、组织行为趋同的三种机制，强调制度对组织的作用会受到组织间网络的影响。

结合重大工程的网络属性及社会责任的社会性和自愿性，本书将行为主体间的社会网络看作一种能够影响主体行为的作用因素进行研究。组织间网络本身具有一定的结构，利用社会网络分析方法识别组织间关系结构和相处模式，并分析这些结构和模式对主体社会责任行为的影响。

6.1.2 元网络

研究重大工程社会责任，只关注利益相关者之间的关系是不够的，还应该关注利益相关者与相应行为之间的关系（Lin 等，2017）、影响因素与行为者及相应行为之间的关系，找到其中的规则，才能推动他们实施社会责任。重大工程社会责任行为包括行为主体、社会责任行为及行为影响因素三大重要元素，如何能够同时考虑这三种要素并研究它们之间的关系是本书需要解决的重要问题之一。

社会网络分析方法能够识别关键主体，并且能够回答该主体为什么重要，但该评价结果并不是全面的，只考虑了主体间关系（Carley 等，2012）。它只分析了主体间关系网络特征，而元网络分析（Meta Network Analysis，MNA）则进一步将人物关系放置于具体的情境下。经典的社会网络只是处理"谁在网络中"的问题，而元网络能分析包括"人（who）、时间（when）、地点（where）、发生什么（what）和原因

(why)"在内的多种异质因素，这大大超越了一般的社会网络分析要做的事情
(John，2009)。

由卡耐基梅隆大学的社会和组织系统计算分析实验室（Computational Analysis
of Social and Organizational Systems，CASOS）提出的元网络理论结合了传统的社会
网络分析、链接分析（Link Analysis，LA）和多主体系统，将组织网络扩展到涉及
人员、知识、资源、任务等多元复杂关系网络（Altman 等，2018）。元网络是由多个
异质和同质网络共同组成的更高层面的多元异质网络，包括多种要素，可以同时表示
不同类型节点集之间的关系，如表示主体间关系的 Agent x Agent 网络，代表主体知
识的 Agent x Knowledge 网络，代表任务分配的 Agent x Task 网络，代表任务所需
知识 Knowledge x Task 网络等。元网络并不是不同元素之间的简单叠加，强调元素
之间的逻辑关联性、动态性（Bonannon，2009），需要研究者根据实际研究对象系统
内部的逻辑进行恰当的建模和处理。Pestov 指出任何的现实系统都可以通过元网络
表达，包括组织和社会系统等（I.，S.，2009）。

与社会网络相同，元网络模型的基础也是图论和矩阵。元网络模型可以表示为：
$G_{MN} = \{G_1, \cdots, G_k, \cdots\}$，其中，$G_k$ 代表其中第 k 个网络，称为子网络，不同子网络之
间存在共享的网络节点，从而将不同的网络联系在一起，形成整体的系统模型。元网
络具有如下特点：

（1）Agent 节点具有主观能动性。Agent 具有学习能力，并根据获得的新知识随
时改变自己的行为，新知识的来源可以是完成任务所需要的技能，或是与其他 Agent
交互过程中获得的信息等。如公司员工可以学习新的技能，增加他们对网路的价值。

（2）级联演化或网络集的共演化。元网络中一个网络的改变可能会带动其他网络
发生相应的改变，如：假如主体通过学习获得了新知识使 AK 网络发生了改变，那么相
应的它的 AT 网络可能也会发生相应的变化。当然，这种变化需要研究者自己定义。

6.1.3　动态网络

动态网络分析（Dynamic Network Analysis，DNA）是卡耐基梅隆大学 CASOS
实验室提出的元网络分析中最重要的一部分，它以元网络为最小分析单元，使用一组
元网络来记录网络的进化和改变。不同于传统的社会网络分析（SNA），动态网络分
析（DNA）能够处理多模式（multi-mode）、多连接（multi-link）和不确定性的网
络。且 DNA 中增加了"网络进化"这一关键元素，并考虑了环境的可变性，将
DNA 与计算机仿真结合起来，将能够更好地发挥动态网络分析的优势。

网络的"动态性"有两种情况：一种主要关注宏观层面的网络动态性，研究整体
网络随时间发生的变化；另一种属于微观层面的网络变化，主要研究由网络要素（包
括网络节点和节点间连线）改变引起的网络动态变化（刘潇，2011）。学者已经从这
两方面展开了很多的研究，如刘潇针对 1995-2004 年广东省新技术产品出口情况建立
了 10 个复杂元网络，分析广东省 10 年间新技术产品出口市场的变化，包括生产企
业、使用技术、出口国家等情况，从中探究广东省市场变化规律（刘潇，2011）。李

永奎等人则借助元网络，构建了组织、知识、任务复合模型，根据组织现有知识技能分析任务分配的合理性，并提出通过提高组织技能来增加组织完成任务能力和根据组织现有能力进行任务重分配两种方式，优化组织能力和任务之间的适配性（Li等，2015）。张兵等人构建了包含腐败行为人、组织、腐败活动、利益往来四大要素的工程腐败网络模型，借助元网络分析了工程腐败网络的基本特征，并识别出关键组织和行为人，并通过"打击个人"和"打击组织"的办法观察打击后的网络变化，以提出合适的腐败网络打击策略（张兵等，2015）。本书用到的动态网络主要考虑网络中要素（即节点和连接）发生改变引起的"动态性"。

6.1.4 社会网络、元网络及动态网络的对比分析

根据以上分析，将社会网络、元网络、动态网络三者间的主要区别汇总为表6-1。

社会网络与元网络比较　　　　　　　　　　　　　　　　表6-1

	社会网络	元网络	动态网络
节点	同类型节点/至多两种类型	多种类型的节点	多种类型的节点
网络	1-模网络、2-模网络	多模网络	多模网络，且以元网络为最小的分析单元
网络表达	边列表或矩阵	多矩阵层级结构	多矩阵层级结构
研究问题	分析"谁在网络中"	分析网络中"谁、发生什么、如何发生、发生时间、地点"	在单一元网络分析基础上，增加网络"时序"属性，分析网络的进化
动态性	静态网络结构分析	动态网络分析	动态网络分析
分析工具	Ucinet/Pajek等	ORA动态网络分析 Dynet多主体仿真分析	ORA动态网络分析 Dynet多主体仿真分析

从表6-1中可以看出社会网络的研究对象比较单一，只能研究同一类型或至多两种类型节点之间的关系，而元网络中可以包含多种节点类型，从某种意义上，社会网络属于元网络中的一种子网络。就本书的研究目的和重大工程社会责任行为系统的特点，需要同时研究主体在各种影响因素及主体间关系来往作用下行为选择，即需要在一个网络图中同时表示主体间关系网络，各主体的行为网络以及主体行为动机网络。社会网络能够很好地展示主体之间的关系、网络结构（1-模网），也能够建立主体与行为之间的关系网络或者主体与影响因素之间的关系（2-模网），但是它只能分别建立各个网络，而不能将几个网络之间的关系联系起来。而元网络则可以同时满足以上的所有需求。

此外，为了研究重大工程行为涌现过程，需要涉及动态网络的研究，考虑网络中要素（节点和连接）发生改变后整个网络的结构改变。然而单纯的社会网络只能进行静态的结构分析，元网络则可以实现这一要求。

综上，研究重大工程中组织之间行为交互规则，行为在工程中的扩散路径，元网络是一个很好地展现载体和研究方法，既能够较为全面地展示重大工程社会责任行为系统，又能够借助元网络指标和动态性分析影响因素对主体行为的作用效应和主体的

行为水平。

6.2　重大工程社会责任行为元网络测度指标

6.2.1　元网络的组成

"网络"是指由节点及节点之间的某种关系构成的集合，"元网络"是由各种具有不同含义的节点及其之间的关系构成的多元异质网络，即元网络主要由点和线组成不同的子网络，各子网络之间又因为共同的节点而联系在一起，由于元网络的复杂性，对元网络的分析通常借助 ORA 软件。ORA 是一种数据分析软件，以下结合 ORA 软件分别从节点、连线和网络三个方面介绍元网络的组成。

1. 节点（node）

在元网络中，包含有不同类型的节点，几乎可以表示任何一种实体，多种不同性质的节点混合在一起，为了便于分析和区分，在 ORA 中输入节点时需要同时根据节点类型对节点进行分类，ORA 软件主要有 11 种类型的节点：

（1）Agent：主要指的是行动者，最常见的类型为人，也可以是机器人等具有行动力的主体。

（2）Resource：该类型节点可以用来指代一切 Agent 完成某一事件、任务、行为举措所需要的产品，材料，货物等物质实体。

（3）Knowledge：该类型节点代表的是认知能力或技能。它可以是具体的知识，如历史、英语等，也可以表示如"知道某一件事情如何做"这种技能型知识。

（4）Task/Event/Action：这是三种相似的节点类型，但彼此间又存在些许不同。任务（Task）指的是目标或者设计好的特定活动，它可以是一件未实现的事情，也可以是一件被重复做的事情；事件（Event）是指已经发生的动作；行动（Action）指的是做某事的过程，强调的是动作。行动和任务的差别在于：如对于保护生态环境这同一件事情，行动指"保护了生态环境"，强调"保护"这个动作；而任务指"保护生态环境"这件事情。

（5）Organization：组织，指的是一群人因为特定目的而组成的集合。

（6）Belief：代表一种想法或者观点，如"战争很不好"等。

（7）Location：表征位置的节点。

（8）Unkown：当不知道所研究的对象属于哪类型节点或者以上的节点类型不符合所研究对象的特征时，可以将节点暂时归为这一类。

2. 连线：两节点之间的关系

两节点之间的关系可以表示两者之间的联络内容，或者是现实发生的实质性关系，如知识和主体之间的连线可以代表主体拥有某一知识，任务和任务节点之间的连线可以代表两任务之间的逻辑关系，连线的内容可以根据研究者的研究目的进行自定义。两节点之间的关系有多种表示方法，相应连线（link）的形式也有多种。

首先，两点之间的关系有一元和多元之分，如两个人之间的关系可以同时是朋友关系、上下级关系、爱人关系；不同组织之间的关系可以同时是竞争关系、合作关系、信息交流关系。而多元关系可能意味着所研究的网络中，同一对节点之间有多条连线，也可能是单线，只是线拥有实际值。

其次，关系数据存在二分类（binary）和赋值（valued）数据两种。如果只是分析节点之间是否存在某种关系，则关系数据只有"存在"和"不存在"两种，分别可用数字"1"和"0"表示；如果分析节点之间关系的程度，相应的关系数据的取值可以有多个。如两人之间的关系亲密程度可以分为陌生人、认识、熟人、朋友，并分别可以用"0、1、2、3"代表；又如两人之间联系的紧密程度可以分为没有联系、联系较少、联系较多、经常联系，同样分别可以用"0、1、2、3"表示相应的关系强度。

最后，两者之间的关系又分为有向和无向。如两人之间有合同关系，该关系是相互的，是双方互相签订合同，因此该关系用无向关系表示即可；但如果研究两人之间的信任关系，信任可能并不是相互的，此时，则需要借助箭线标明二者之间是谁信任谁，如果是互相信任则该关系为双向箭线。

不同的连线表示的含义不同，对网络结构的研究也会产生影响，因此，在一项研究中，研究者要根据自己的研究目的确定需要研究的关系类型。

3. 网络类型

不同类型的节点及其之间的关系将形成不同的网络，根据网络中节点的类型，可以将网络分为1-模网络，2-模网络和多模网络。1-模网络中所有节点的类型一样（如主体—主体网络），2-模网络由两种类型的节点及不同类型节点之间的关系构成（不包括同类节点之间的关系，如主体—知识网络、知识—任务网络等），多模网络中则包含两种以上的节点及其之间的关系，通常是指有多个1-模和2-模网络构成的复合网络。

6.2.2 测度指标

构建社会责任行为元网络后，需要借助元网络指标得出各影响因素的作用程度，主体的行为水平以及主体在工程中的网络结构特性，为进一步分析行为规则和涌现路径提供基本指标。因此本小节集中介绍之后研究中会用到的指标。

1. 点度中心度（Centrality，Degree）

一个点的点度中心度指的是与该点直接相连的点的个数。在赋值网络中，需要同时考虑线的权重，此时该值测量的是直接连接该点和其他点的所有连接线的总和。当图的规模不同时，不同点的中心度不可比较，为便于比较，费里曼提出了相对度数中心度：点的绝对中心度与图中点的最大可能的度数之比（Freeman，1979）。在有向网络中，根据连线的不同点度中心度又分为入度中心度和出度中心度。

入度中心度（In-Degree，ID）：指向该点的连接线之和。

出度中心度（Out-Degree，OD）：由该点指向其他点的连接线之和。

假设 V 为矩阵中的连线的最大值，且 $X_{ij}=0$（矩阵对角线为0）

$$ID(A) = \frac{\sum\limits_{i=1}^{M} X_{ij}}{V \cdot M} \qquad (6\text{-}1)$$

$$OD(A) = \frac{\sum\limits_{j=1}^{N} X_{ij}}{V \cdot N} \qquad (6\text{-}2)$$

式中，M 为矩阵的行数，N 为矩阵的列数。入度和出度中心度的取值范围均为 $0 \sim 1$，值越大表明连接数越多。

根据点度中心度的定义，借助该指标可以计算出各行为主体的行为表现、感知的影响因素水平。通过计算 $A\text{-}T$ 网络指标，主体的社会责任行为水平由 A 的出度中心度衡量：$MSR = AT$，$OD_{A\text{-}T}$；社会责任行为的被重视程度由 T 的入读中心度衡量：$T = ID_{A\text{-}T}$。

感知的影响因素通过计算 $A\text{-}K$ 网络 A 的出度中心度衡量：$Factor = AK$，$OD_{A\text{-}K}$；影响因素的重要程度由 K 的入读中心度衡量：$K = ID_{A\text{-}K}$。

2. 特征向量中心度（Centrality，Eigenvector）

该值衡量一个人在网络中的重要程度，不只考虑了他与多少人有关联，同时考虑了与他关联的点与其他点的关联程度。一个与很多孤立点有关联的点，尽管它的连线很多，但他的值可能较低。但如果一个点可能没有与网络中的绝大部分点有关联，但与他有关联的点在网络中又与其他节点有密切联系，则该点的中心度反而可能会很高。因此，特征向量中心度对一个节点重要程度的衡量更全面，考虑了关系互动的间接传递性与扩散性。

本书使用该点衡量来往频率网络中主体的重要性，该值越大，表明主体在整个网络中越活跃，与他人的来往越多。即 $E = $ 来往频率。

ORA 中特征向量的计算方法：

设 A 为目标网络，其中有 N 个节点。设 k 为网络 A 中的组件数（Component），N_k 是第 k 个组件中的节点数。设 V_k 是 N_k 个节点构成的子网络的主特征向量。则：

$$E = \sum_{k=1}^{N} V_k \cdot \frac{N_k}{N} \qquad (6\text{-}3)$$

3. 权利中心度（Centrality，Authority）

权力中心度是在特征向量中心度的基础上演变而来。特征向量中心度不考虑主体间箭线的方向，而权力中心度考虑箭线的方向。如果一个点的入度箭线来自具有多个出度箭线的节点，那么他就是权威中心。该点正在全网络范围内广泛的从他人那里接受信息。

该研究使用权力中心度衡量影响程度网络中主体被他人影响的程度。值越大，表示被他人影响程度越大。即 $A = $ 影响程度。

该值的计算原理与特征向量相同，只是在计算时会考虑箭线的方向。

4. 基于知识的任务完成水平 TC_K（Task Completion，Knowledge Based）

该值描述项目组织中所有主体在目前所拥有知识的情况下对所分配任务完成的比率，介于0~1，值越高，表明组织（基于知识的）任务完成水平越好。

$$TC_K = \frac{|T| - |F|}{|T|} \tag{6-4}$$

其中，$F = \{i \mid 1 \leqslant i \leqslant |T|, \exists j: Need(i,j) < 0\}$，$Need = (AT' * AK) - KT'$，$T$ 为需要完成的任务，F 为未完成的任务。在该网络中，A-T 网络为主体需要完成的任务，A-K 网络为主体拥有的知识，K-T 网络为完成任务需要拥有的知识。

本书在行为涌现分析时使用 TC_K 作为衡量主体行为水平的指标，并以此作为评判重大工程社会责任行为培育有效与否的标准。

6.3　重大工程社会责任行为元网络要素

重大工程社会责任行为网络主要存在三大要素，分别是主体、主体社会责任行为及影响因素。该小节将主要阐述这三大因素的确定方式及相应子网络的构建方式。

6.3.1　重大工程社会责任行为主体

利益相关者指"任何影响企业目标实现或者在企业目标实现过程中被影响的个人和群体"（Freeman，1979）。利益相关者理论的出现为社会责任的研究提供了理论基础，在这一理论引进之前，即使是社会责任中经典的金字塔模型（经济、法律、道德和慈善）也存在对象不明确、界限模糊、操作性不强等问题（郑海东，2007），而将利益相关者理论与社会责任结合，较好地解决了应该对谁负责任（责任对象）、负哪些责任的问题，让组织履行社会责任更有目标，更易于实施和管理社会责任行为。

在重大工程社会责任中，利益相关者被定义为"在工程社会责任行为过程中，能够影响工程社会责任或受工程社会责任所影响的所有个体和组织"（Lin 等，2017）。重大工程社会责任涉及的利益相关者不只包括正式参与重大工程的组织，它关系到更为广泛的社会问题，包括环境、公众等（王爱民，2015）。重大工程社会责任涉及的利益相关者多且复杂，要想管理好社会责任行为，非常有必要较好地将利益相关者进行分类。

关于利益相关者的分类，很多学者从不同的角度进行了研究。如 Charkham（1992）根据利益相关者与企业是否有合同关系，将利益相关者分为合同型利益相关者（如股东、员工、顾客、供应商、债权人、经销商）和公共利益相关者（如消费者、监理、政府、媒体、当地社区）。Darnall（2010）根据与组织的关系将利益相关者分为直接利益相关者（如消费者、员工、供应商、管理者等）和间接利益相关者（环境组织、劳工组织等）。Huang and Kung（2010）将利益相关者分为外部利益组织（如政府、消费者、竞争者）、内部利益组织（股东、员工）和中介组织（如环境保护组织）。考虑利益相关者管理，对利益相关者的分类则更加精细，如 Mitchell 等（1997）根据利益相关者的三大属性——权利、合法性和紧迫性，将利益相关者分为了7种类型；Mcelory and Mills（2000）根据利益相关者对项目的态度将利益相关者分为 5 个等级,即积极的反对者、消极的反对者、中立者、消极的支持者、积极的支持者。Bourne 等(2005)根据利益相关者对组织的影响程度制作了利益相关者圈。Olander(2007)则进一步将以上三种分类方法综合起来,提出了一种针对利益相关者的综合评价指标体系,以帮助管理者进行利益相关者管理。

考虑到重大工程利益相关者的动态性和多重复杂性,比起一种特定的模板,对利益相关者的划分更需要根据研究问题的特性进行识别区分(Luoma-Aho,Vos,2010)。如 Zeng 等人(2015)结合利益相关者研究和工程社会责任特点将重大工程社会责任分为直接—内部—合同型组织(如政府、设计单位、承包商、供应商、运营者等)和间接—外部—公共组织(如公众、当地社区和非政府组织等)。

此外,本书的研究对象是重大工程社会责任行为,行为的发起主体是重大工程中正式参与工程建设的组织。因此,根据研究需要,将重大工程社会责任涉及的利益相关者根据需要分为社会责任行为主体(以下简称"行为主体")和非社会责任行为主体(以下简称"非行为主体")。

值得注意的是,重大工程具有动态性,重大工程利益相关者不能只从项目整体的角度进行区分,而是需要根据不同的工程建设阶段进行划分。即行为主体和非行为主体并不是固定不变的,同一个利益相关者在工程不同生命周期不同阶段其角色不同,如政府,在前期立项和设计阶段是行为主体,而在建设和运营阶段则成为非行为主体。在社会责任网络中,行为主体履行社会责任会受到非行为主体的影响,以施工阶段为例,项目决人、承包商、监理方、供应商是主要的行为主体,而政府、公众、社会组织、设计方、运营商在该阶段主要作为非行为主体通过主体间活动影响行为主体的行为选择。

6.3.2　重大工程社会责任行为

重大工程社会责任,是由正式参与工程建设的各组织共同完成,因此,研究重大工程社会责任行为,本质就是在研究正式参与工程的各组织的社会责任行为,即前文提到的行为主体的行为。这些行为主体包括政府、设计方、项目法人(项目投资者和建设者)、承包商、监理单位、材料、设备供应商、运营商。重大工程中的每个行为主体都会面临两个维度的社会责任——工程和组织自身的社会责任,Lin 等人(2017)分别从这两个角度提出重大工程中的各组织应该承担的社会责任。重大工程中的各组织只是为了完成特定的工程任务、实现自己的利益而临时参与建设,工程结束后各组织组成的临时组织场域即解散,各组织又会分别寻找新的工程进入新的组织场域。因此,组织自身的社会责任是相对长久稳定的,而每个组织在不同工程中的社会责任可能会具有差异性。本书研究目的在于提高重大工程整体的社会责任,是以"重大工程"为研究基数,组织自身的社会责任的形成是多种因素作用的结果,组织间的差异也较大,但从工程角度研究组织本身的社会责任较片面。因此,本书将组织为完成重大工程社会责任而做出的行为和组织自身的社会责任定位相剥离,前者为本书"重大工程社会责任行为"所指对象,而后者将作为组织自身的社会责任认知。

　　重大工程社会责任包括经济、法律、伦理与环境、政治责任。不同建设阶段，不同社会责任主体承担的社会责任不同，Lin（2017）指出不同阶段的社会责任应该考虑由这一阶段最有能力、影响力最大的人完成，即权责对等，按能力合理分配社会责任才能实现重大工程社会责任的高效完成。

　　通过文献阅读，将社会责任内容及其相应的行为陈列在表 6-2。根据前文提出的社会责任行为系统，经济、法律、伦理、政治责任为行为主体的行为目标，各责任维度相应的举措为各行为主体为实现社会责任需要采取的主要社会责任行为。研究认为，要实现重大工程社会责任，需要各行为主体在不同的建设阶段，共同合作并各自履行好自己应尽的社会责任，重大工程社会责任行为实际上是由各组织的工程社会责任行为共同组成。

重大工程社会责任内容及行为　　　　　　　　　　表 6-2

项目阶段	行为主体	社会责任	
		维度	行为
立项	政府	经济责任	充分考虑项目的经济可行性
			充分考虑项目的技术可行性
			对各利益相关者的经济影响考量
		法律责任	信息公开
			积极组织公众参与
		伦理责任	对环境、生态影响考量
		政治责任	关注当地社区关系及影响
设计	政府	经济责任	项目设计成本控制
		法律责任	项目设计方案信息公开
		政治责任	项目设计方案公众参与
	设计方	经济责任	设计质量及经济可行性
			创新与技术进步
		法律责任	设计符合行业标准
		伦理责任	绿色设计
		政治责任	关注社区需求
施工	项目法人	经济责任	完善的工程项目治理机制
			工程质量与安全建造
			投资资金安全与合理回报
		伦理责任	绿色建造采纳
		政治责任	关注社区与公众的需求
			社会稳定
	承包商	经济责任	工程施工质量与安全保障
			工程施工成本及工期控制
			施工创新与技术进步

项目阶段	行为主体	社会责任	
		维度	行为
施工	承包商	法律责任	依照法律及行业规范施工
		伦理责任	施工阶段的资源合理利用
			施工地区生态环境保护
			施工当地社区环境保护
		政治责任	维护社区关系
			施工阶段紧急公共事件处理
	监理方	经济责任	项目工程质量与安全监督
			项目建筑工人权益监督
		伦理责任	项目施工环境保护监督
	供应商	经济责任	施工材料的质量保障
		伦理责任	绿色材料的使用与推广
营运	运营商	经济责任	工程的常规养护
			工程运营成本控制及质量保障
		法律责任	依照法律及行业规范运营
		伦理责任	地区生态环境保护
			社区环境保护
			资源合理利用
		政治责任	维护社区关系

注：表格中信息为笔者根据论文《An indicator system for evaluating megaproject social responsibility》Lin H，Zeng S，Ma H，et al. 著整理。

6.3.3　影响因素与理论假设

重大工程社会责任需要由各行为主体在工程全生命周期内共同协作，各行为主体的行为表现直接影响重大工程整体社会责任，要提高重大工程社会责任，关键是厘清各行为主体的行为机理。因此，研究影响因素与重大工程社会责任行为的实质就是在重大工程这一组织场域内，研究影响因素与行为主体的关系。

1. 制度压力与重大工程社会责任行为

制度环境主要包括规制、规范和文化—认知三大基本要素，良好的制度环境能够促进工程社会责任的实施。Xie，X. M& Jia，Y. Y 等人（2017）从客户满意度和制度环境两方面考察了对中国和越南企业社会责任的影响，研究发现良好的制度环境能够加强企业社会责任及客户满意度。刘伯恩（2014）从制度理论中的组织合法性理论角度，结合结构方程模型研究发现组织合法性压力（规制合法性、规范合法性、认知合法性）对企业社会责任战略反应有正向影响。于飞（2014）基于新制度理论分析认为外部环境（规制压力、规范压力、认知压力）对企业承担社会责任有显著的推动作用，并通过实证检验验证了假说。姜雨峰（2015）分析外部压力对企业社会责任行为的影响，同时研究伦理型领导、管理者道德动机和经理自主权在外部压力与企业社会责任间的作用，通过实证研究提出外部压力通过管理者特点而影响企业社会责任行为。从以上可以看出制度环境中的三大要素主要作为外部压力影响行为主体在重大工程中的社会责任行为。因此提出假设：

H₆₋₁：制度环境与重大工程社会责任行为正相关

1）规制压力与重大工程社会责任行为

规制性压力通常指通过法律、法规、规则制度等强制性手段达到某种目的，工程领域的规制压力主要包括政府规制、法律制度及政府监督、行业规范条例、工程相关法律条文强制性措施。Hart，P. J. and Saunders，C. S. 等人（1988）的研究表明强制性压力能够显著促进企业社会责任行为。企业如果违反制度规范，可能会失去部分社会资源、降低自身在行业内的声誉甚至威胁到自身的经济效益（Ingram，Silverman，2002；Mezias，1990）。通过法律法规建立的标准虽然不会立刻反映在组织的实际行动中，但它能够在整个社会对社会责任的认知上产生巨大影响（Aguilera 等，2007）。政府通常像一个"风向标"或者说是"焦点"，企业的行为通常会围绕这一焦点展开（Mcadams，Nadler，2005），政府文件向社会发出一个强烈的信号——这一议题非常重要，然后社会各界都开始重视这一议题，企业自身关注，消费者、投资者、竞争对手等外界组织的关注再进一步放大议题重要性，从而迫使企业开始注重这一议题。如 Baron（2009）研究发现，政府部门在项目招标时能够将政府和社会公众对企业的期待传递给企业，从而促使企业将社会责任纳入自身的战略决策中。目前，社会责任在中国工程领域还是一个比较新的概念，此时通过政府指引能够快速引起各组织的重视。因此提出假设：

H_{6-1a}：规制压力与重大工程社会责任行为正相关

2）规范压力与重大工程社会责任行为

此外，由于社会责任中有很大一部分伦理道德属性和利他性，除政府、公共政策外，外部公众、媒体等在公司不自愿参与的情况下能够起到有效的推动作用，并且能够起到一定的监督作用，防止企业的伪装行为（王歌等，2018）。规范性压力主要指外部环境通过价值观和规范来约束组织行为，即组织所处环境对组织行为的期待（认为或希望组织用某些方式做特定的事情）给组织形成了行为压力。这些外部环境通常包括与组织生存息息相关的外部利益相关者，如组织所在行业、社区公众、媒体、非政府组织如环保机构、劳工组织等，此外还包括组织内部的员工。随着公民收入水平、社会意识和福利水平的增加，人们越来越关注生活质量和价值观念（Barkin，Lemus，2014），由非政府组织为代表的工程外部利益相关者对工程建设的关注度和要求越来越高（Winch，Bonke，2002）。如 Harangozo，Gabor 等人（2015）研究发现非政府组织会影响企业，尤其是中小企业的社会责任环境行为。此外，重大工程建设的长期性以及本身的规模性使其必然会处在某特定的社区范围内，并对社区产生必要的影响，组织所在社区对企业行为的期待，是企业受到的一种重要制度性压力，企业通常会采取一定的措施与当地社区保持良好的关系（Logsdon，Lemus，2014；Brockman，2014）。不恰当的处理引起的社会冲突将对工程产生负面影响（Lee 等，2017），严重时甚至会导致项目终止。因此，公共关注，包括非政府组织、公众、社区都会对工程的社会责任有较大的影响（Lin 等，2018）。

除外部利益相关者外，工程内部的项目管理者和员工都会对工程的社会责任产生影响。高层管理者作为项目的实际决策者，他们的社会责任意识以及本身的特质与工程社会责任的实施效果息息相关（Lin 等，2018）。而员工能够通过积极倡议、领导和参与企业社会责任来直接推动企业社会责任，也能够通过影响离职率、忠诚度、工作积极性等来间接推动社会责任（一个企业如果知道员工的看法会产生这样的影响，就会受到压力并被激励去承担更多的社会责任）（Aquilera 等，2007）。综上提出假设：

H_{6-1b}：规范压力与重大工程社会责任行为正相关

3）文化——认知压力与重大工程社会责任行为

文化—认知压力主要是指外部环境中的文化氛围对企业认知产生潜移默化的影响，从而使企业自主采取相似的行为，主要是指企业模仿被自己认可的组织的行为。如当行业内领导企业具有良好的社会责任表现时，企业会迫于竞争压力而产生模仿行为；此外，刘季含（2016）也通过研究发现联系较为紧密的企业之间的社会责任具有相似性，并且其行为都会与核心企业的行为趋同。王歌等人（2018）研究发现，与规制、规范压力相比，模仿压力对重大工程组织行为的影响更加显著。社会责任本身是一个比较新的概念，加上重大工程本身不确定因素较多，管理难度大，此时模仿标杆工程或者标杆企业的做法是一种成本较低、风险较小并且有效的方法，因此，很多组织愿意通过模仿来提高自身的社会责任行为。因此，文化—认知压力能够对重大工程社会责任行为产生一定的可塑作用。因此提出假设：

H_{6-1c}：文化认知压力与重大工程社会责任行为正相关

尽管制度环境可以对重大工程社会责任行为产生影响，但需要注意的是，制度要素，无论是规制、规范还是文化—认知，都需要传递和扩散的媒介。在工程系统中，这种媒介包括利益相关者组成的复杂交互关系网络以及各组织间的正式信息交流沟通机制。同时，信息"传递者"和传递方式会影响接收者对它的理解、解释和接受，即制度压力对行为主体的作用机理会受到传递和扩散媒介的影响，王爱民（2014）也指出沟通渠道是一个关键因素。因此，分析厘清关系网络和信息交流沟通机制对重大工程社会责任行为的影响，非常必要。

2. 信息沟通机制与重大工程社会责任行为

建设项目中的沟通包括项目内部沟通和项目外部沟通，其中，内部的沟通不仅包括进度会议、文件传输和项目团队之间的定期信息交流，还包括非正式会议和团队成员之间的私人对话（Butt 等，2016）。这部分探讨的信息沟通机制主要指的是项目的外部沟通和内部的正式沟通。项目内组织间的非正式沟通主要通过组织间的"社会网络"进行分析。

沟通是一个双向的过程（Cheung 等，2013），包括信息共享和思想、观念、感受的交流（Resanctis，Monge，1998），是一种信息传递和情感交流活动。在重大工程建设项目中，沟通非常重要，因为工程中参建主体多元异质，并具有分散性，团队之间都是临时合作，并且彼此之间加入项目的时间不同（Tai 等，2009）。但工程项目又要求参建主体短时间内快速形成合作团队，共同完成项目建设，此时，有效的沟通使项目团队能够清楚地理解彼此的观点、意图，明确确定权利、责任和利益，并促进团队合作（P.，S，2007；Tai 等，2009）。建设项目团队之间的沟通可以定义为项目整个生命周期中项目团队之间的信息共享、信息交换和信息传递的过程，是解决项目团队之间信息不对称的一种途径（Wu 等，2017）。通过正式的沟通，项目小组能够及时收集、分析和实时交流信息，能够最快地了解工程现状，并及时做出恰当的决策（Lee，Rojas，2013）。除团队内部沟通外，与外界的沟通也非常重要，主要是项目信息公开和外部信息反馈。尤其是外部信息的反馈，越能及时了解外部社区、公众对项目的看法，越能较好地避免社会冲突。

沟通机制越完善，参建主体间的信息共享、信息交流渠道越顺畅，那么无论是政府想要传达的精神还是外界社区、公众媒体等的期望，以及同行业、同项目中其他组织的行为表现都能够更快、更准确地在项目间传达，对于社会责任思想与行为的传递效果越明显。因此，沟通机制对于社会责任在组织网络间的传播具有很重要的作用（刘计含，王建琼，2016）。透明、畅通的沟通渠道和信息共享机制是促进重大工程各协作方履行社会责任的核心（王爱民，2014）。综上，提出假设：

H$_{6-2}$：信息沟通机制正向调节了制度环境与重大工程社会责任行为的关系

3. 关系网络与重大工程社会责任行为

除正式的沟通机制外，组织间的关系网络是制度压力扩散和社会责任行为传播的又一重要途径。

首先，社会网络为制度思想的扩散提供了工具。制度在主体间的传递需要依赖社会网络中各角色的互动。制度环境会以各种方式影响到组织和个人，而随着组织和个人与组织场域中其他主体互动频率的增加，制度环境在组织场域中的影响开始扩散，同时随着组织场域中主体间的信息交流，主体也逐渐开始适应甚至改变制度环境。因此，制度环境对重大工程社会责任行为的作用，可能会受到社会网络的影响，即解释同一制度环境下不同主体的社会责任行为不同。如 Scott（2014）认为在信息交流沟通顺畅的环境中，组织更容易受到与自己地位相似者的影响，而不是与自己联系紧密者的影响。

其次，社会网络为社会责任行为的传播提供了路径。刘计含和王建琼（2016）通过研究发现公司之间存在的社会网络会促使企业之间的社会责任行为具有相似性，且其行为倾向于与网络中心度高的企业相似。社会网络结构会影响组织社会责任行为。如陈浩等人（2018）研究发现，企业在网络中的中心性越高，受到的关注越多，其社会责任报告行为表现越好；而占据结构洞位置的企业，由于掌握着关键信息或资源，其社会责任行为相对较差；同时，社会网络的网络密度能够对上述两种情况起到调节作用，网络密度越大意味着该社会网络中主体联系越紧密，信息沟通越顺畅，因此对上述两种情况中的前者有促进作用，对后者有抑制作用。

针对关系网络对社会责任行为的影响，可以通过建立主体间的社会网络，来分析网络结构和主体网络特征与主体社会责任行为之间的关系，因此关系网络因素不作为单独的影响因素节点出现。关于关系网络对重大工程社会责任行为作用的假设将在6.4.2一节中（关系网络）确定主体间关系的衡量方式后提出。

4. 企业社会责任认知

同一制度环境中的组织，除因为信息交流沟通机制和关系网络的影响可能导致彼此的行为不同外，还会根据自身在环境中的定位和对环境的理解来选择最适合自己的行为措施。组织对制度环境的反应与判断能力取决于组织自身特质与社会责任认知。

杨汉明、吴丹红（2015）在研究我国企业社会责任信息披露情况时提出，制度压力是根本动力，而公司特征则作为中介要素，决定了不同企业应对制度压力时的容纳和处理能力。费显政（2006）也指出公司特征会转化为一种内在驱动力，影响企业对制度环境的判断，并最终外在体现为企业间社会责任表现的不同。具体来说，通常行业领头人更可能会积极主动地实施社会责任（Cambra-Fierro 等，2013；Masurel，Rens，2015），而企业国际化水平越高，企业履行社会责任的积极性以及表现越好（Ma 等，2016）；孟晓华等人（2012）通过研究发现高管团队中女性比例的适当提高有助于增强企业社会责任表现；董事会的性别多样性和独立性则有利于指导公司最大限度地利用稀缺资源实现工程社会价值（Jizi，2017）；而 CEO 的自恋特性会对重大工程社会责任活动产生负面影响（Lin 等，2018）。但公司特征可以直接作为节点属性进行编辑，不需要专门作为一个节点出现。

除公司特征外，组织的社会责任认知对组织社会责任行为也有至关重要的影响。"认知"通常是个人层级的特有属性，能够反映出组织决策者对社会责任的看法（Aguinis，Glavas，2012；Lin 等，2018）。组织决策者通常是指那些对组织行为有直接或者决定性影响的人，他们的社会责任认知取向将能够直接影响组织社会责任行为。特别地，将组织看作独立完整的个体，每个"个体"在重大工程中的社会责任行为表现受到自身认知的限制。工程领域的组织将会面临两个层面的社会责任：一个是组织层面，其地位与组织治理等组织本身长期的管理机制相当；另一个是工程层级的社会责任，可能会根据工程的不同进行灵活调整。本研究认为组织的社会责任认知可以用组织层级的社会责任表示。通常来讲，组织自身的社会责任实施越完善，在重大工程中越会重视社会责任，其社会责任行为表现也会越好。由此提出假设：

H₆₋₃：组织社会责任认知与重大工程社会责任行为正相关

同时，本身对社会责任重视的组织，在工程中对周围制度环境对社会责任的要求将会更敏感，组织更容易接收到制度环境对自身工程社会责任行为的要求，从而提高自身的社会责任认知。因此提出假设：

H₆₋₄：组织社会责任认知增进了制度环境与重大工程社会责任行为的关系

综上所述，本书认为"影响因素"节点中主要包含四大类，分别是制度环境、信息沟通机制、社会责任认知、关系网络，其中关系网络通过主体间社会网络分析研究，因此不在影响因素中设置。影响因素类节点归纳为表6-3。

重大工程社会责任行为影响因素汇总　　　　表6-3

范畴	主因素	子因素
企业层级	企业特征	企业类型、所有权类型（股权结构）、企业规模
	社会责任认知	
项目层级	信息沟通机制	正式的沟通机制
	关系网络	通过社会网络构建
制度环境	规制压力	政府规制：法律制度及政府监督、行业规范条例、工程相关法律条文、规则制度
	规范压力	社区关注度
		非政府组织关注度
		媒体关注度
	文化-认知压力	标杆企业作用（文化影响）、模仿

6.4　重大工程社会责任行为元网络模型

通过上一节分析，重大工程社会责任行为元网络中模型包括3种类型的节点，即行为主体、社会责任行为及影响因素。其中将行为主体视为具有学习和独立决策能力的"Agent（智能体）"节点类型；将社会责任行为视为"Task/Event（任务/事件）"节点类型，反映行为主体的行为举措；将影响因素视为"Knowledge（知识）"节点类型，反映行为者吸收了外在的影响因素并将其作为行动的依据（将影响因素看作外在的信息资源，主体基于这些知识来做行为决策）。表6-4显示重大工程社会责任行为元网络模型框架，该元网络模型中共有5种子网络，为建立子网络，除识别出节点要素外，更重要的是需要确定节点间的关系，即"边"的属性和赋权，因此，本小节主要确定各个子网络中各节点之间的关系。

重大工程社会责任行为元网络模型　　　　表6-4

	行为主体（Agent）	影响因素（Knowledge）	社会责任行为（Task）
行为主体（Agent）	A-A：行为主体交互（1-模网）	A-K：行为动机（主体）（2-模网）	A-T：主体行为（2-模网）
影响因素（Knowledge）		K-K：影响因素间关系（1-模网）	K-T：行为影响机理（2-模网）

6.4.1　重大工程社会责任行为元网络模型构建方法

根据元网络的组成，要构建重大工程社会责任行为元网络，需要确定节点以及节点之间的关系，根据元网络理论以及重大工程社会责任行为特点，确定构建重大工程社会责任行为元网络的基本方法及流程如图 6-1 所示。

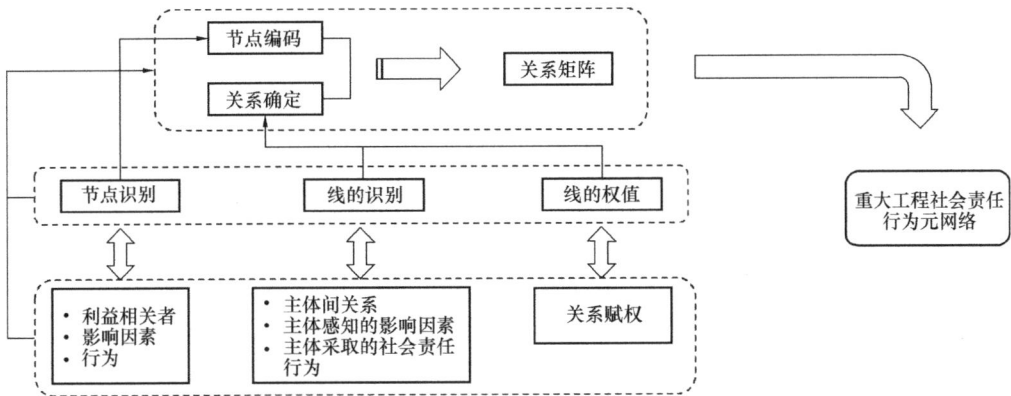

图 6-1　元网络模型构建方法

6.4.2　关系网络

1. 关系界定

重大工程各利益相关方为实现各自的目标，以不同角色共同参与到项目建设中。内部利益相关者（即各行为主体）通过资源共享、信息交流、任务合作等方式形成复杂社会网络，外部利益相关者（社区公众、媒体等）通过主动监督、建议或被动受项目影响而间接参与这一社会网络中，内外部利益相关者交互作用，形成多元异质动态网络。在这一网络中，行为主体间通过各种各样的关系联系在一起，构建网络模型时，采用不同的"关系"构建的网络结构会存在差异，因此，需要根据自己的研究选择合适的"关系"属性。

目前，已有诸多学者研究了工程各项目利益相关方之间关系的划分方式。表 6-5 将目前国内外部分学者的观点进行了总结。其中，Pryke（2006）结合工程项目特点，将工程内部组织间关系分为信息交换关系、合同关系、绩效激励三种关系；Chinowsky（2008）在研究项目内组织间关系对项目绩效的影响时，将项目间的关系分为沟通频率、知识传递频率和信任等级；张合军（2009）从社会网络角度研究工程项目绩效设置方法是，将工程中的组织间关系分为合同关系和非合同关系（法律、法规、规范约束关系）；陈晨和刘兴智利用社会网络研究利益相关者关系时，使用信任、承诺、依赖度、互动强度四个指标衡量政府投资项目中各利益相关者间的关系（陈晨，2011；刘元奎；2011）；刘芳（2012）在运用社会网络分析方法研究项目治理时，从需求提出、资源提供、信息提供、方法提供和指示提供等角度划分利益相关方之间的关系；李永奎（2011）在利用社会网络研究大型项目组织总控机制时，采用组织隶属、指令、信息和协调四种关系构建社会网络；段运峰（2012）等人从工程共同体的角度分析复杂重大工程时，将工程中利益相关者间的关系分为行政关系、市场关系、管理关系、信息关系和公共利益关系；闫波（2004）、Malisiovas and Song 等人（2014）则将工程中各利益相关者间的关系分为正式关系和非正式关系；王磊等人（2017）将利益相关者关系网络分为契约关系网络和沟通网络；彭为、陈建国等人（2017）在分析 PPP 项目中利益相关者的影响力时，将利益相关者间的网络分为交流关系、工作关系及合同关系三种关系网络。

项目利益相关方间的关系划分　　　　　　　　　　　　表 6-5

作者	主要观点
Pryke（2006）	信息交换关系、合同关系、绩效激励
Chinowsky et. al.（2008）	沟通频率、知识传递频率、信任等级
张合军（2009）	合同关系和非合同关系
刘兴智（2011）；陈晨（2011）	信任、关系承诺、依赖度、接触时间
刘芳（2012）	需求提出、资源提供、信息提供、方法提供和指示提供
李永奎（2012）	组织隶属、指令、信息、协调
段运峰、李永奎等人（2012）	行政关系、市场关系、管理关系、信息关系和公共利益关系
闫波（2003）；Malisiovas and Song（2014）	正式关系、非正式关系
王磊等（2017）	契约关系网络、沟通网络
彭为、陈建国等人（2017）	交流关系、工作关系、合同关系

　　总体来说，组织间的关系主要基于两种模式产生：一种是基于项目组织结构和任务需求，这种模式下主要包括合同关系、工作关系、资源交换、监督、指令等各种属性的关系；另一种基于组织能动性，组织根据自身能力、任务等各种情况，互相之间产生沟通交流、合作、约束等自主关系。前者处于组织的正式结构中，后者形成组织间的非正式结构，前者往往是官方认同的组织治理结构和行为规则，后者则往往代表着组织间的实际行为模式和工作惯例（W·理查德·斯科特，2010）。相比正式结构中的关系，非正式组织结构下的关系研究可以发现一些正式结构下被忽略的组织。如 Li 等人在利用 SNA 分析工程建设过程中各组织权利时发现，承包商的实际影响力远远超过它在正式组织中的地位。

　　前文已经提到社会责任行为会受到制度环境中诸如制度规范、政府、社区公众、同行等因素的影响，本书提到的关系网络对社会责任行为的影响主要是指各行为主体间通过交流和互动，促使组织场域内制度环境的扩散，促进相互之间对社会责任的认知交换和影响，从而引起各主体间社会责任行为产生趋同或趋异的现象。因此，结合社会责任非强制性和社会性特质，本研究认为相比强制的合同关系网络，非正式的关系网络更能促进社会责任行为的扩散，因此基于元网络理论视角下的重大工程社会责任行为研究，只考虑非正式关系网络对行为主体的影响。

　　2. 关系赋权

关于关系的赋权，已有文献主要有两种方式：一种是单纯考虑利益相关者间是否存在某种关系，如张合军根据主体间是否有合同关系、法律法规关系构建了社会网络，李永奎根据主体间是否有组织隶属、指令、信息、协调这几种关系构建了社会网络。这种关系在建模时用 0-1 表示（0 为没有某种关系，1 为具有某种关系）；另一种考虑了连接强度，连接强度是两个节点之间关系强度的度量。它包括互动的频率与情感强度、融洽和互惠的总和（Granovetter，1973）。这种情况下，除考虑关系属性外，将关系的强弱也考虑了进去。如 Chinowsky 利用沟通频率、知识传递频率和信任等级来界定关系强弱；陈晨利用信任、关系承诺、依赖度及接触时间四个指标来界定组织间的关系，并考虑了四个指标的权重，通过四个指标的数理集成确定关系强弱；彭为、陈建国等人分别使用交流关系强度、工作关系强度及合同关系强度来衡量交流关系、工作关系和合同关系的强弱。这种关系在建模时用实际关系值表示。

就社会责任，组织间沟通越顺畅，交流越多，双方之间的社会责任观念交互越多，越可能对彼此的社会责任行为产生影响。其次，对于组织而言，沟通对象对自己的影响力越大，组织会越倾向于模仿或者信任对方的观点。因此，本研究决定使用来往频率和影响程度来衡量组织间的关系强弱，同时，组织间来往对象对自身行为影响越大，他们之间的关系强度会越高，即影响程度与来往频率间具有乘积效应，因而本研究将组织间关系强度定义为来往频率与影响程度的乘积。

结合 6.6.3（3）小节中对关系网络的分析，随着组织间来往频率的增加，制度因素在工程中的传播会越充分，由此加大了制度因素对重大工程社会责任行为的正向作用，而来往对象对自己影响程度越大，这种正向调节作用越明显。同时，组织间来往频繁，增加了组织间沟通的充分性，在沟通交流中，组织间对社会责任的看法将会互相影响，社会责任认知高的组织将会向其他组织传播社会责任的优越性和必要性，在其他组织了解到社会责任的好处后，可能会进一步提高自身的社会责任行为。同时，社会责任认知高的一方影响力越大，其他人对他的信任度就越高，越可能愿意去效仿对方的行为。综上，提出如下假设：

H$_{6-5}$：来往频率正向调节制度环境与重大工程社会责任行为的关系

H$_{6-6}$：来往频率调节组织社会责任在制度环境和重大工程社会责任间的中介作用

H$_{6-7}$：关系强度正向调节制度环境与重大工程社会责任行为的关系

H$_{6-8}$：关系强度调节组织社会责任在制度环境和重大工程社会责任间的中介作用

3. 主体关系网络构建

A-A 主体关系网络是以利益相关者为节点（包括行为主体和非行为主体）、主体间关系为边，建立由主体节点组成的网络。主体间来往频率和影响程度本书主要使用问卷调查的方式，请每位参与主体分别评估自己与他人之间的来往频率以及他人对自身的影响程度，由此构建的关系网络中边的权重代表主体间来往频率和他人对自身决策和工作的影响程度，值越大代表来往越频繁，影响程度越大。因此该子网络为1-模有向赋值网络。

6.4.3 其他子网络

A-T 主体社会责任行为网络是以主体和社会责任行为节点、主体采取某种社会责任行为作为主体和行为之间的连边建立的网络。对于主体和行为之间的关系，本研究采用问卷调查的方式获得，由各参与调研者对自身所在组织的社会责任行为评价。该子网络为 2-模有向赋值网络，箭线方向由主体节点指向行为节点，代表主体采取了某个行为，箭线值代表主体的该行为执行情况。

A-K 主体行为动机网络是以主体和影响因素为节点、主体受到某种影响因素作用而采取行动作为主体和影响因素之间的边建立的网络。该子网络为 2-模赋值网络，影响因素对主体的作用程度通过问卷调查的方式获得。

K-K 影响因素关系网络是以各影响因素为节点、影响因素间的相互关系为边建立的网络。该子网络为 1-模有向 0-1 网络。影响因素之间的相互作用关系通过回归分析后确定，0 表示影响因素间没有关系，1 表示影响因素间有关系，箭线方向代表影响因素之间的逻辑关系。

K-T 行为影响机理网络是以影响因素和社会责任行为为节点，以影响因素与社会责任行为间关系为边的网络。影响因素对行为的影响机理通过回归分析后确定。该子网络为 1-模 0-1 网络，0 表示影响因素对社会责任行为无促进作用，1 表示影响因素对社会责任行为有促进作用。

第7章　基于元网络理论的重大工程社会责任行为机理实证研究

本章以深圳前海案例作为实证分析对象，进行了问卷量表设计和问卷预检验，形成了科学合理的调研问卷。通过实证研究检验了制度环境、社会责任认知、信息沟通机制以及工程中各利益相关者关系对各工程社会责任行为主体的行为影响机理，并在此基础上揭示了主体行为交互规则以及重大工程整体社会责任行为涌现过程规律，为重大工程社会责任行为培育提供了理论依据。

7.1　案例背景

2010 年 8 月 26 日，国务院正式批复了《前海深港现代服务业合作区总体发展规划》，2011 年 3 月，国家正式将深圳前海开发纳入"十二五"规划纲要。开发建设前海，是国家在深圳经济特区成立三十周年的历史结点上所做出的一项重大战略决策。2018 年，前海又被定位为"深圳市城市发展新中心"，是连接中国内地与香港的重要位置，更是连接中国与世界的重要位置。整个前海片区的建设对国家经济发展、国际地位形象打造、民生建设等都具有重大的战略意义。

前海，占地面积 14.92km²，建设规模 2600 万～3000 万 m²，规划就业人口 65 万、居住人口 15 万，重点发展金融、现代物流、信息服务、科技服务及其他专业服务四大产业。目前建设区分为桂湾、前湾、妈湾片区，并分别定位为核心商务区、综合发展区和保税港片区（图 7-1）。

目前，桂湾片区的建设规划以及工程建设进度是三个片区中最为完善的。因此本研究选取桂

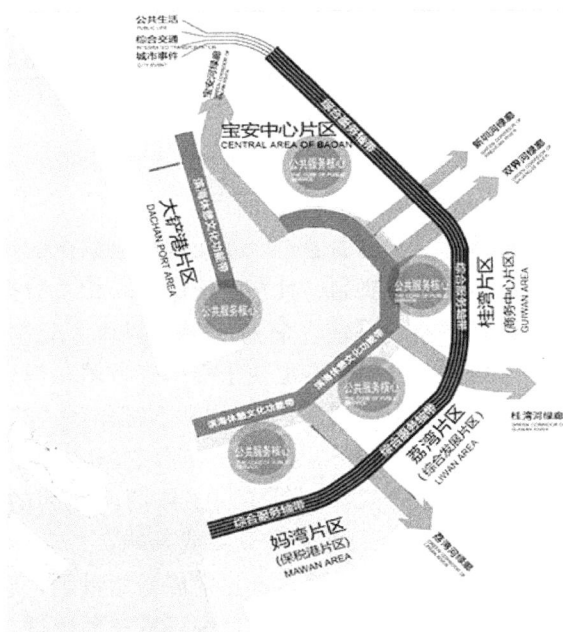

图 7-1　深圳市前海片区建设项目综合规划图

湾片区工程作为重点研究对象。由于工程整个建设周期过长，本书以施工阶段的社会责任行为为例进行研究。桂湾片区目前有 50 多个规划和在建项目，项目进度不一。选取了桂湾片区 11 个处于施工阶段的工程，其中 4 个为市政工程、7 个为房建工程。具体项目信息如表 7-1 所示。后续研究主要以这 11 个子项目为例，建立该项目施工阶段的重大工程社会责任行为网络，进行行为交互规则和行为涌现路径的实证分析。

施工阶段主要涉及的行为主体包括建设单位、施工单位和监理单位，这三方在施工阶段应该履行的社会责任行为已经在 6.3.2 节 "重大工程社会责任行为" 中进行了分析和确定。针对后续案例研究中获取数据时需要的基础问卷将在 7.2 节 "问卷设计" 中进行了详细的交代，这里不再赘述。

项目基本信息　　　　　　　　　　　　　　　　　　表 7-1

项目编号	类型	投资金额（亿元）	项目简介
P1	市政	235.0	地铁枢纽工程，占地 12 万 m²，计容建筑面积 127.8 万 m²
P2	市政	13.46	地下车行联络通道，全长 1.5km
P3	市政	12.28	占地面积 52 万 km²
P4	市政	8.09	道路工程
P5	房建	102.0	占地 4.9 万 m²，计容建筑面积约 32 万 m²
P6	房建	64.0	占地 1.8 万 m²，计容建筑面积约 17 万 m²
P7	房建	50.0	占地 1.2 万 m²，计容建筑面积约 12 万 m²
P8	房建	59.7	占地 1.1 万 m²，计容建筑面积约 18.7 万 m²
P9	房建	38.7	占地 1 万 m²，计容建筑面积约 11 万 m²
P10	房建	36	占地 0.7 万 m²，计容建筑面积约 6.6 万 m²
P11	房建	34.5	占地 3 万 m²，计容建筑面积约 20.5 万 m²

7.2　问卷设计

在本研究中，需要通过问卷获取相应数据的研究变量有组织社会责任行为、制度环境、信息沟通机制、社会责任认知。相关数据的获取需要被调查者根据自身实际感知进行判断和评估，李克特 5 分制和 7 分制两种形式都是常用的量表评估方法，但考虑到 5 分制量表更便于被调查者填写与理解，因此本研究选择使用 5 分制的测量方法。其中 "1" 表示 "非常不符合"，"2" 表示比较不符合，"3" 表示一般符合，"4" 表示比较符合，"5" 表示 "非常符合"。另外，社会网络的构建采用整体网络数据获取方式，测量参与主体两两之间的关系。同样采用李克特 5 级量表法，其中 "1" 表示几乎没有联系或影响，"5" 表示联系很紧密或影响很大。研究量表的开发分为两个步骤，首先生成初始量表，通过专家访谈完善量表；然后针对调整后的量表进行小范围发放，进行量表预测试，检验量表的效度和信度，并调整量表；最终形成正式的测量量表。

7.2.1　量表的开发与设计

根据第 6 章的分析，本书涉及 5 个变量因素需要测量，分别为组织的社会责任行为、制度环境、信息沟通机制、社会责任认知以及主体间的关系数据。这一部分的量表设计首先根据文献确定初始量表，量表设计好后请学者专家和行业专家分别从涵盖内容、学术表达、与实践契合度等角度对量表进行评价，根据专家意见进行修改后形成初步问卷。

1. 社会责任行为（Megaproject Social Responsibility，MSR）

根据 6.3.2 的分析，不同建设阶段涉及的行为主体不同，对应的社会责任行为也不尽相同。考虑到重大工程整个建设周期跨度过长，本部分的实证研究主要选取施工阶段为研究对象。施工阶段重大工程社会责任主要涉及建设单位、施工单位和监理方，因此需要测量的社会责任行为包括这三方。关于重大工程社会责任测量指标目前非常少，国内曾赛星团队是目前该研究领域的突出代表，因此本书主要借鉴该团队提出的重大工程社会责任指标体系。结合文献和专家意见后确定最终的测量量表，共包括 3 个主体 24 个测量题项。题项内容涵盖社会责任行为中的经济行为、伦理行为和政治行为。题项编码及其具体内容见表 7-2。对于被访问者，只需要填写与自己所在组织角色一致的题项即可。

组织社会责任行为测量量表　　　　表 7-2

编码	维度	描述内容	量表的来源
		建设单位	
Tdo1	经济责任	有完善的工程项目管理制度	
Tdo2		有完善的工程质量与安全管理机制	
Tdo3		关注投资资金的安全与合理回报	
Tdo4	伦理责任	在项目建设过程中注重绿色建筑与环保	Lin，Zeng 等
Tdo5		在项目建设过程中能够积极听取并采纳相关单位的绿色建造及环保意见	（2017）
Tdo6	政治责任	在建设过程中关注周围社区公众的需求	
Tdo7		在建设过程中曾参加周围社区活动或曾邀请周围社区公众参与活动	
Tdo8		建设与决策过程中考虑社会稳定问题	
		承包商	
Tc1	经济责任	有完善的工程质量与安全管理机制	
Tc2		工程建设过程中成本与工期控制合理	
Tc3		工程建设过程中使用了新技术、新工艺，或有其他施工创新	Lin，Zeng 等
Tc4	伦理责任	注重资源的合理使用，减少资源浪费	（2017）
Tc5		施工过程中注重保护当地社区环境，减少环境和噪声污染	
Tc6		施工过程中注重保护当地生态环境	

续表

编码	维度	描述内容	量表的来源
		承包商	
Tc7		有针对突发公共事件（涉及当地居民）的应急措施	Lin, Zeng 等
Tc8	政治责任	在建设过程中关注周围社区公众的需求	(2017)
Tc9		在建设过程中曾参加周围社区活动或曾邀请周围社区公众参与活动	
		监理单位	
Ts1		作为独立的第三方公正、公平地进行建设监理	专家访谈
Ts2		秉公监督，确保工程进度	
Ts3	经济责任	秉公监督，确保工程成本花费合理	
Ts4		秉公监督，确保工程的质量与安全	
Ts5		秉公监督建筑工人权益	Lin, Zeng 等
Ts6	伦理责任	秉公监督，确保施工行为符合环境保护要求	(2017)
Ts7		秉公监督，确保施工过程中资源的合理利用	

2. 制度环境量表（Institutional Pressure，IP）

关于制度环境的量表研究已经较多，相关的量表比较丰富和成熟。需要注意的是，由于重大工程社会责任的相关研究还较少，在选择量表时需要根据社会责任尤其是工程社会责任的特点修改相关术语。本书主要选择企业社会责任研究和工程环境社会责任研究时使用的量表，并根据本书研究对象和专家意见进行了相关补充和修改。最终形成的量表共包含规制、规范、文化认知三个维度14个测量题项，具体的题项编码和内容见表7-3。

制度环境因素测量量表

表7-3

	编码	类别	量表内容	量表来源
	IP11		相关政府部门要求项目重视社会责任问题	王歌（2018）
IP1	IP12	规制压力	相关政府部门通过严格监督执法等措施来保障社会责任	于飞（2014）
	IP13		相关政府部门通过各种形式来宣传社会责任理念	
	IP14		相关政府部门对违反社会责任的经营行为有严厉的惩罚措施	
	IP21	规范压力	项目大力宣传并要求企业注重社会责任	专家访谈
	IP22		行业协会要求项目注重社会责任	于飞（2014）
IP2	IP23		当地公众对企业履行社会责任的行为非常赞赏	于飞（2014）
	IP24	规范压力	媒体报道与关注项目的社会责任表现	刘伯恩（2014）
	IP25		网络信息的传播迫使企业必须回应一些负面信息	
	IP26		公司领导、员工接受的社会责任教育对企业有很强的影响力	于飞（2014）
	IP31		业内企业因其社会责任履行较好而提升知名度	
IP3	IP32	文化-认知	社会责任建设做得好的同行在经营中的效益好	刘伯恩
	IP33	压力	桂湾建设片区内有企业因履行社会责任较好而受到褒奖	（2014）
	IP34		本地或同行标杆企业社会责任情况对本企业有深刻影响	

3. 信息沟通机制量表（Communication Mechanism，CM）

信息沟通机制作为一种抽象概念，研究者们偏向于借助各种属性将其概念化（Badir 等，2012）。如柔性（soft）沟通、硬性（hard）沟通和关系（relational）沟通（M 等，2018）；任务性沟通、私人沟通、被动（回应性）沟通；沟通的强度、频率及沟通媒介的丰富度（Badir 等，2012）；沟通频率、沟通媒介、沟通模式及沟通氛围等（Cigrang 等，2014）。其中，信息交换的及时性、准确性、完整性、充足性等指标成为普遍认可的衡量沟通质量的标准（邓娇娇 等，2015）。借鉴 Wu 等人的研究量表，使用 5 个题项来测量组织的信息沟通水平。具体的题项编码和内容见表 7-4。

信息沟通机制因素测量量表　　　　　　　　　表 7-4

序号	量表内容	量表来源
CM1	项目中企业间可以采用有效的沟通方法，如图表、表格、列表等	Wu，Liu，Zhao 等（2017）
CM2	通过联合办公、例会，项目内企业之间的信息共享非常准确	
CM3	通过文档与项目中其他团队的沟通非常及时	
CM4	信息平台为每个人提供足够的知识获取渠道	
CM5	团队可以获得足够的信息以便在正确的时间做出决策	

4. 主体社会责任认知量表（Social Responsibility Cognition，SRC）

根据 6.3.3 的分析，本研究将组织自身企业层级的社会责任水平视作组织的社会责任认知，该因素会影响组织在重大工程中的社会责任决策与战略投入，从而影响组织的重大工程社会责任行为。该部分测量题项同样主要参考 Lin 等人提出的企业层级的社会责任指标体系。具体题项编码和内容见表 7-5。

社会责任认知因素测量量表　　　　　　　　　表 7-5

编码	类别	量表内容	量表来源
SRC1	社会责任战略	本单位有制定清晰的社会责任实施计划	Lin，Zeng 等（2017）
SRC2		本单位有完善的社会责任管理体系	
SRC3	伦理-环境责任	注重资源的合理使用，减少资源浪费	
SRC4		注重保护当地社区环境，减少环境、噪声污染	
SRC5		注重保护当地生态环境	
SRC6		企业关注员工的健康与安全	
SRC7		企业会定期安排各种教育培训（包括安全教育、专业技能培训等）	
SRC8		企业注重员工人文关怀	
SRC9	政治责任	企业会定期参与慈善活动	

5. 工程社会网络

关于主体间关系该研究主要通过建立来往频率和影响程度两个社会关系网络来衡量。网络数据的来源文章采用整体网数据收集的方式，根据研究目标和工程实际情况列出所有的利益相关者，要求每位被访问者评估所有利益相关者与自己所在组织的来往频率和影响程度。本书中设置的利益相关者包括政府，负责本项目的建设单位、施工单位和监理方，本工程中其他项目的建设单位、施工单位和监理单位，设计单位，供应商，投资金融机构，社区公众，媒体，其他非政府组织。

7.2.2 问卷预处理

在确定初始问卷基础上，利用小样本收集的数据验证量表的信度和效度。本次试测试共发放问卷 70 份，回收问卷 65 份，其中无效问卷 8 份，有效问卷共 57 份，有效回收率 81.4%。

1. 信度分析

信度指的是测量结果的一致性或稳定性，也就是研究者对于相同或相似的现象（或群体）进行不同的测量（不同形式的或不同时间的），其所得的结果一致的程度。任何测量的观测值包括了实际值与误差值两部分，而信度越高表示其误差值越小，如此所得的观测值就不会因为形式或时间的改变而有较大变动，固有相当的稳定性（荣泰生，2016）。本研究采用 Cronbach α 系数测量量表信度，通常认为系数值大于 0.7 属于高信度，在 0.35～0.7 之间时，属于尚可，小于 0.35 则为低信度（荣泰生，2016）。而 Gay 等（2005）认为，在 0.7 以上是可以接受的最小信度值。大多数研究认为阿尔法值达到 0.7 比较合适。此外，研究进行了题项信度分析，采用项目总体相关系数（Corrected Item-Total Correlation，CICT）来净化测量题项。如果相关系数太低，则说明该题项的应答分值与总分的高低相关性不强，可考虑删除或改进题项。与该值相应的是"删除后的 Cronbach α 值（Alpha if item Deleted）"，代表的是该题项删除后，整体测量量表信度的变化。本研究判断 CICT 值是否过小将主要结合该值，如果该值比原 Alpha 大且 CICT 值小于 0.5，则认为该题项的 CICT 值系数过低，该项应该删除。按照如上标准，依次检验 4 个测量量表的信度（表 7-6）。

社会责任行为测量量表的信度和 CICT 分析　　表 7-6

Item	CICT	Alpha if item Deleted	Cronbach α
Tdo1	0.906	0.968	
Tdo2	0.939	0.966	
Tdo3	0.738	0.977	
Tdo4	0.943	0.966	
Tdo5	0.965	0.965	0.973
Tdo6	0.883	0.969	
Tdo7	0.930	0.968	
Tdo8	0.837	0.972	

续表

Item	CICT	Alpha if item Deleted	Cronbach α
Tc1	0.588	0.846	
Tc2	0.816	0.810	
Tc3	0.138	0.885	
Tc4	0.804	0.816	
Tc5	0.627	0.834	0.854
Tc6	0.596	0.837	
Tc7	0.686	0.833	
Tc8	0.443	0.851	
Tc9	0.726	0.824	
Ts1	0.303	0.788	
Ts2	0.300	0.792	
Ts3	0.605	0.740	
Ts4	0.594	0.738	0.783
Ts5	0.513	0.785	
Ts6	0.661	0.724	
Ts7	0.733	0.708	

　　如表 7-6 所示，建设单位、施工单位和监理单位的 Cronbach α 值均大于 0.7，量表具有较好的内部一致性，此外共有三个题项的 CICT 过小，删除（Tc3、Ts1、Ts2）。

　　制度环境测量量表的信度检验结果如表 7-7 所示。整体信度指标为 0.948，符合信度标准。规制、规范和文化认知维度的 Cronbach α 系数值均大于 0.7，表明各维度量表均具有较好的可靠性。题项 IP25 的 CICT 值和 Alpha if item Deleted 值不满足条件，删除该题项。其他题项均满足条件，不需要删除。

制度环境测量量表的信度和 CICT 分析　　　　　　表 7-7

Item	CICT	Alpha if item Deleted	Cronbach α	Cronbach α
IP11	0.855	0.933		
IP12	0.923	0.912	0.946	
IP13	0.841	0.938		
IP14	0.860	0.932		
IP21	0.619	0.855		0.948
IP22	0.730	0.843		
IP23	0.812	0.823		
IP24	0.815	0.824	0.869	
IP25	0.439	0.909		
IP26	0.781	0.827		

续表

Item	CICT	Alpha if item Deleted	Cronbach α	Cronbach α
IP31	0.834	0.917		
IP32	0.809	0.924	0.933	0.948
IP33	0.868	0.905		
IP34	0.866	0.906		

信息沟通机制测量量表的信度检验结果如表 7-8 所示。整体信度指标为 0.952，说明该量表具有较好的可靠性。各题项 CICT 值均满足条件，不需要删除任何题项。

信息沟通机制测量量表的信度和 CICT 分析　　表 7-8

Item	CICT	Alpha if item Deleted	Cronbach α
CM1	0.728	0.963	
CM2	0.926	0.929	
CM3	0.858	0.942	0.952
CM4	0.920	0.931	
CM5	0.902	0.934	

社会责任认知量表的信度检验结果如表 7-9 所示。从表中可以看出，该量表的 Cronbach α 值为 0.873，符合信度标准。题项 SRC1 的 CICT 值小于 0.5 且对应的 Alpha if item Deleted（0.876）大于量表总信度值 0.873，故删除该题项。其他题项均符合标准。

社会责任认知测量量表的信度和 CICT 分析　　表 7-9

Item	CICT	Alpha if item Deleted	Cronbach α
SRC1	0.413	0.876	
SRC2	0.582	0.862	
SRC3	0.683	0.855	
SRC4	0.672	0.855	
SRC5	0.658	0.857	0.873
SRC6	0.731	0.849	
SRC7	0.633	0.858	
SRC8	0.779	0.842	
SRC9	0.521	0.878	

2. 效度分析

预测试中，研究采用探索性因子分析来检验测量量表的结构效度。题项过多时，可以将变量分为几组分别进行因子分析（李伟侠，2014）。本书按照各个量表进行探索性因子分析。首先进行 KMO 球形检验，检查数据是否适合进行因子分析。其取值范围为 0~1，值越大越适合做因子分析，小于 0.5 被认为不再适合做因子分析（马庆国，2002）。根据表 7-10 的检验结果，社会责任认知和信息沟通机制维度的变量 KMO 取值达到 0.8 以上，制度环境维度变量的 KMO 取值也达到 0.7 以上，均适合进一步做因子分析。在因子分析中，需要删除载荷量不足 0.5 的题项以及存在交叉符合的题项。

量表的 KMO 和 Bartlett 检验结果 表 7-10

		社会责任认知量表	信息沟通机制量表	制度环境量表
KMO 检验		0.810	0.868	0.770
Bartlett 的球形检验	近似卡方	262.996	220.553	445.149
	df	28	10	78
	显著性	0.000	0.000	0.000

从表 7-11 中可以看出社会责任认知量表中的第 8 个题项出现了跨因子负荷的现象，很难进行因子区分，因此，为了保证量表的一致性，将删除此题项。剩余题项中 3、4、5、6、7 为环境伦理责任；2、9 归为一类，为社会责任战略。

社会责任认知量表因子分析结果 表 7-11

变量	因子	
	1	2
SRC2	0.047	0.876
SRC3	0.644	0.456
SRC4	0.878	0.068
SRC5	0.921	−0.005
SRC6	0.753	0.408
SRC7	0.656	0.359
SRC8	0.600	0.635
SRC9	0.217	0.893

信息沟通机制是一个单维度量表，如表 7-12 所示，因子分析结果也只生成一个维度的因子。

信息沟通机制量表因子分析结果 表 7-12

变量	因子
	1
CM1	0.712
CM2	0.940
CM3	0.874
CM4	0.933
CM5	0.924

制度环境量表因子分析结果　　　　　　　　　　表 7-13

变量	因子		
	1	2	3
IP11	0.848	0.044	0.051
IP12	0.891	0.163	0.166
IP13	0.818	0.075	0.258
IP14	0.843	0.164	0.086
IP21	0.800	0.020	0.380
IP22	0.229	−0.101	0.660
IP23	0.193	−0.119	0.860
IP24	0.130	0.029	0.824
IP26	0.087	0.114	0.795
IP31	0.012	0.861	−0.033
IP32	0.062	0.880	0.084
IP33	0.058	0.884	−0.030
IP34	0.344	0.842	−0.100

制度环境维度的因子分析结果如表 7-13 所示。分析结果与量表设置基本一致，只是 IP21 被归为规制压力中，根据该因子分析结果进行相应调整。

此外，由于社会网络关系数据的特殊性，它的信度和效度的检验主要通过人为检查，看是否有明显的逻辑错误。比如来往频率中，本项目建设单位的得分不应该低于不属于其他项目中建设单位的得分，如果出现这种情况，可以通过咨询填问卷者本人，进行回访确认，不能联系到本人的该问卷被视为无效问卷。

信度和效度分析完成后，最终社会责任行为量表剩余 21 个题项，制度环境量表剩余 14 个题项，信息沟通机制量表剩余 5 个题项，社会责任认知剩余 7 个题项。这 47 个题项与两个社会网络关系问卷共同构成正式问卷。

7.3 元网络模型构建与收据收集

7.3.1 模型构建

1. 节点识别与编码

该项目对应的元网络模型主要有三类节点，分别是利益相关者、影响因素和社会责任行为。后两种节点在设计量表时已经进行了编码，目前主要是利益相关者的编码。

该案例中共涉及 11 个子项目，包括每个项目的建设单位、施工单位和监理方，因此，一共 33 个行为主体。此外，还包括政府及代表政府的组织，如前海管理局、新城建设指挥部办公室（新城办）、项目咨询单位。还有各项目的设计单位、供货商、投资金融机构，以及关注前海工程的公众、媒体和其他非政府组织（如环保机构）。

首先为区分 11 个项目中施工阶段主要的 33 个参与方，按照如下的规则进行编码：建设单位编码规则为 P×PO，施工单位编码规则为 P×C，监理单位编码规则为 P×S。其中，第一个 P 表示为项目，其后的 X 为数字，表示第几个项目，PO 代表建设单位，C 代表施工单位，S 代表监理单位。同时，考虑到组织在片区工程中可能不只与本项目内部的成员有来往，同时会和整个片区内其他项目的成员有交集，为便于区分，同时由于片区项目太多不可能一一列出所有成员，因此统一用 PO、C、S 代表本项目之外的所有其他建设单位、施工单位和监理单位。所有涉及的利益相关者的编码具体见表 7-14。

利益相关者及其编码　　　　　　　　　　　　　　　表 7-14

编码	内涵	编码	内涵
A	管理局	S	本项目外的监理单位
O	新城办	D	设计方
PMC	项目咨询单位	SUP	承包商
P1PO	项目 1 的建设单位	F	投资金融机构
P1C	项目 1 的施工单位	PUB	公众
P1S	项目 1 的监理单位	M	媒体
PO	本项目外的建设单位	NGOS	非政府组织
C	本项目外的施工单位		

注：表中以 P1PO、P1C、P1S 为例说明 33 位主要行为主体的编码，其他项目主题编码类似，只有数字不同

2. 关系确定

该小节构建的模型主要包括 A-T，A-K，A-A 三个子网络。网络建立的数据均来自于问卷调查结果。三个子网络的构建关系如表 7-15 所示。

模型关系总体说明　　　　　　　　　　　　　　　表 7-15

	主体（Agent）	影响因素（Knowledge）	行为（Task）
主体（Agent）	① A-A 网络：包括主体间来往频率网络和主体间影响程度网络。根据各主体的评分结果构建网络	② A-K 网络：主体感知的影响因素。通过各主体对影响因素的评估结果判断影响因素与主体的关系。线的权重代表影响因素对组织的作用程度	③ AT 网络：主体各社会责任行为履行情况。根据各主体的评估结果判断连线。线的权重代表组织的行为水平

由于研究目标为施工阶段的社会责任行为，该阶段的行为主体主要为建设单位、施工单位和监理单位。政府、设计单位、供应商等在这一部分均作为相关的利益主体，可能会对行为主体的行为产生牵制作用。因此在 A-K、A-T 两个子网络中，涉及的行为主体只包括来自 11 个项目的 33 个组织。而其他的利益相关者只在 A-A 网络中出现，作为研究工程中利益相关者间关系对组织行为影响的要素。另外，模型构建中，取每个组织所有参与问卷调查人员评分的均值作为该组织维度得分，如项目 1 中施工方共有 10 位参与问卷调研，则该组织总体得分为综合 10 位员工的平均得分。

7.3.2　数据收集

1. 问卷的发放与回收

由于调研对象集中于同一片区，因此为了保证问卷数量，确保调研对象的积极性和认真性，提高调研数据的有效性和准确性，故整个问卷发放主要采取实地拜访、现场调研的方式，问卷的填写包括现场纸质版的发放和问卷星结合。同时，为在每个组织中获得足够的问卷数量，同时考虑施工现场现状，预设每个组织参与问卷调研的数量为施工单位不低于5人，建设单位和监理单位不低于3人参与调研。

本次调研，委托广州市住房和城乡建设管理局、深圳市住房和城乡建设管理局、深圳市建设工程质量监督总站以及前海深港现代服务业合作区管理局等政府主管部门单位大力支持下，充分保证了问卷的数量和质量，保证了相关调研对象的积极性和认真度。

最后共回收问卷196份，其中包括65份纸质版问卷和131份电子版问卷，通过初步的数据筛选，删除填写完整度不足90%的问卷以及题项答案相同率超过80%的无效问卷，共剩余160份有效问卷，有效问卷回收率为81.63%。

2. 数据处理

1）样本描述性统计分析

160份有效问卷共来自11个项目，受访者的具体信息见表7-16，其中，来自建设单位的有37位（23.1%），来自施工单位的有88位（55%），来自监理方的有35位（21.9%）。基本符合重大工程中各参建方的人员组成比例。且平均每个组织参与调研的数量基本达到预设要求（施工单位平均8.8人/单个组织，建设单位平均3.7人/单个组织，监理单位平均3.5人/单个组织）。公司性质方面，有100位受访者来自国企（62.5%），50位来自民营企业（31.3），只有10位来自外企（6.3%）。可以看出该工程中，国企仍然是主要的承担主体。学历方面，被调研对象有61.9%受过本科及以上教育，10.6%的被调研者为高中及以下学历。性别方面，共有150位男性和10位女性参与问卷调研，男女比例为15:1，符合在建筑工程，尤其是施工现场中男性远多于女性的行业特征。此外，本次调研对象中管理者占89.1%，其中基层管理者占56.9%、中高层管理者占比31.3%。且工作年限在5年以上的占比66.2%。工作年限超过10年的占比31.9%。

样本描述性统计（N=160） 表7-16

变量	类别	人数	占比（%）	变量	类别	人数	占比（%）
项目角色	建设单位	37	23.1	公司性质	国企	100	62.5
	施工单位	88	55.0		民营	50	31.3
	监理方	35	21.9		外企	10	6.3
学历	高中及以下	17	10.6	性别	男	150	93.8
	专科	44	27.5		女	10	6.3
	本科	82	51.3	工作年限	5年以下	54	33.8
	硕士及以上	17	10.6		6~10年	55	34.4
职位	基层管理者	91	56.9		11~15年	14	8.8
	中层管理者	43	26.9		16~20年	16	10.0
	高层管理者	7	4.4		20年以上	21	13.1
	其他	19	11.9				

2）变量的描述性统计

Pearson 相关系数表 表 7-17

变量	1	2	3	4	5	6	7	8	9
1. 重大工程社会责任行为	1								
2. 项目	−0.066	1							
3. 企业角色	0.012	0.000	1						
4. 企业性质	−0.298	0.086	0.134	1					
5. 社会责任认知	0.660 **	0.031	−0.274	−0.233	1				
6. 制度环境	0.658 **	−0.039	−0.111	−0.058	0.578 **	1			
7. 信息沟通机制	0.640 **	0.114	−0.198	−0.124	0.582 **	0.676 **	1		
8. 来往频率	0.132	0.048	−0.246	−0.269	0.280	0.488 **	0.455 **	1	
9. 关系强度	0.091	−0.053	−0.102	−0.212	0.257	0.458 **	0.376 *	0.942 **	1

注：**. 相关性在 0.01 上显著（$p<0.01$）；*. 相关性在 0.05 上显著（$p<0.05$）。

变量间的相关性如表 7-17 所示。由表可知，重大工程社会责任行为与项目、企业角色、企业性质之间没有相关性，即组织社会责任行为差异与企业在工程中扮演的角色、组织本身的企业背景以及参与不同建设项目无明显关系。组织的社会责任行为与社会责任认知、制度环境、信息沟通机制有相关性。此外，在这几对变量中分别作单一选择进行计算，发现其变量方差膨胀因子（VIF）的值都在 1～10，各变量间的多重共线性问题排除。

3）信度分析

信度分析结合 Cronbach α 系数和组合信度（Composite Reliability，CR）验证。Cronbach α 系数的判定标准与 7.2.2 相同，组合信度的判定标准为 CR>0.7（Hair，1998）。根据表 7-18、表 7-19、表 7-20、表 7-21 的分析结果，社会责任行为量表、制度环境、信息沟通机制、社会责任认知量表的 Cronbach α 系数值（>0.8）和组合信度 CR（>0.8）均符合条件，表明变量具有较好的内部一致性。同时，题项 SRC9 的 CICT 小于 0.5，删除该题项。除此之外，所有的题项均满足条件。

社会责任行为量表的信度和聚合效度分析 表 7-18

变量	CICT	Alpha if item Deleted	Cronbach α	CR	AVE
建设单位社会责任行为					
Tdo1	0.906	0.968			
Tdo2	0.939	0.966			
Tdo3	0.738	0.977			
Tdo4	0.943	0.966	0.973	0.970	0.802.
Tdo5	0.965	0.965			
Tdo6	0.883	0.969			
Tdo7	0.930	0.968			
Tdo8	0.837	0.972			
$\chi^2=14.981$（$p=0.663$），df=18，GFI=0.925，AGFI=0.850，CFI=1.000，RMSEA=0.000					

续表

变量	CICT	Alpha if item Deleted	Cronbach α	CR	AVE
施工单位社会责任行为					
Tc1	0.750	0.936			
Tc2	0.819	0.932			
Tc4	0.816	0.932			
Tc5	0.838	0.930	0.941	0.937	0.653
Tc6	0.864	0.928			
Tc7	0.829	0.932			
Tc8	0.785	0.934			
Tc9	0.683	0.943			
$\chi^2=14.745$ $(p=0.470)$, $df=15$, GFI=0.960, AGFI=0.904, CFI=1.000, RMSEA=0.000					
监理单位社会责任行为					
Ts3	0.694	0.895			
Ts4	0.727	0.888			
Ts5	0.731	0.898	0.903	0.904	0.657
Ts6	0.826	0.868			
Ts7	0.876	0.858			
$\chi^2=3.220$ $(p=0.522)$, $df=4$, GFI=0.972, AGFI=0.895, CFI=1.000, RMSEA=0.000					

制度环境测量量表的信度和聚合效度分析　　表7-19

变量	Item	CICT	Alpha if item Deleted	Cronbach α	Cronbach α	CR	AVE
规制压力	IP11	0.855	0.933				
	IP12	0.923	0.912				
	IP13	0.841	0.938	0.926		0.925	0.713
	IP14	0.860	0.932				
	IP21	0.619	0.855				
规范压力	IP22	0.638	0.852		0.936		
	IP23	0.805	0.782	0.862		0.865	0.618
	IP24	0.715	0.822				
	IP26	0.688	0.832				
文化-认知压力	IP31	0.776	0.878				
	IP32	0.765	0.882	0.904		0.904	0.703
	IP33	0.769	0.881				
	IP34	0.826	0.860				
$\chi^2=68.269$ $(p=0.092)$, $df=54$, GFI=0.939, AGFI=0.898, CFI=0.991, RMSEA=0.041							

信息沟通机制测量量表的信度和聚合效度分析　　　　　表 7-20

变量	CICT	Alpha if item Deleted	Cronbach α	CR	AVE
CM1	0.722	0.947			
CM2	0.911	0.913			
CM3	0.831	0.929	0.941	0.944	0.771
CM4	0.849	0.925			
CM5	0.888	0.918			

$\chi^2 = 4.918$（$p=0.296$），$\mathrm{d}f=4$，GFI$=0.988$，AGFI$=0.954$，CFI$=0.999$，RMSEA$=0.038$

社会责任认知测量量表的信度和聚合效度分析　　　　　表 7-21

变量	CICT	Alpha if item Deleted	Cronbach α	CR	AVE
SRC2	0.728	0.920			
SRC3	0.838	0.911			
SRC4	0.799	0.914			
SRC5	0.822	0.913	0.927	0.942	0.701
SRC6	0.811	0.913			
SRC7	0.820	0.912			
SRC9	0.459	0.943			

$\chi^2 = 13.348$（$p=0.271$），$\mathrm{d}f=11$，GFI$=0.977$，AGFI$=0.941$，CFI$=0.998$，RMSEA$=0.037$

4）效度分析

本节使用 AMOS 进行效度分析。

聚合效度由整体拟合指标以及平均方差萃取量（Average Variance Extracted，AVE）综合衡量，拟合判定指标包括卡方值（χ^2），自由度（$\mathrm{d}f$），GFI，AGFI，CFI，RMSEA。各指标的判断准则如表 7-22 所示。检验结果见表 7-18、表 7-19、表 7-20、表 7-21，所有的指标均满足要求，表明变量之间具有较好的聚合效度。

聚合度指标及判断准则　　　　　表 7-22

指标	判断准则	指标	判断准则
χ^2	一般以卡方值 $p>0.05$ 作为判断标准	CFI	>0.9
GFI	>0.9	RMSEA	<0.1
AGFI	>0.9	AVE	>0.5

区分效度的检验方法是比较两个维度变量组成的限制模型和非限制模型之间拟合

度变化情况。如果限制模型的卡方值大于非限制模型的卡方值，且两个模型卡方值差异量达到 0.05 显著水平，表示在两个维度变量之间具有较好的区分效度。这里我们首先把制度环境内部规制、规范和文化认知压力两两组合，进行区别效度检验；然后将制度环境、信息沟通机制、社会责任认知两两组合，进行区别效度检验。结果见表 7-23。结果显示，几对组合的 χ^2 值之差均达到显著水平（$p<0.05$），表明三个因子之间的区分效度良好。

变量区分效度检验 表 7-23

配对因子	未限制模型		限制模型		χ^2 值之差统计量		
	χ^2	df	χ^2	df	χ^2 差	df 差	P
制度环境维度内部							
规制—规范压力	57.732	26	124.106	27	66.374	1	.000
规范—文化认知压力	28.819	19	95.937	20	67.118	1	.000
规制—文化认知压力	57.789	26	104.180	27	46.391	1	.000
影响因素维度之间							
制度环境—信息沟通机制	666.975	134	730.135	135	63.16	1	.000
制度环境—社会责任认知	651.562	169	717.214	170	65.652	1	.000
信息沟通机制—社会责任认知	132.819	53	198.742	54	65.923	1	.000

7.4 基于元网络的重大工程社会责任行为规则研究

基于 7.1 小节的分析，借助 ORA 软件得出该项目的元网络可视化模型，如图 7-2 所示。具体的 A-A、A-T、A-K 网络图见附录 2。

重大工程社会责任行为元网络结构特征分析

根据构建的元网络模型，计算相应的指标，包括主体的社会责任行为水平 MSR $=AT$，OD$_{A-T}$；社会责任行为的被重视程度 T$=ID_{A-T}$；影响因素的作用程度 Factor$=AK$，OD$_{A-K}$；影响因素的重要程度 K$=ID_{A-K}$；来往频率 E 和影响程度 A。从 A-T 网的计算指标中可以初步分析出 33 位行为主体的行为水平以及哪些行为比较被重视；而 A-K 网的计算指标则可以发现目前整个工程中哪些影响因素实施得较好或者说更好地被行为主体接纳。表 7-24、表 7-25 为 A-T 网络计算出来的相应结果。研究认为如果相应社会责任行为水平低于整体平均水平，说明该主体的社会责任行为较差。这些主体也是之后行为涌现路径研究中的重点关注与改进对象。

表 7-26 为影响因素排名。从表中可以看出组织自身对社会责任是比较重视的。但企业社会责任和工程社会责任是有区别的。企业是一个长久稳定的组织，有自身的

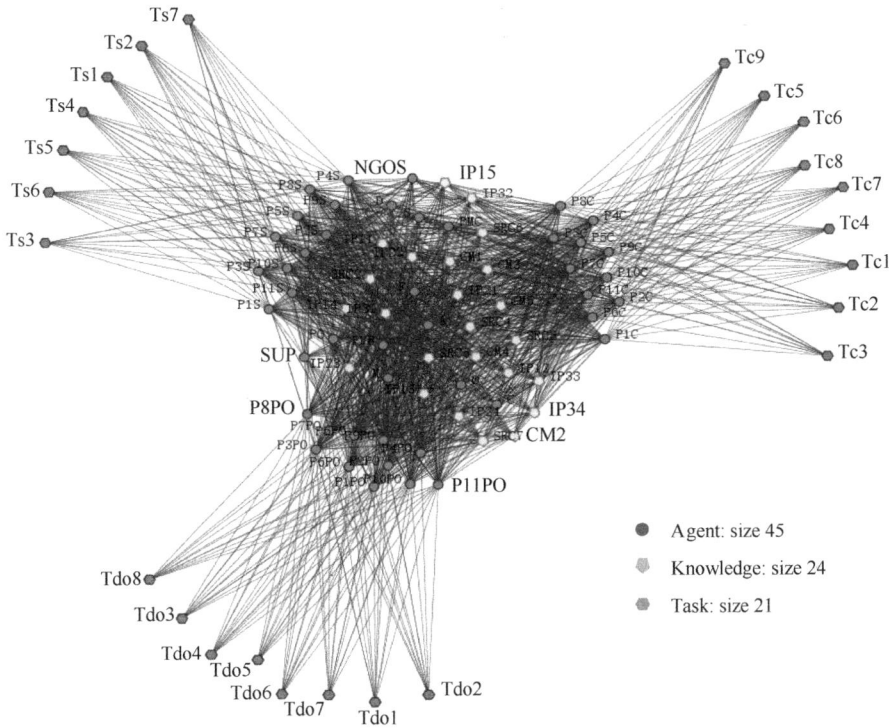

图 7-2　重大工程行为元网络模型

长远发展，更加注重可持续发展和长远战略。而工程是临时性组织，各企业为了实现自身的经济利益和发展而相互合作。当然，企业自身的社会责任认知能够影响其在工程中的行为。但一个企业同时会参与多个建设项目，社会责任行为需要付出一定的成本，企业如何配置资源、分配注意力，这些都会影响到组织在工程中的社会责任行为表现。此时，项目本身因素对促进工程社会责任行为起到重要作用。从表 7-26 中可以看出，制度环境中的规范和文化认知压力因素的排名基本全部在后 10 名，说明目前该项目规范和文化认知压力较小，对主体社会责任行为影响力较小。

为进一步检验分析该项目主体的行为规则和行为涌现路径，之后几小节主要结合主体的社会责任行为水平 $MSR = AT$，$OD_{A\text{-}T}$、影响因素的作用程度 $Factor = AK$，OD_{AK} 及来往频率 E 和影响程度 A 这几个元网络模型计算指标，借助 SPSS 和 PROCESS，采用多元回归以及基于 bootstrap 方法的中介、调节、被调节的中介模型进行假设检验（表 7-24～表 7-26）。

主体社会责任行为水平　　　　　　　　　　　　表 7-24

排名	Agent	社会责任行为 (AT, $OD_{A\text{-}T}$)	排名	Agent	社会责任行为 (AT, $OD_{A\text{-}T}$)
1	P9C	0.983	3	P7C	0.971
2	P1C	0.975	4	P1S	0.96

续表

排名	Agent	社会责任行为 (AT, OD_{A-T})	排名	Agent	社会责任行为 (AT, OD_{A-T})
5	P7PO	0.95	20	P2PO	0.893
6	P5S	0.947	21	P11C	0.893
7	P6S	0.947	22	P3PO	0.878
8	P5C	0.943	23	P8PO	0.875
9	P11PO	0.938	24	P11S	0.867
10	P9PO	0.938	25	P3C	0.856
11	P5PO	0.933	26	P8C	0.856
12	P2S	0.933	27	P4S	0.856
13	P8S	0.933	28	P6C	0.85
14	P7S	0.92	29	P10C	0.842
15	P4C	0.913	30	P3S	0.84
16	P2C	0.906	31	P1PO	0.825
17	P10PO	0.9	32	P4PO	0.775
18	P6PO	0.9	33	P10S	0.72
19	P9S	0.9		均值	0.893

社会责任行为排名   表 7-25

排名	T	行为被重视程度 ID_{A-T}	排名	T	行为被重视程度 ID_{A-T}
1	Tdo1	0.976	12	Ts4	0.905
2	Tdo2	0.967	13	Tc8	0.902
3	Tdo4	0.961	14	Tc4	0.9
4	Tc1	0.957	15	Ts6	0.899
5	Tdo5	0.956	16	Ts7	0.894
6	Tc7	0.941	17	Ts5	0.861
7	Tdo3	0.928	18	Tdo6	0.823
8	Tc6	0.928	19	Tc9	0.797
9	Tc5	0.92	20	Tdo8	0.792
10	Tc2	0.918	21	Tdo7	0.727
11	Ts3	0.905			

影响因素重要性排名　　　　　　　　　　　　　　　表 7-26

排名	K	ID$_{A-K}$	排名	K	ID$_{A-K}$
1	SRC5	0.682	13	IP24	0.65
2	SRC6	0.682	14	CM2	0.647
3	SRC7	0.677	15	IP21	0.645
4	SRC4	0.677	16	CM1	0.645
5	IP14	0.675	17	IP31	0.641
6	IP12	0.673	18	CM5	0.64
7	SRC3	0.672	19	IP22	0.629
8	IP11	0.661	20	IP33	0.626
9	SRC2	0.657	21	CM4	0.625
10	IP13	0.656	22	IP23	0.622
11	CM3	0.655	23	IP32	0.619
12	IP15	0.653	24	IP34	0.619

7.5　基于多元回归的重大工程社会责任行为机理研究

7.5.1　制度环境对重大工程社会责任行为的影响

首先以重大工程社会责任为应变量，将控制变量（项目、组织角色和组织所有制）放入模型 1，结果发现控制变量与重大工程社会行为均没有显著相关性，说明在该群体工程中，各组织重大工程社会责任行为差异不受所在项目、组织自身角色以及组织的所有制的影响。其次，将制度环境放入回归模型（模型 2），如表 7-27 所示，制度环境与重大工程社会责任行为显著正相关（$b=0.102$，$p=0.000$），假设 3-1 成立。为进一步检验制度环境下三个维度（规制压力、规范压力、文化—认知压力）分别对重大工程社会责任行为的作用，将三个变量放入回归模型（模型 2a），结果发现只有规制压力对重大工程社会责任行为的正向作用显著（$b=0.091$，$p=0.045<0.05$）。结合 7.2.1 各主体对各因素的重视程度也可以看出，规范和文化认知维度的指标共 8 个，全部排在倒数 11 位以内（共 25 个指标）。分析原因可能是因为目前我国重大工程社会责任发展处于初期阶段，公众以及组织自身对工程社会责任认知模糊，没有形成普遍的社会责任实施氛围，主要靠政府的强制性手段推动组织实施工程社会责任。

制度环境对重大工程社会责任行为的作用   表7-27

模型	模型1	模型2	模型2a
变量	回归系数（p值）	回归系数（p值）	回归系数（p值）
制度环境		0.102（0.000）	
规制压力			0.091（0.045）
规范压力			0.03（0.543）
文化-认知压力			0.014（0.506）
项目	−0.001（0.825）	0.000（0.903）	−0.001（0.761）
组织角色	0.004（0.773）	0.008（0.371）	0.019（0.066）
组织所有制	−0.031（0.103）	−0.028（0.049）	−0.024（0.073）
R^2	0.093	0.515	0.621
F	0.990（0.411）	24.356（0.000）	12.098（0.000）

7.5.2 信息沟通机制对重大工程社会责任行为的影响

为检验信息沟通机制的调节作用，在模型3中引入信息沟通机制和制度环境的交叉项，为避免多重共线性问题，把变量信息沟通机制和制度环境都中心化后再相乘，结果显示（表7-28）信息沟通机制调节了制度环境与重大工程社会责任行为的关系（$b=-0.077$，$p=0.082<0.1$），假设6-2成立。进一步使用简单斜率法检验调节效应，经J-N法具体检验调节效应后发现，制度环境对重大工程社会责任行为影响显著的信息沟通机制取值范围为 [3.33～4.75]，信息沟通机制的本身取值范围为 [3.33～5.0]，同时值得注意的是，信息沟通机制对制度环境和重大工程社会责任起负向调节作用。也就是说，信息沟通机制越好（取值在3.33～4.75范围内），制度环境对重大工程社会责任的正向促进作用越弱，而当信息沟通机制足够好时（大于4.75），制度环境对重大工程社会责任的促进作用将不存在。这是一个很有趣的现象，结合6.3.2假设6-1a验证结果，深入分析其原因，可能是因为目前制度环境对重大工程社会责任的作用主要是通过规制压力，即主要是政府采取强制措施推动企业实施社会责任。企业的工程社会责任行为并非是在自身完全接受社会责任概念，并且充分了解到社会责任行为的必要性和优越性后的自发行为。这种情况下，当项目中各主体间信息交流充分、沟通顺畅后，企业之间可能会合作规避他们认为不必要的行为。

信息沟通机制对重大工程社会责任行为的作用   表7-28

模型	模型2		模型3	
变量	回归系数	p值	回归系数	p值
信息沟通机制	0.102	0.000	0.045	0.115
制度环境			0.082	0.006
信息沟通机制×制度环境			−0.077	0.082
项目	0.000	0.903	−0.001	0.754

续表

模型	模型 2		模型 3	
变量	回归系数	p 值	回归系数	p 值
组织角色	0.008	0.371	0.016	0.086
组织所有制	-0.028	0.049	-0.024	0.062
模型参数	$R^2=0.515$ $F=14.356$，$p=0.000$		$R^2=0.633$ $F=7.471$，$p=0.000$	

7.5.3　组织社会责任认知对重大工程社会责任行为的影响

为检验组织社会责任认知对重大工程社会责任行为的作用，在模型 4a 中，将变量组织社会责任认知放入回归模型中。如表 7-29 所示，组织社会责任认知和重大工程社会责任行为显著正相关（$b=0.114$，$p=0.000$），因此假设 6-3 得到验证。

组织社会责任认知对重大工程社会责任行为的作用　　表 7-29

模型	模型 4a		模型 4b	
变量	回归系数	p 值	回归系数	p 值
制度环境			0.066	0.008
组织社会责任认知	0.114	0.000	0.071	0.01
项目	-0.001	0.590	-0.001	0.707
组织角色	0.015	0.121	0.141	0.113
组织所有制	-0.017	0.251	-0.020	0.122
模型参数	$R^2=0.507$ $F=7.207$，$p=0.000$		$R^2=0.622$ $F=8.901$，$p=0.000$	

为进一步检验组织社会责任认知对重大工程社会责任行为的中介作用，在模型 4b 中再引入制度环境，如表 7-29 所示，组织社会责任认知对重大工程社会责任的作用仍显著（$b=0.071$，$p=0.01$）。结合基于 bootatrap 的检验结果，可确定组织社会责任认知的中介作用显著（$a \cdot b=0.037$，S.E.$=0.018$，95% C.I.$=0.009 \sim 0.0791$），同时制度环境与重大工程社会责任的作用仍显著（$b=0.066$，$p=0.008$），组织社会责任起部分中介作用，假设 6-4 得到验证。

7.5.4　组织间关系对重大工程社会责任行为的作用

为检验来往频率对制度环境与重大工程社会责任之间关系的调节作用，在模型 5a 中引入组织社会责任认知、来往频率以及二者的交叉项，为避免多重共线性问题，把变量组织社会责任认知和来往频率都中心化后再相乘，结果显示来往频率对制度环境和重大工程社会责任关系的调节效应不显著（$b=-0.740$，$p=0.383$），假设 6-5 不支持。

进一步采用基于 bootstrap 的被调节的中介模型检验来往频率对组织社会责任认知在制度环境和重大工程社会责任行为之间的中介作用的调节效应。在模型 5b 中引入组织社会责任认知及组织社会责任与来往频率的交叉项，结果显示来往频率的调节效应显著（$b=-1.654$，$p=0.038<0.05$），假设 6-6 得到验证。表 7-31 展示了变量组织社会责任认知在来往频率的不同水平上的中介效应值，发现只有来往频率较低时，中介作用才显著（$b=0.053$，S.E.$=0.035$，95%C.I.$=0.007-0.144$）。

来往频率对重大工程社会责任行为的作用　　　　　　　　　　表 7-30

模型	模型 5a		模型 5b	
变量	回归系数	p 值	回归系数	p 值
制度环境	0.126	0.000	0.094	0.000
来往频率	-0.827	0.023	-0.662	0.029
制度环境×来往频率	-0.740	0.383		
组织社会责任认知			0.054	0.030
组织社会责任认知×来往频率			-1.654	0.038
项目	-0.001	0.586	0.000	0.855
组织角色	0.016	0.124	0.011	0.175
组织所有制	-0.019	0.198	-0.030	0.016
模型参数	$R^2=0.607$ $F=6.680$，$p=0.000$		$R^2=0.731$ $F=9.718$，$p=0.000$	

来往频率调节的组织社会责任认知中介作用检验　　　　　　表 7-31

中介变量	来往频率的调节作用			
	条件	Effect	BootSE	95%的置信空间
组织社会责任认知	低	0.053	0.035	[0.007−0.144]
	中	0.031	0.024	[−0.008−0.089]
	高	0.006	0.034	[−0.060−0.080]

为检验关系强度对制度环境与重大工程社会责任之间关系的调节作用，在模型 6a 中引入组织社会责任认知、关系强度以及二者的交叉项，为避免多重共线性问题，把变量组织社会责任认知和来往频率都中心化后再相乘，结果显示关系强度对制度环境和重大工程社会责任关系的调节效应不显著（$b=-2.576$，$p=0.312$），假设 6-7 不支持（表 7-32）。

关系强度对重大工程社会责任行为的作用　　　　　　　　　　表 7-32

模型	模型 6a		模型 6b	
变量	回归系数	p 值	回归系数	p 值
制度环境	0.122	0.000	0.095	0.000
关系强度	-2.585	0.016	-2.546	0.004

续表

模型	模型 6a		模型 6b	
变量	回归系数	p 值	回归系数	p 值
制度环境×关系强度	−2.576	0.312		
组织社会责任认知			0.057	0.014
组织社会责任认知×关系强度			−5.649	0.010
项目	0.000	0.898	−0.001	0.447
组织角色	0.010	0.276	0.015	0.050
组织所有制	−0.040	0.008	−0.027	0.017
模型参数	$R^2=0.617$ $F=6.978$，$p=0.000$		$R^2=0.767$ $F=11.770$，$p=0.000$	

关系强度调节的组织社会责任认知中介作用检验　　表 7-33

中介变量	关系强度的调节作用			
	条件	Effect	BootSE	95%的置信空间
组织社会责任认知	低	0.053	0.022	[0.015−0.098]
	中	0.029	0.017	[−0.008−0.064]
	高	0.005	0.027	[−0.060−0.048]

　　进一步采用基于 bootstrap 的被调节的中介模型检验关系强度对组织社会责任认知在制度环境和重大工程社会责任行为之间的中介作用的调节效应。在模型 6b 中引入组织社会责任认知及组织社会责任与关系强度的交叉项，结果显示关系强度的调节效应显著（$b=−5.649$，$p=0.010$），假设 6-8 得到验证。表 7-33 展示了变量组织社会责任认知在关系强度的不同水平上的中介效应值，发现只有关系强度较低时，中介效应才显著（$b=0.053$，S.E.$=0.035$，95%C.I.$=0.007−0.144$）。同时对比关系强度和来往频率对组织社会责任认知中介作用的调节，但关系强度的作用与来往频率的作用几乎一致，也就是说尽管关系强度起到调节作用，但影响程度并没有对来往频率作用起到调节效果。综合分析其原因，认为主要可能有两种原因：一种是在考虑关系强度时，只考虑了主体间关系，并没有考虑关系双方的社会责任认知，如果影响力大的组织社会责任认知较低，反而可能会对整个关系网带来负向影响；第二种原因可能是因为尽管社会责任认知高的企业自身对制度环境对工程社会责任的反应敏感，并愿意主动实施社会责任，但在重大工程建设过程中，这种行为没有得到明显的宣传和褒奖，即对主动实施工程社会责任行为的组织来说并没有得到实质性的好处。那么随着组织间来往频率的增加，他们互相之间会发现重不重视社会责任行为并没有什么区别，再加上主体间影响力的加持，即使企业本身注重社会责任，也可能在该工程中不再愿意多花精力做"无用功"。

7.5.5 影响机理小结

这一小节通过回归分析研究了重大工程中各社会责任主体间的行为机理，研究结果如表 7-34 所示。研究结果表明主体感知的制度环境越好，组织对应的重大社会责任行为就越好，并且目前制度环境对组织实施工程社会责任的推动主要来源于规制压力。虽然已有很多研究证明规制压力对社会责任的推动力并不是很有效，因为社会责任中有很大一部分自愿性、利他性属性，更好的手段是通过规范和文化认知压力促进社会责任的发展，即通过营造一种环境氛围，让企业真正接受社会责任并自发实施。但遗憾的是，这种环境氛围的营造需要一定的时间，现阶段，我国工程社会责任的实施仍然主要以政府推动为主。此外，主体对制度环境的感知会受到其自身社会责任认知的影响。企业本身的社会责任认知水平越高，对制度环境越敏感，其在工程中越注重自身的社会责任行为。值得注意的是，信息沟通机制以及来往频率、关系强度对制度环境、组织社会责任认知、重大工程社会责任行为间关系虽然存在调节效应，但都是负向调节。即工程中各主体间信息沟通交流越顺畅，来往越密切，不但没有促进制度环境对重大工程社会责任的推动作用，反而可能使制度环境的正向推动作用减弱甚至无效。分析认为，主体间的交流沟通对社会责任行为起到正向促进作用的前提是整个大环境或绝大多数参与主体认为工程社会责任是非常重要的。而本书研究发现目前制度环境主要通过规制压力来实现对重大工程社会责任行为的推动，规范和文化认知压力的推动作用较小。这种背景下，主体间交流顺畅可能会使他们通过协作等办法规避一些他们认为不必要的行为。这也告诫工程管理者通过规范和文化认知压力营造一种社会责任氛围的重要性。政府除采用强制性手段外，可以选择优先引导大型企业树立榜样，并且可以通过授予名誉或利益奖赏等方式鼓励那些具有良好社会责任行为的企业。当其他组织看到实施社会责任的好处后自然也会积极效仿，形成良性循环。

假设检验结果   表 7-34

	假设	检验结果
H_{6-1}	制度环境与重大工程社会责任行为正相关	支持
H_{6-1a}	规制压力与重大工程社会责任行为正相关	支持
H_{6-1b}	规范压力与重大工程社会责任行为正相关	不支持
H_{6-1c}	文化认知压力与重大工程社会责任行为正相关	不支持
H_{6-2}	信息沟通机制正向调节了制度环境与重大工程社会责任行为的关系	相反
H_{6-3}	组织社会责任认知与重大工程社会责任行为正相关	支持
H_{6-4}	组织社会责任认知中介了制度环境与重大工程社会责任行为的关系	支持
H_{6-5}	来往频率正向调节了制度环境与重大工程社会责任行为的关系	不支持
H_{6-6}	来往频率调节了组织社会责任在制度环境和重大工程社会责任间的中介作用	支持
H_{6-7}	关系强度正向调节了制度环境与重大工程社会责任行为的关系	不支持
H_{6-8}	关系强度调节了组织社会责任在制度环境和重大工程社会责任间的中介作用	支持

7.6　基于元网络的重大工程社会责任行为涌现效应研究

为进一步研究如何能够提高工程整体的社会责任实施绩效，该部分结合元网络特点，将重新构建元网络模型，并结合影响机理分析结果和元网络模型指标分析主体行为涌现规律和涌现效应。

7.6.1　构建模型

这小节需要构建的元网络包括 A-T，A-K，K-T 三个子网络。为便于分析，本小节的三个子网络中各节点关系的表达均使用 0-1 法，1 代表节点间存在某种对应关系，0 表示二者间没有关系。各节点含义及子网络含义分别见表 7-35、表 7-37。

节点含义及组成　　　　　　　　　　　　　　　　　　　　表 7-35

节点	组　　成
主体	包括 11 个项目中的建设单位、施工方、监理共 33 个行为主体，编码不变
影响因素	将影响因素合并为规制压力（IP1），规范压力（IP2），文化认知压力（IP3），信息沟通机制（CM），组织社会责任认知（SRC）共 5 个节点
行为	为表达 CM 和 SRC 对行为的促进作用，并与制度环境的作用进行区分，故专门增加对应的行为节点。如针对行为 T4，IP、CM、SRC 对其都有促进作用，则设 T41、T42，并分别建立 CM 与 T41、SRC 与 T42 之间的关系，如表 5-24 所示。但新增设的节点并不代表新的行为

K-T 网络构建示例　　　　　　　　　　　　　　　　　　　表 7-36

影响因素	MSR 行为		
	T4	T41	T42
IP	1	0	0
CM	0	1	0
SRC	0	0	1

模型关系总体说明　　　　　　　　　　　　　　　　　　　表 7-37

	主体（Agent）	影响因素（Knowledge）	行为（Task）
主体（Agent）	—	① A-K 网络：主体感知的影响因素	② A-T 网络：主体应该完成的社会责任行为
影响因素（Knowledge）		—	③ K-T 网络：行为驱动力

① A-K 网络构建

该子网络中节点主体和影响因素之间的连线代表主体感知到某一影响因素，且被认为是主体做出相应社会责任行为的动机。初始模型中的数据来源于问卷调研中各主体对各影响因素的评估结果，由于问卷调研获得的数据为多值数据，需要将数据转换

111

为 0-1 数据。针对某一影响因素，如果主体评分低于所有主体对该因素评估的平均值，则认为该主体对该影响因素的感知不足，即该影响因素不是主体做出特定行为的动机，相应关系取"0"，反之则取 1。该种方式建立的初始子网络，反映的是该工程中各主体现阶段社会责任行为的实际动机。

② A-T 网络构建

该小节建立的主体行为网络，将行为看作主体应该完成的任务，与之前构建的主体行为网络不同，连线反映的是任务分配情况，而不是主体某一行为的履行情况。因此，"1"表示主体需要完成这一行为，"0"表示主体不需要做某一行为。

③ K-T 网络构建

该网络根据 7.4 节回归分析结果构建行为驱动力网络，连线代表主体实施某一行为需要某一因素的推动。

在此基础上构建的初始元网络体现了各行为主体应该履行的行为、目前选择履行行为具备的驱动力以及实际履行所有行为需要的驱动力。通过元网络计算主体在实际所感知的驱动力下能够完成的行为占所有应该完成行为的比例（TC_K），分析目前主体的行动力水平。在此基础上，通过不断提高主体感知的驱动力水平来尝试提高主体的行动力水平，通过分析主体行动力水平的升降，来分析主体行为涌现规律，并寻找合适的行为涌现路径，为重大工程社会责任行为培育提供理论基础。

7.6.2　行为涌现路径分析

根据目前 6.3 节的理论分析，主体间的重大工程社会责任行为机理如图 7-3 所示。整个工程中的制度环境为 IP，各主体各自的社会责任认知为 SRC，二者对行为均有促进作用。假设以 A1 为工程中的核心主体，主体自身的社会责任认知（SRC）较高，对制度环境（IP）更敏感，从而了放大制度环境的影响力，其社会责任行为（T1）实施较好。A2、A4 在相同的情况下（IP 相同，SRC 无论高低），与 A1 来往密切，并且互相在来往过程中，A1 的影响程度更大，成功将自身对社会责任的重视传递给 A2、A4，进一步促进了 A2、A4 的社会责任行为，A2、A4 再在与其他人的来往中按这种模式将自身的社会责任传递下去，形成一个良性循环。而各主体的社会责任行为（T1、T2、T3、T4 等）共同推动重大工程社会责任的实施。

但根据 7.3 节影响机理的分析结果，当前该项目中最主要欠缺的是社会责任文化氛围，即制度环境中规范与文化认知压力不足，这导致主体间的来往反而可能减弱各主体自身的行为水平。这种情境下，整个工程中的行为模式如图 7-4。仍然假设 A1 为该工程的核心主体，在没有与其他主体接触的情况下，尽管工程中的制度环境（IP）较弱，但由于 A1 自身的 SRC 较好，其社会责任行为仍然保持在较高水平。而此时工程中的另一主体 A2，由于自身社会责任认知不高，工程中的社会责任文化氛围不足（规范和文化认知压力弱），他的工程社会责任行为水平较低。而随着 A1 与 A2 之间来往频率增加，关系强度增强，A1 与 A2 的观念发生碰撞，与前一种情况不同的是，此时 A2 的观念占据上风，A1 也认为该工程中的部分社会责任行为是不必

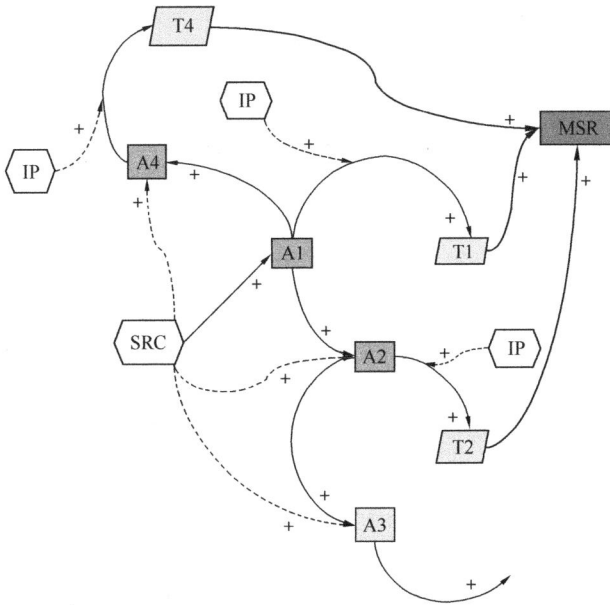

图 7-3　重大工程社会责任行为理论涌现路径图

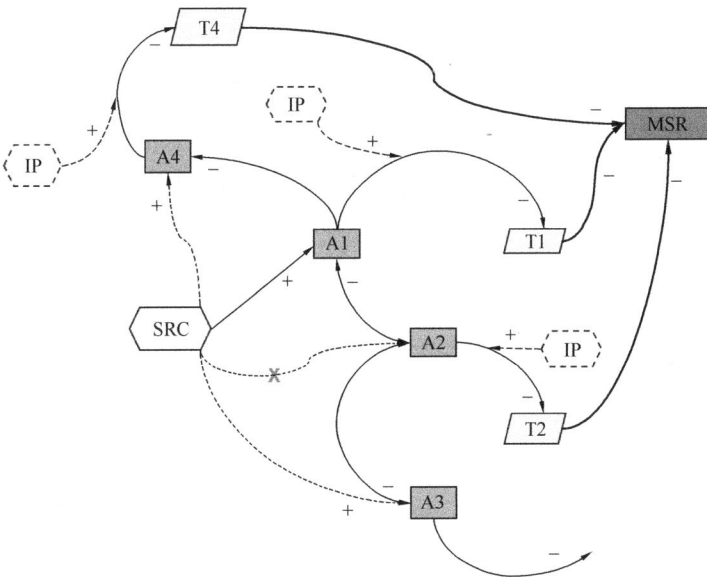

图 7-4　重大工程社会责任行为实际涌现路径图

要的，可以适当减弱。而 A1、A2 又在和其他主体的来往过程中将这种观念传递下去（A1→A4，A2→A3），以此形成恶性循环。工程整体的社会责任实施状况也由此恶化。

　　因此，本研究认为，对于工程管理者而言，提高重大工程社会责任的重点是增强整个工程制度环境中的规范和文化认知压力，在整个工程中营造社会责任氛围。尽管提高组织自身的社会责任认知也是十分可行的方法，但是，由于重大工程本身只是临时性组织，各行为主体为了完成项目临时参与工程建设。在如此短的时间内彻底改变各组织本身的战略发展计划不太可行，况且对于工程管理者而言，这并不是他们关心的核心问题，也不是他们的管理范畴。结合7-3的机理分析，可以发现该项目中行为培育的关键在于规范与文化认知压力，基于此，研究提出两种推动方式：

（1）针对工程中社会责任行为较差的主体进行重点改进。改进路径：向培养对象施加规范和文化认知压力（IP2、IP3）—提高主体间的信息沟通机制（CM）。同时，为了进一步确定规范与文化认知压力的重要性，增设只改进CM的路径组，作对比分析。

（2）第二种方式，首先提高工程整体的制度环境（规范压力和文化认知压力），然后再针对重点主体进行针对性培养。

重点改进对象的选取根据主体在工程中的实际行为水平确定。各主体的实际行为水平见7.2.2的表7-12。本研究选择行为水平低于整体平均值的主体为重点改进对象（P3PO、P8PO、P11S、P3C、P8C、P4S、P6C、P10C、P3S、P1PO、P4PO、P10S）。以TC_K（组织基于知识的任务完成水平）作为衡量行为变化水平指标，并以此作为行为涌现分析的判断依据。

7.6.3　行为涌现结果分析

图7-5和图7-6为行为涌现分析结果。图7-5以P10S作为例子，展示了两种改进方式下该主体的行为改进过程；图7-6为多个单主体行为变化后，整个重大工程社会责任行为水平的变化情况。从两个图可以看出，无论是对单个组织还是整个工程项目，先提高工程整体制度环境后再针对个体进行重点改进更有效。

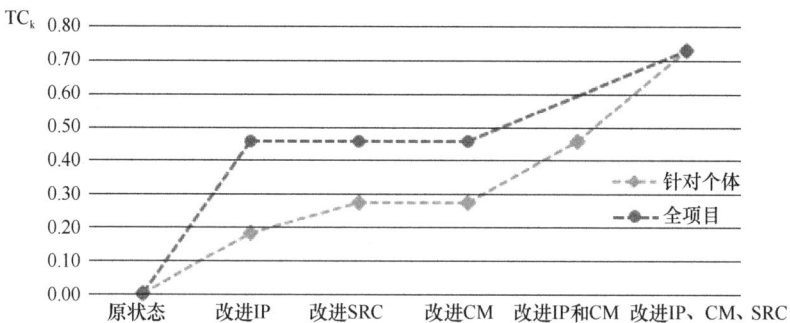

图7-5　P10S的社会责任行为涌现

此外，只改进信息沟通机制（CM）的效果显然低于在改进制度环境的基础上再增加信息沟通机制（IP＋CM）的效果。这也进一步说明规范和文化认知压力对促进社会责任信念在整个工程中传播的重要性。

同时，研究证明提高信息沟通机制和组织社会责任认知能够进一步有效促进重大

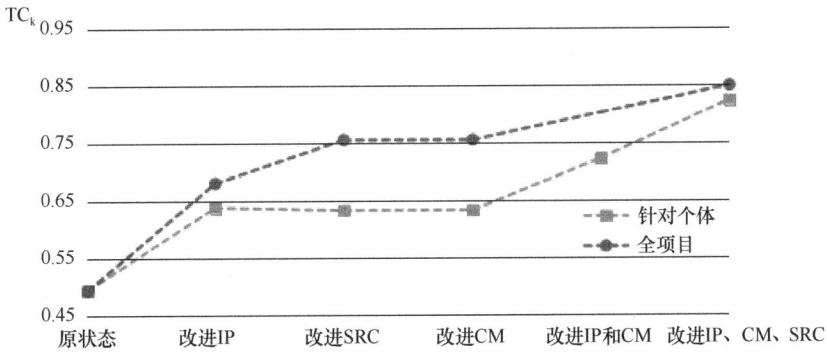

图 7-6　重大工程整体社会责任行为涌现

工程社会责任行为水平。研究考量了组织社会责任认知对组织行为的影响作用，结果显示它在整个工程背景中的作用水平与增强组织间信息沟通和来往的作用基本等同。说明增强组织社会责任认知是有效的方法，但对于工程来说，其付出的成本与获得效用不成正比。提高组织社会责任认知需要从整个行业、甚至整个社会入手。对于工程来说，同样的情况，提高组织间的信息协作、任务协作明显更高效。

因此，总体来讲，要想提高项目整体的社会责任，首先需要提供良好的制度环境。在初期，规制压力能够有效促进主体实施社会责任行为，但这种作用效果不持久、不稳定，根本行为动力来自于规范压力和文化认知压力。即政府需要靠强制手段引起社会和各组织对社会责任的重视，同时加强引导社区公众和媒体对项目的关注，以此在整个项目中营造社会责任文化氛围，让执行社会责任变为一种观念、一种规范。同时要嘉奖工程社会责任履行表现突出组织，为工程中其他组织提供模仿的榜样。

重大工程社会责任文化氛围营造出来后，高效的组织间沟通、正确的关系引导（确保组织关系网络中核心主体的社会责任行为表现良好）能够进一步放大文化氛围效应，形成良性的行为传导。

第三篇

重大工程社会责任行为演化篇

第 8 章　重大工程社会责任行为演化理论模型

本章首先基于复杂适应性理论分析指出重大工程社会责任行为演化依托于行为主体（重大工程参建方）交互，剖析了中国重大工程相比于西方重大工程具有的独特性。并在此基础上，通过分析主体交互的全过程提取出制度环境、关系互动以及高层管理团队价值观三类重大工程社会责任行为演化影响因素。然后，本章剖析了三类影响因素的具体构成以及在中国重大工程中的具体表现。最后，本章基于组织行为学将三类影响因素的逻辑关系捋顺，提出了重大工程社会责任行为演化理论模型。

在此基础上，本章对重大工程社会责任行为演化理论模型进行了验证。首先根据 MSR 行为演化理论提出了 4 个研究假设，接着使用 PLS-SEM 对各种类型重大工程的调研数据进行了分析。分析结果表明 MSR 行为演化理论模型具有较强的解释力。有趣的是自利利他价值观对 MSR 行为转变的促进作用并未得到支持，这可能是重大工程参建方的国企属性以及社会利益重于个人利益的儒家思想所致。

8.1　重大工程社会责任行为演化相关概念界定

8.1.1　重大工程社会责任行为演化概念界定

准确界定 MSR 行为演化的概念是构建行为演化研究前提基础的第一步，然而目前尚未检索到针对 MSR 行为演化的定义。为此，本书尝试基于社会嵌入理论，结合重大工程的特性进行界定。组织是一个多层级、多属性、不断演进的网络，组织结构和组织成员的数量、属性、行为处于不断变化的过程中（Lu 等，2015）。社会嵌入的观点认为组织中的行为主体既是自主的，又是嵌入在互动网络之中的，见下图 8-1 嵌入式社会结构。行为主体固然有自身的理性计算和行为偏好，但其行为是在一个动态的互动过程中产生的，主体不断同社会网络进行信息交换，搜集情报，改变行为（Granovetter，1992）。重大工程组织场域包含了多样化的组织成员，长期建设过程中的不确定性、组织成员间的相互作用、复杂的组织关系等因素使得组织中的成员的行为具有了动态性，MSR 行为也不例外。MSR 行为的动态变迁一是体现在 MSR 履行内容的动态性，重大工程的开发过程、组织架构和情境是动态的、非线性和迭代的，所涉及的 MSR 在整个工程全生命周期中也是不断发展的（Zeng 等，2017）；二是体现在行为主体 MSR 履行战略的变化，即主体面对 MSR 表现出的不同响应策略，本书重点研究的对象即是后者。

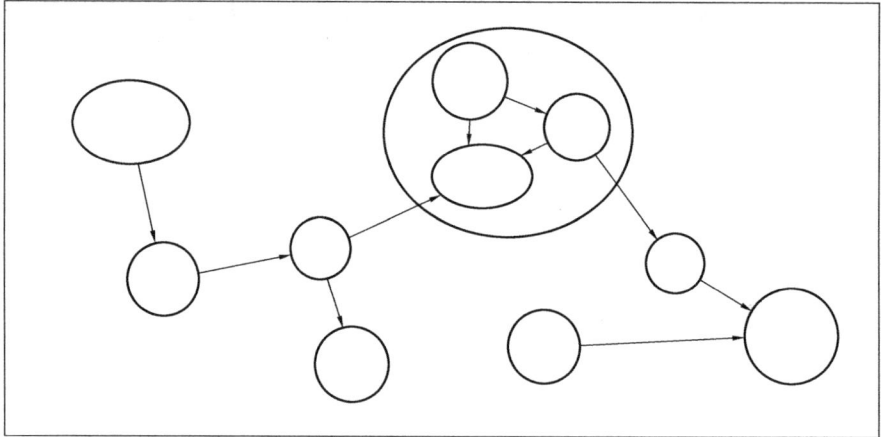

图 8-1　嵌入式社会结构

　　行为主体面对重大工程复杂性的降解和还原过程决定了 MSR 行为的形成是一个发起、选择、修改、匹配的动态过程。面对多层级和多类型的复杂管理问题，通过一系列假设对问题进行复杂性降解是主体基本的思维方式（程书萍，2017）。复杂性降解只是主体认知和分析问题的一种方法，重大工程的实际复杂管理问题依然存在，这就需要主体将复杂降解后的认知还原到实际的管理工作中。由于主体的有限理性，这一过程是不断试错和修正的行为选择过程，在这个过程中主体认知不断接近复杂实际，MSR 行为逐渐逼近主体最优行为选择。

　　"演化"一词来自生物学，原指生态的群落或自然群落的逐渐进化，强调主体对于外界环境的适应性（Farber，2008）。所谓"演化"即是复杂系统由一种多样性统一状态上的变化。开放系统在常变化和动态化的外界环境的渗透作用下不断发展变化，这种变化难以应用"逐个因素变化分析"的方法进行研究，应当从动态演化的视角进行分析（Simpkins，2013）。在行为主体的协同适应性过程中主体会动态地调整 MSR 行为，这些微观层级的变化会导致 MSR 整体性态的变化，使得 MSR 整体可以更好地适应外界环境，例如来自公众的舆论压力，社会责任披露要求等。

　　社会科学中的"涌现过程"是指主体间相互作用是导致系统产生新的功能和结构的过程（Holland，1995）。因此，本书借生物学范式中"演化"的观点和社会科学中"涌现"的观点，提出 MSR 行为演化即是 MSR 行为主体为了适应外部环境做出的行为转变所涌现出的 MSR 整体性态变化。

8.1.2　重大工程社会责任行为演化方向界定

　　MSR 行为选择本质上是一种行为决策，这种行为决策反映出主体对于 MSR 的态度和动机（Clarkson，1995）。主体对于 MSR 的不同态度往往形成了从消极应对、被动回应到主动适应和积极扩散的整个连续过程（Carroll，1979）。睢文娟等进一步提出主体对于 CSR 的不同态度形成了无行动—被动回应—自我调适—主动介入—全部接纳的连续过程，其外在表现——CSR 行为也对应表现为变化的动态过程（Wen-juan 等，2012）。Liu 等指出，大多数公司的环境责任行为遵从防御行为、预防行为再到积极行为的演化路径（Liu，Ye，2012）。

重大工程的参建方主要由各个企业构成，其社会责任行为决策必然与企业社会责任行为决策具有相似性。因此，本书认为 MSR 行为的演化是对应于态度连续变化的，即主体对于 MSR 的回应过程以及主体与社会的关系即 MSR 表现水平也将是一个连续的变化过程。

由于重大工程是由各个组织构成的"超级组织"，并且这些组织多是企业组织。这里，基于制度理论中的组织战略反应以及 CSR 战略归纳出 MSR 行为类型为以下四种：

（1）防御行为：只追求自身利润最大化，对 MSR 持漠视态度，忽略外界明确的行业规范和价值取向，承担很少 MSR（例如追求股东利益最大化）甚至不承担 MSR。

示例：逃避行为。为了避免承担 MSR，主体可能选择退出承受 MSR 的领域，或者显著地改变自身目标、活动领域，从而避免自身受到制度压力或者利益相关者期望。例如假设重大工程中的参建方认为当地政府对于污水排放的规定过于严格，参建方可能寻找制度漏洞，转向制度要求宽松的地方间接排放污水。

（2）反应行为：被动履行 MSR，最低限度地服从法律法规、政府管制等强制性要求以避免外界批评和经济惩罚。

示例：循规行为。重大工程参建方最低限度地遵守环保法律法规要求，不愿付出一定成本主动履行强制性要求之外的 MSR，例如推行绿色施工、参加劳动竞赛等。

（3）适应行为：主动接受 MSR，主体为了获得利益相关者支持，获得竞争优势或者社会声誉等社会资源，主动履行 MSR。

示例：谋利行为。重大项目的成功不仅会带来经济利益，同时也隐含着塑造品牌形象、提供未来商业机会、提高竞争力等价值效应。为此，政府会积极解决社区冲突、承包商会尽可能推行绿色施工、供应商会确保材料质量等。

（4）利他行为：主体积极自愿履行 MSR，主体将自身与社会视为利益共同体，MSR 成为主体的自觉追求，主体的 MSR 行为表现处于行业领先地位，并往往试图带动影响其他主体的 MSR 行为。

示例：组织公民行为。因此尽管没有制度要求和正式奖励，部分重大工程的参建方出于崇高的道德责任感，会自发地、不计报酬地尽最大努力提高工程绩效，在履行自身 MSR 的同时带动其他主体 MSR 行为，例如组织突击队帮助合作方抢修、抽调专家援助其他施工段验收、号召参建方参加劳动竞赛等。

上述四种 MSR 行为的表现从低水平到高水平，能动程度从反应性逐渐过渡到前摄性（Aguinis，Glavas，2012）。一般来说，行为主体在最初面对 MSR 议题时，由于 MSR 认知的不健全，第一反应往往是逃避和防御，不愿履行 MSR。随着法律法规的完善以及政府管制的加强，行为主体为了获得最低限度的合法性被迫履行最低限度的 MSR。随着 MSR 认知的健全，一些行为主体逐步为了获得利益相关者支持而主动承担一定的 MSR。个别行为主体有着崇高的责任感能够主动、超出期望地履行 MSR，甚至利用自身在行业的领先地位去影响带动其他主体的 MSR 行为。

MSR 行为的转变是这四种行为彼此之间的转化，包括正向强化和逆向异化两种方式，见图 8-2 MSR 行为演化方向。行为主体可能出于工具理性、价值理性等因素的追求强化自身 MSR 行为，提高 MSR 行为表现，实现 MSR 的正向转变（Wang，Qian，2011）。但现实中并不是所有主体都愿意履行 MSR，MSR 的转变不仅是正向的，还有可能是逆向的。行为主体可能在利益诱惑下效仿腐败行为主体，利用职权侵蚀公共利益，异化自身 MSR 行为，实现 MSR 的逆向转变（Zhang 等，2016）。

正向强化是指 MSR 行为表现从低水平到高水平，能动程度从反应性到前摄性的 MSR 行为转变。近几年来，我国的重大工程建设取得了巨大成就，除了归因于我国特有的建设管理体制、政府的有效领导之外，参建方在重大工程实践中展现出的主观能动性和创造力也不容忽视（Maier，Branzei，2014）。MSR 行为的正向强化在其中发挥着重要作用，例如参建方的学习模仿效应激发慈善捐赠行为从单个主体逐步扩散到整个工程组织场域；承包商为了得到业主更积极的响应，创造更利于自身任务实施的条件，会主动尽职尽责甚至超出期望地履行 MSR（Aronson，Lechler，2010）；社会责任履行良好的业主倾向于通过合同约束，沟通交流等方式促进下游单位社会责任履行水平的提升，进而提升工程整体的社会责任实施水平（Sherratt，2015）。

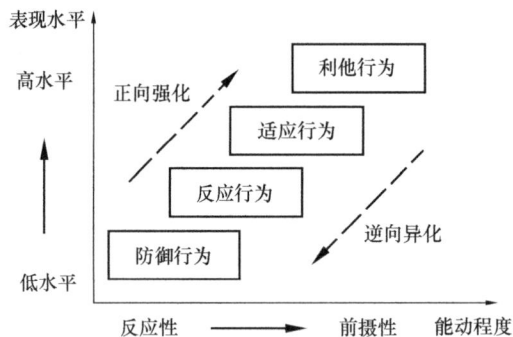

图 8-2　MSR 行为演化方向

逆向异化是指 MSR 行为表现从高水平到低水平，能动程度从前摄性到反应性的 MSR 行为转变。重大工程作为一个高度复杂的系统，具有决策链条长、信息不对称、合同关系复杂等特点，因此重大工程在决策、立项、实施等各个阶段难免存在制度漏洞，出现程序空转等问题（Zhang 等，2017）。事实上，职权滥用、贿赂、腐败、暗箱操作等现象在重大工程中时有发生，所有 MSR 行为主体都有可能参与其中（Bowen 等，2012）。这其中暗含着 MSR 行为的逆向异化过程，例如原本表现突出的承包商受利益驱使利用对业主的信息优势隐瞒工程质量、偷工减料，以次充好；原本遵纪守法的业主加入腐败网络，克扣工程款项、虚假招标等。

8.2　重大工程社会责任行为演化归因

现有的研究对于理解哪些因素推动了 MSR 行为演化是有帮助的，但是缺乏从重大工程整体角度分析 MSR 行为为何而演化。从整体角度来看，重大工程区别于一般工程的最突出特性是复杂性（Hu 等，2013）。随着项目规模的扩大，项目的复杂性越来越明显，特别是重大工程等大型项目，复杂性随着各种因素而呈指数增长（Lu 等，2015）。重大工程生命周期情景复杂，组织规模大、组织结构复杂，重大工程的复杂性突显于任务复杂性（Brockmann，Girmscheid，2007）、结构复杂性、技术复杂性、组织复杂性（Baccarini，1996）、环境复杂性（Bosch-Rekveldt 等，2011）等特征（Zheng 等，2018）。面对复杂系统，以往传统的项目管理理论囿于还原论的缺陷，难以准确预测项目系统状态（Pollack，2007），复杂系统需要复杂性的理论和方法进行研究处理。

Shenhar 等指出项目管理研究可以从其他更成熟的跨学科专业研究中大大受益（Shenhar，Dvir，2007），而复杂项目的管理研究起源于复杂性的理论（Whitty，Maylor，2009）。复杂适应性系统（Complex Adaptive Systems，CAS）的提出起源于人们对于系统复杂性产生机制和系统演化规律的思考，其专注于理解复杂系统中的非线性现象，这些复杂系统由许多相互依赖、自组织和共同演化的异质主体所组成（Gell-Mann，1994）。CAS 即是大量行为主体按照一定规则或模式进行非线性相互作用所组成的复杂动态系统（Mcevoy 等，2016）。

CAS 理论作为复杂性科学的核心理论之一，是由美国教授霍兰在 1995 年正式提出的（Holland，1995）。其核心思想一言以蔽之即"适应性造就复杂性"（Spivey，2018）。CAS 的突出特点包括以下三个：一是认为主体是具有自身目的的，主动性的、"积极"的；二是认为主体与环境主体之间的交互作用是系统发展的演变的关键推力；三是认为微观的主体行为变化是宏观演化的基础。微观上适应性主体为了客观环境中更好地生存，通过交互改变行为来适应环境。

重大工程是一个开放性的复杂系统，工程组织与环境相互渗透影响，组织成员之间的交互关系错综复杂，彼此间还会不断发生沟通、交流、协调等互动，使得组织不断更新发展（陈星光，朱振涛，2017）。从项目的角度看，多子项目的大型项目是一个复杂自适应系统（Aritua 等，2009），港珠澳大桥等重大工程具有的复杂性显化为适应性（麦强等，2018）。从组织的角度看，越来越多的学者将组织描述为与环境依存的复杂适应性系统，强调了组织与外部环境持续相互作用和适应外部环境的重要性（Brooks，2010a）。

CAS 的思想和方法逐渐向自然和社会科学等领域渗透，更为项目管理提供了新的思路（刘聪等，2017），CAS 理论可以很好地解释嵌入在工程情境中的社会责任行为，特别是重大工程社会责任行为。工程组织系统是一个复杂的适应性系统，大量拥有不同利益取向的异质行为主体存在于同一环境中。重大工程也不例外，其社会责任行为整体性状的演化过程是一个复杂的适应性过程。首先，对于多层级和多类型的复杂性工程问题，适应性即最优性，能够适应深度动态化情境的社会责任行为才是最有效的社会责任行为。其次，这种适应性也印证了社会责任行为的动态性，行为主体在适应环境的过程中需要不断做出行为选择，不断通过适应性学习积累知识，对其社会责任行为进行修正。

工程社会责任行为的特点与CAS理论的三大特点相吻合。详细分析如下：

第一，在重大工程中，社会责任行为主体（即参建方）是多元异质的，社会责任的要求也是动态变化的（Zeng等，2017b）。为此社会责任行为主体需要主动去识别应对多变的情境。工程组织作为复杂系统，其复杂性的根本来自于系统是由高智能的主体组成，具备主动、自发地感知环境、做出预测、根据自身需求选择行为的能力（曲娜，2011）。

第二，重大工程的实施需要各个行为主体在组织内和组织间建立广泛的关系网络，并将其扩展到漫长的项目生命周期（Zheng等，2018）。各个社会责任行为主体在相互作用、沟通及协调等交互过程中形成关系网络，并在该关系网络中履行社会责任，社会责任行为在此交互过程中得以产生、演变。在工程不确定性的特征下，社会责任行为具有情景依赖性，行为主体需要根据情境不断进行转变，行为主体间的相互支持和协同是影响工程社会责任行为转变的关键因素（Brocke，Lippe，2015b）。

第三，由于微观层级工程社会责任行为主体与环境之间、各个行为主体之间相互影响产生行为演化进程，社会责任行为在该演化过程中整体上表现为涌现、分化等复杂现象。微观上各社会责任行为主体在不同情境下进行交互，选择各自社会责任行为，这些行为主体的相互作用使得社会责任整体显现出聚合、分化、涌现等复杂演化过程（尹守军，2014）。工程社会责任行为作为一种组织行为，其转变虽然发生于主体层级，但是可以构成跨越主体、工程组织场域和社会的多层次变化（Seitanidi，2008）。

以上阐述了工程社会责任行为的共性，但重大工程社会责任行为在具备以上工程社会责任行为共性的基础上，同样具备其独特性。从工程外部视角来看，相比于普通工程，重大工程面临着更为复杂的社会环境与社会网络，是具有高度复杂性和不确定性的复杂系统。从工程内部视角来看，相比于普通工程，重大工程涉及更为广泛且复杂的利益相关者，组织内部的主体、行为、关系更为复杂多样。综合来看，相比于普通工程，重大工程的复杂性成几何倍数增长，主体对于情境的适应性需求更为凸显，因此，重大工程的社会责任行为更加强调社会责任行为的动态演化性以适应复杂多变的项目管理情境。

综上，重大工程中MSR行为的演化过程中，是行为主体的主动性和适应性使得重大工程组织履行MSR时形成聚集、分化、繁荣等演化现象。MSR之所以从一种性状演化为另一种性状，是因为各主体不断进行交互式学习，调节自身MSR行为引起了相关要素的变化。也就是说，MSR行为的演化依托于行为主体间的交互，行为主体间的交互行为和行为主体与其周围环境的交互作用使得MSR整体不断从无序向低有序、高有序等状态过渡，涌现出了复杂的、群体的宏观行为，见图8-3MSR行为主体交互。

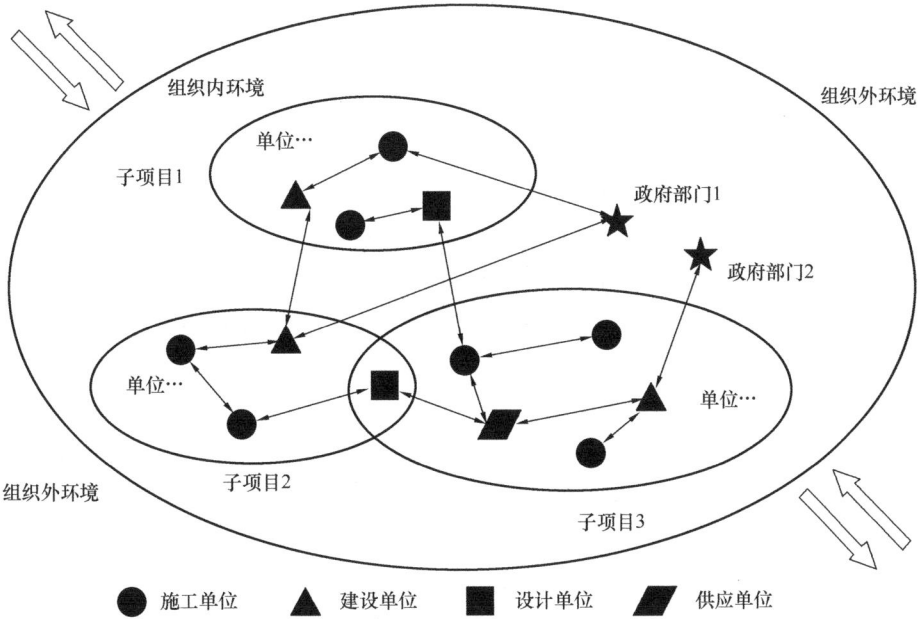

图 8-3　MSR 行为主体交互

8.3　重大工程社会责任行为演化影响因素提取与剖析

8.3.1　重大工程社会责任行为演化影响因素提取

中国重大工程具有别于西方重大工程的典型特性，这些特性势必会造成中国重大工程社会责任行为在形成和演变上的独特性。因此，本节旨在从行为主体（即参建方）交互的诱因、途径、结果全过程视角，基于中国重大工程社会责任行为的独特性提取出相对应的 MSR 行为演化影响因素。

在主体交互的诱因上，外部制度环境得到了强调。CAS 理论指出，主体是出于适应环境的目的而进行交互。外部制度环境对于组织行为的解释力较强，因而被逐渐应用到重大工程研究中（Mahalingam，Levitt，2007）。Scott 等回顾了全球重大工程的制度差异，指出应当关注制度环境对于重大工程组织行为的影响（Scott，2012）。Wang 等发现中国重大工程制度环境中的规制、规范、模仿三种制度压力对于参建方的环境组织公民行为具有驱动作用（Wang 等，2018）。复杂的制度环境正是中国重大工程的独特性之一，制度环境可以通过新的承诺、学习效仿、规范服从等多种方式来促进主体交互，解决重大工程复杂组织情境下 MSR 行为的协同机制（Powell，Bromley，2015）。例如，当港珠澳大桥修建到中华白海豚国家级自然保护区时，生态保护取代工程效益成了优先社会责任目标。为此，业主组织编制了专项淤泥处理规范以推动各个承包商协作，使 MSR 行为朝着积极的方向协同演进（高星林等，2016）。尽管制度环境对于 MSR 行为的影响机制尚未得到探索，可以肯定的是，外部制度环境是主体交互的主要诱因，应当选取制度环境作为 MSR 行为演化的影响因素。

在主体交互的途径上，通过社会关系进行关系互动是主要途径。重大工程预计要完成一个极具挑战性的目标，这一目标不可能由单方完成，而是需要于所有利益相关者在组织内和组织间建立广泛的关系网络（Zheng 等，2018）。这可以分为正式关系和非正式关系两类，前者代表了政府认同的正式治理结构和行为规则，如合同、协议；后者代表了组织实际的行为模式和工作惯例，如同盟、协调（斯科特等，2010）。突出的社会关系是中国重大工程的独特性之一。重大工程中大量的主体交互过程会嵌入在非正式的社会关系网络中。本研究认为社会关系成了主体交互的主要途径。在重大工程中，MSR 通过复杂的关系网络分配（Zeng 等，2017b）。由于 MSR 作为一种"软管理要素"通常难以在正式关系中体现（Koerner，Klein，2008）。社会关系成了主要交互途径。一方面，制度环境促进了参建方之间的交互作用，制度环境的不确性感知会驱动参建方进行交互，以获取信息，减少不确定性；另一方面，社会关系网络的关系互动也成了制度要素的扩散渠道（Meyer，Rowan，1977）。在这个过程中，组织同构现象在关系较为紧密的参建方之间发生，MSR 行为产生趋同性演变（刘计含，王建琼，2016）。但具体的关系互动过程及影响机制存在争议，尽管大多数学者认为关系互动会促进良好社会责任行为的扩散，韩婷却发现关系互动反而可能会削弱社会责任行为（韩婷，2019）。综上，本书认为，社会关系中关系互动是主体交互的主要途径，应当考察其对于 MSR 行为演化的影响。

在主体交互的结果上，MSR 行为转变与否主要取决于重大工程高层管理团队（Top Management Team，TMT）的价值观。重大工程的高层管理团队指的是各个参建方组织中承担战略决策职责的高层组成的团队。相比于一般工程，重大工程的管理范畴和管理难度呈几何级增长，重大工程更依赖团队而非领导者进行管理（Flyvbjerg，2014）。高阶理论认为，包括社会责任行为在内的组织战略决策最终是由高层管理团队做出的（Chatterjee，Hambrick，2007）。作为一种非强制行为，社会责任行为依赖于自我履约，行为者的人格因素和价值观产生了重要影响（Heugens 等，2010）。一些实证研究证实了企业高层价值观对于社会责任行为的显著促进作用（冯臻，2014；许婷婷，2014）。然而重大工程高层管理团队价值观对于 MSR 行为演化的影响尚未得到充分探索。Lin 等探索了 CEO 自恋这一性格特征对于 MSR 行为的影响，但中国重大工程的独特性之一——"项目大于一切"的价值观念下并未得到研究（Lin 等，2018）。在中国儒家文化背景下，这一价值观可能起到更为重要的作用。综上，本研究认为，主体交互的结果——MSR 行为转变与否取决于重大工程高层管理团队的价值观，应当考察其对于 MSR 行为演化的影响。

中国重大工程实践中政府力量的介入是强大而广泛的。重大工程的顶层制度需要同政治经济体制相适应。政府不断推动重大工程的建设方式和管理体制的变革，使得中国重大工程的制度环境尤为复杂多变。同样的，也正是由于政府在重大工程建设中占据核心位置，发挥出主导作用，项目参建方对于同政府机构或部门发展个人或组织间的关系十分热衷（Liu 等，2010）。"项目大于一切"的价值观念来源于中国的传统文化，但项目领导们的以身作则无疑发挥出了极大的杠杆作用。这些项目领导所属企业绝大多数都是国企，他们都是中国共产党员，往往由政府任命（Li 等，2018）。这无疑也是政府力量介入的一种体现。

综上，本研究提出，制度环境构成了主体交互的诱因，关系互动构成了主体交互的途径，高层管理团队价值观决定了主体交互的结果。

8.3.2　重大工程社会责任行为演化影响因素剖析

本节旨在将上节提取的 MSR 行为演化影响因素做进一步延展，分析影响中国重大工程社会责任行为演化的每类影响因素的构成。

1. 制度环境

制度是由文化规范创造的，嵌入文化和历史框架的社会秩序或模式，重大工程利益相关者对于参建方的期望、要求所形成的直接性规范和间接性限制构成了参建方所处的制度环境（Bice，2015）。制度环境中的法律制度、行业规范、文化认知等要素一旦作为社会事实而广为接受就会形成约束社会责任行为的制度压力，迫使参建方的MSR 行为选择与制度环境相符。中国重大工程制度环境的制度压力作用是指重大工程组织场域中的制度压力迫使参建方追求其在环境中的合法性，获得利益相关者支持，使其 MSR 行为满足利益相关者要求和期望。制度压力可以通过形成新的承诺、学习效仿、规范服从等多种方式来促进主体交互，解决重大工程复杂组织情境下MSR 行为的协同机制（Powell，Bromley，2015）。

MSR 参建方会受到制度压力的形塑和调节作用，这一观点在新制度主义兴起后被越来越多的学者所接受。Scott 指出应当关注制度环境对于重大工程参建方组织行为的作用（Richardscott，2012）。Morris 指出制度理论是解释 MSR 行为逻辑的重要工具（Morris，2013）。Xie 等证实了制度压力对于 MSR 行为的促进作用，发现参建方感知的制度环境越强，其 MSR 行为越积极（Xie 等，2019）。

制度压力对于 MSR 行为的促进作用可以从制度环境对参建方的合法性要求得到解释。在重大工程组织场域中，任何一个参建方都难以在与场域价值观不同的基础上发展，参建方只有利益相关者们认为合法时才能生存发展（Deephouse，Suchman，2016）。具体到重大工程社会责任，本书在 Suchman 定义的基础上提出参建方所追求的合法性是指在重大工程组织场域建构的规范、信念、价值观和原则下，利益相关者对参建方 MSR 行为形成的合意的、正当的普遍性认知（Suchman，1995）。MSR 行为可以视为一种参建方获得组织合法性的符号性行为。在制度压力的作用下，组织需要向利益相关者展示出满足其期望的行为以获取合法性（Fuenfschilling，Truffer，2014）。同时，社会责任行为作为适当应对制度复杂性压力的方法，将有助于参建方获得可持续的竞争优势（Ahmadjian，2016）。

MSR 行为是重大工程组织场域中的典型组织行为，DiMaggio 等认为组织行为会受到三种制度性压力的影响，分别是规制性压力、规范性压力和模仿性压力（DiMaggio，Powell，1983）。这一定义被绝大多数学者所采纳，Hess 等提出这三种制度压力会对社会责任行为起到推动作用（Hess，Warren，2010）。刘伯恩、于飞等学者通过实证检验证实了三种制度压力对于企业社会责任行为的显著推动作用（刘伯恩，2014；于飞，2014）。Martínez 等发现，社会责任行为会在制度压力下不断演进（Martínez 等，2016）。因此本书依照 DiMaggio 对制度压力的划分进行分析。

1) 规制性压力

规制性压力强调了法律、法规、政府条例等法定的或者公认的规则对于行为的外在限制和约束，例如角色、义务与责任等。规制过程通过检查参建方对规则的遵守情况，采取相应的奖励或者处罚措施来约束参建方行为，因此规制压力往往具有强制性作用。例如顶层的变革重大工程管理体制、底层的要求企业遵守法律，服从政府管制等。中国政府在追求重大工程经济效益同时，更强调重大工程要对"和谐社会"能够做出贡献（Lin，Milhaupt，2011）。以环境保护为例，眼下正值中国经济的动能切换期，旨在将经济发展模式从高能耗的环境污染模式切换到低能耗的环境友好模式。为此，中国政府正在变革重大工程管理制度（Gond 等，2011），把环保作为核心考核指标，并逐步出台了各项新规和指导方针以引导其他参建方社会责任行为的积极演进。中国建筑业几家领先的企业甚至被政府施加了成为全球社会责任典范公司的压力（Marquis 等，2012）。

2) 规范性压力

规范性压力强调了社会价值判断、行业规范对于行为的期望和要求，例如保护当地环境、促进社区发展、进行 MSR 信息披露等。规范性压力在规制性处罚之外，通过剥夺参建方的社会资源，降低参建方社会联系的方式对参建方的社会责任行为进行约束。若参建方违反规范会被其他参建方疏远和孤立，还可能会面临声誉降低、未来经济效益受到威胁等惩罚（Hond，Bakker，2007）。由于重大工程规模巨大，建设周期长，不可避免地会处在某个社区范围内，并对社区产生多维度的影响。在项目推进过程中，若某个参建方的 MSR 行为违反制度规范，同社会产生了冲突，社区中的利益相关者可以选择施压、抗议、控诉等方式对参建方形成外部压力，控制其不良行为（Hond，Bakker，2007）。例如，中国的 PX 项目因信息披露不足引发的当地居民的抗议（Hond，Bakker，2007）、表现不够突出的承包商难以参与重大工程中等（Li 等，2018a）。

3) 模仿性压力

模仿性压力强调了参建方对于认可的其他参建方行为的模仿作用，其他参建方的社会责任行为会促使该参建方进行模仿，形成同辈压力（Peer Pressure）促使该参建方 MSR 行为向着与周围环境特征相容性增加的方向改变。在中国，重大项目投资往往高达数十亿，三峡大坝、南水北调这种特大项目更是达到了上千亿元。这给项目管理带了巨大的挑战和压力，任何疏忽和披露都可能得到指数级别的放大（王歌等，

2018)。在面对重大工程巨大的风险和复杂的情境面前，参建方的不确性感知会驱动其会转向周围环境寻求提示来减少不确定性，其中模仿他们所信任的或者规模较大、较为成功的其他参建方的行为是一种行之有效的方式（Dyer，2016）。在模仿性压力下，参建方往往会模仿易于表现、容易做到的行为，例如建立环境管理认证体系、积极进行 MSR 信息披露等（Bansal，2005）。一项实证研究发现，在 3 种制度压力中，模范性压力对于社会责任行为的提升最为显著（王歌等，2018）。

2. 关系互动

重大工程中的参建方并不是孤立存在的，任务的相互依存、责任的共同担当、利益的相互牵扯使得参建方之间存在着广泛的关系。已经有诸多学者对参建方之间的关系进行了划分。Pryke 等将工程组织内部的关系分为合同关系、绩效激励关系、信息交换关系三类（Pryke，Pearson，2006）。张合军等将关系分为合同和非合同两类（张合军等，2009）。段运峰等将组织间关系分为组织隶属、指令、信息、协调四种（段运峰等，2012）。王磊等将关系网络分为契约关系网络、沟通网络两种（王磊等，2017）。总体来说，关系被划分为契约关系和社会关系两种，前者由一组契约和指令机制组成，明确规定了禁止范围、允许范围以及风险分配（Zhang 等，2016），可以视为宏观上联系的正式框架。后者则包括信息关系、咨询关系、利益关系、信任关系等一切非正式组织结构的关系，可以视为微观上联系的维持手段。

重大工程具有高度不确定性和复杂，其结果是不可预测的，这意味着合同条款很难提前规定（Park 等，2017）。因此"不完全契约"问题将会在重大工程的治理过程中被放大（Li 等，2019）。与之相对的是，社会关系以社会交换理论为基础（Jiang 等，2016），通过信任、沟通、默契、兴趣等非正式机制旨在解决环境适应、协调等问题。社会关系机制的灵活性使得当重大工程发生突发事件时，各参建方可以迅速协商，做出最具时效性的决策。而且突出的社会关系正是中国重大工程的独特性之一，在此背景下，李永奎等学者指出中国重大工程中人际以及组织之间的社会关系往往超出了项目中的契约关系（李永奎等，2011）。因此在中国重大工程社会责任语境下，参建方之间的社会关系往往超出了契约关系，成为参建方互动的主要途径，对应的关系互动过程是参建方交互的主要过程（Locatelli 等，2017）。

这也符合中国人的处事风格，中国人在解决冲突时会倾向于减少对抗性和直接性，转而采用一种折中和稳定的方式（Wang 等，2019）。通过关系互动过程来提升关系伙伴的 MSR 表现正是这样一种方式。在关系互动过程中，单个参建方 MSR 行为的变化会通过关系网络扩散作用到其他参建方，进而影响 MSR 行为整体性状的变化。一些研究也验证了社会关系对社会责任演进的促进作用。基于对中国 400 多家公司的实证调查，Peng 等发现在一个正式制度约束较为弱化的环境下，非正式的约束如社会关系网络的嵌入作用有利于提高组织社会责任表现（Peng，Luo，2000）。Valentine 等指出，这是由于结构化的关系网络有利于帮助主体实现系统化的交互，进而明确角色责任界限，履行集体责任（Valentine，Edmondson，2015）。

关系互动有利于制度环境在重大工程组织场域中的传播，促进参建方 MSR 行为的趋同化演进。新制度主义指出，组织会被外部制度环境所形塑，组织行为会在制度压力的作用下变得趋同和相似（Meyer，Rowan，1977）。重大工程参建方嵌入其他参建方的社会、专业和交流关系网络中。随着参建方之间的关系互动进程，制度环境得以在重大工程组织场域中扩散开来。例如，在模仿性压力作用下，参建方可能模仿关系网络中与自己联系紧密或是地位相近的其他参建方的 MSR 行为。

关系互动有利于建立一个持续的、迭代的社会学习进程来提高参建方的 MSR 行为表现（Sanderson，2012）。关系互动是建立社会学习进程的有效手段，知识在参建方之间的传播依赖于有效的关系互动（Lane 等，2006）。在社会学习进程中，参建方可以获取、解释、评估和最终分享关于 MSR 行为不同方面的知识和信息。社会学习不仅可以帮助参建方获得详尽的项目信息，还有助于参建方形成适当的 MSR 文化，进而降解 MSR 复杂性和减少 MSR 冲突（Marrewijk 等，2008）。

参建方交互的过程即是进行关系的构建、发展与维护的过程，通过关系交互，参建方之间的关系从无到有、从疏到密。因此关系的形成具有阶段性，早期的关系研究往往将关系发展划分三阶段，例如关系初始化、关系维持和关系结束，或是关系吸引，关系维持和关系保留等（Lee，Dawes，2005）。具体到工程领域，有学者将工程腐败关系的形成划分为关系初始、关系发展、关系利用三个阶段（陈国权，毛益民，2013）。在关系初始期，倾向和信任两大要素得到了强调。考虑到重大工程高度的不确定性和风险，为开展长期合作，参建方往往具有较强的建立关系的倾向（Wang 等，2019）。Wang 等指出，信任是组织间沟通的基础和支柱，高度可信的重大工程项目环境有助于减少信息传递中的"失真"，促进参建者之间的关系沟通（Wang 等，2019）。在关系的发展和维持期，关系沟通和投入得到了强调。Liden 等以社会交换理论的视角提出关系建立在关系双方的信任和支持之上，互惠的关系沟通与投入等是交换的核心要素（Liden 等，2000）。在重大工程中，高度不确定性和潜在的机会主义给各方的合作意愿蒙上了阴影，关系沟通与投入等互惠机制作为一种强有力规范手段可以约束双方以合意方式行事，进而加强双方的长期合作意愿（Cheung，Yiu，2014）。

基于以上研究，本研究提出关系形成包括关系初始化、关系发展和维持两个阶段。其中前者包括关系倾向和关系信任，关系倾向是参建方构建关系进行交互的前提，关系信任是选择交互对象的标准；后者包含关系沟通与投入，关系沟通是知识和信息流动的重要机制，关系投入是双方加深和稳定关系的有效手段。

1）关系初始化阶段

在关系倾向方面，我国重大工程的参建方往往有着较强的关系倾向（Hofman 等，2017）。一方面，高质量的关系有助于提高重大工程绩效（Meng，2016）。在重大工程中，参建方的优先事项是建立良好关系协同完成预定的项目目标（Cheung，Yiu，2014）。高质量的社会关系有利于促进各参建方高效和谐的运作，实现资源和技能的有效配置以解决重大工程必然出现的混乱现象（Chi 等，2011）。另一方面，可靠的关系伙伴可以指导参建方 MSR 行为的演进方向（Hogg，2007）。重大工程动态化的情境将激发参建方 MSR 不确定性认知，参建方需要获取信息和资源来消除这种不确定感（Goldman 等，2014）。关系互动是解决这一问题的有力途径，关系互动可以帮助参建方获取 MSR 信息，提供 MSR 行为脚本。

根据 MSR 参建方的类属可以将关系倾向划分为企业之间（B2B）、政府部门之间（G2G）和企业和政府部门之间（B2G）。

B2B：竞争对手、合作伙伴、上下游企业对于企业有着重大影响，企业之间的关系互动有利于企业对周围环境的感知，以此为基准决策 MSR 行为的迭代更新，选择提高或者降低 MSR 行为表现，确保企业 MSR 行为在周围环境中的统一性。

G2G：重大工程对于当地经济的巨大推动作用有目共睹，各地政府之间往往存在着潜在冲突关系，例如各地政府对于高铁站的争夺（Zeng 等，2015b）。关系互动是解决这种不公平竞争的重要手段。

B2G：在中国，私营企业和政府之间的关系是普遍的（Fu，2019）。从政府方来看，为了提供重大工程绩效，推动良好 MSR 价值观在企业之间的扩散，政府往往会通过关系互动来唤起参建方的民族自豪感和责任感，鼓励他们实现 MSR 目标（Nielsen，2015）。从企业方来看，与政府发展保持良好、长久的关系对于企业同样有着特殊意义。例如在京沪高铁的修建过程中，如果没有地方政府的大力支持，征地工作就无法顺利进行，项目也就无法按时交付（He 等，2019b）。Zhang 等（2017）指出，B2G 关系在获得基础设施项目合同的应用已经成为一种隐含的必要性，即所谓的"没有 B2G 关系，就没有项目合同"。作为"润滑剂"的 B2G 关系作可以帮助企业降低市场不确定性带来的风险，帮助其企业经营发展（Lu 等，2008）。但值得警惕的是，这种关系往往被认为是不道德的行为或与不道德行为相关的行为，很容易滋生腐败，严重破坏 MSR。

在关系信任方面，信任是指在有风险的交换关系中对对方诚信、信誉和仁慈的信心（Das，Teng，1998）。现有研究多将信任划分为善意信任和能力信任两个维度（Schoorman 等，2007）。善意信任是指面临被对方利用的风险时仍愿意互换的关爱和关心（Zhang 等，2016）。重大工程具有投资规模大、环境不确定性大和技术复杂性大的特点，参建方难以预测和描述所有的意外事件，难以单独进行 MSR 行为选择。在这种缺乏确定性指导的条件下，参建方可能对周围其他参建方产生善意信任。能力信任是根据对方过去的行为、资质、胜任力等维度形成的理性的、认知的评估（Schoorman 等，2007）。当参建方履行 MSR 出现困难时，参建方会倾向于信任 MSR 行为比较成功或者广为认可的其他参建方，例如鲁班奖获得者、立功竞赛获胜者等。

关系信任对于关系的构建和稳固至关重要（Palmatier 等，2007），是组织间社会交往的基础和支柱（Wang 等，2019）。重大工程中各参建方在利益目标、文化背景、结构特征、行为模式等维度往往存在差异，只有当高度的信任存在于参建方双方时，双方才更有可能考虑对方的利益，建立稳固的关系（Lui 等，2009）。从经济角度来说，重大工程信息高度不对称的特点使得参建方往往更愿意同熟悉信任的参建方发展关系互动，这可以避免寻找新合作伙伴的高昂成本（Hagedoorn，2006）。从社会角度来说，信任可以视为说服和鼓励未来关系发展的重要机制，基于信任构建的关系可以减少投机行为，实现参建方之间的互利包容和互利互惠，从而更有可能发展出忠诚和稳固的联盟关系（Woolthuis等，2005）。

2）关系发展和维持阶段

在关系沟通方面，沟通在高质量的关系培育发挥着重大作用。关系发展的失败主要归因于沟通的缺乏（Ng等，2002），两者的密切相关性被大量研究所证实（YAN，2013）。重大工程社会责任的实践过程涉及不同行业背景的参建方之间的大量信息，参建方之间积极有效的关系沟通有利于构建一个长期导向的、稳固而对称的关系（Cheung，Yiu，2014）。首先，参建方之间广泛的沟通交流实现了信息在参建方之间的跨越，有效的信息流可以澄清误解，化解冲突，帮助双方相互理解和相互促进，培育双方关系（Ning等，2014）。其次，关系沟通可以在参建方之间传递显性和隐性的知识流，这些知识带来的溢出效应可以增强参建方之间的关系黏性，进而提高参建方对于环境的适应能力。最后，参建方之间关于 MSR 目标和 MSR 行为表现的沟通有助于双边承诺机制的产生，沟通发挥出的纽带作用将会加强双方的链接，促进关系的发展（Zollo等，2002）。

在关系投入方面，关系投入可以视为双方出于期望的回报而产生的自愿行动，其基本要素是未规定的义务和互惠（Cropanzano，Mitchell，2005）。为了证明自身的可信赖性，参建方双方需要定期或者不定期履行无形的义务，对关系进行投入，以表明参建方对关系的重视和承诺（Lambe等，2001）。值得指出的是，关系投入是双方基于互惠原则的双向投入，仅靠单方的投入难以建立起稳固的关系，甚至会遭到来自关系网络的惩罚（Cropanzano，Mitchell，2005）。

关系投入在 B2G 关系中尤为突出，由于政府往往控制着大量资源，企业往往会投入大量的时间、精力和金钱同政府构建和发展密切的联系（Hwang等，2009）。据《人民日报》的报道，在 2012 年，我国五家最大的 2176 家建筑企业花费 22.3 亿元人民币来构建和维持 B2G 关系。Zhang 等针对投标人对于基础设施项目招标投标中 B2G 关系的态度进行了半结构化访谈，一位受访者指出由于激烈的市场竞争，企业若想赢得 1 亿元人民币的基础社会设施项目，就必须在 B2G 关系上投入 700 万～800 万元以上资金（Zhang等，2017）。

3. 高层管理团队价值观

重大工程中的组织处在相同制度环境中，然而各自的社会责任行为水平却不尽相同。一方面是由于组织在关系网络中的结构特征不同，另一方面则是由于组织的对于制度环境的认知和判断并不相同。这取决于组织决策者自身的价值观，因为价值观是引导个体对环境评判以及决定行为的指南（Georgel，Jones，1997）。基于高阶管理理论，参建方的 MSR 行为选择和行为表现是高层管理团队价值观的反映和结果（Chatterjee，Hambrick，2007）。也就是说，高层管理团队价值观提供了一种将管理者个人特征与组织行为联系起来的内部机制。价值观被广泛认为是一种认知结构

（Rohan，2000），高层管理团队对于社会责任的价值观指的是与社会责任概念相关的认知过程、结构和心理模型（Basu，Palazzo，2008）。作为一种持久的知觉结构，价值观揭示了高层管理团队的属性、特征、观念和感知，可以塑造和影响高层管理团队的行为（Fassin 等，2015b）。

一些研究证实了高层管理团队或是 CEO 价值观、社会责任态度等对于社会责任行为的影响（Tang 等，2015）。Li 等发现中国工程项目设计方高层管理团队的价值观念和感知的行为控制对建筑废弃物最小化行为有着积极和显著的影响（Li 等，2015）。Lin 等发现中国重大工程参建方的 CEO 的自恋动机会弱化 MSR 行为表现（Lin 等，2018b）。Yang 等基于问卷调查探究了企业发展、社会价值和政治诉求三类非经济动机对于中国重大工程组织公民行为的驱动作用，发现提供社会价值观念的驱动作用最强（Yang 等，2020）。

一般来说，自利利他和纯粹利他是存在于重大工程高层管理团队之中的两类典型价值观念。社会责任行为具有一定的利他属性，表现越突出的社会责任行为，越是会超出常规的合同范围，提升项目绩效（Zhang 等，2019）。团队利他理论认为，这背后折射出自利利他和纯粹利他两种价值观念（Li 等，2014）。自利利他价值观指的是为了追求自身长期价值而放弃短期利益并采取利他行为的价值观念（Li 等，2014）在中国重大工程中，参建方所属的企业多为实力雄厚的国企（Li 等，2018）。这些企业往往已经取得了巨大的成功，并不计较短期经济利益，其行为动机更具有长期性（Liu 等，2010）。纯粹利他价值观指的是出于道德考量或人道主义，完全利他的行为（Hu，Liden，2015）。中国重大工程的独特性之一在于"项目大于一切"的价值观念，这激励参建方们撇下个人利益得失而努力追求项目整体利益的最大化。事实上，自发组织抢险突击队、主动分享先进施工工艺等纯粹利他行为在南水北调工程和港珠澳大桥工程等一大批中国重大工程中被广泛观察到（Yang 等，2018）。

Schwartz 等指出，价值观可以指导人们的行为选择，但这种指导是基于多种价值观念权衡后的结果，并非单一的价值观作用（Schwartz，Bilsky，1987）。因此，本书将探讨自利利他和纯粹利他两种价值观念在中国重大工程中的具体表现。

1）自利利他价值观

在自利利他价值观的指导下，重大工程的高层管理团队将良好的 MSR 行为视为一种可以实现其利益目标，并给自身带来长期的经济效益的工具或战略。社会责任的履行虽然伴随着短期的成本支出，但会对行为主体切实带来长期的利益回报。自利利他价值观念中的 MSR 行为被视为一种投资决策，MSR 行为带来的提升长期财务绩效、改善利益相关者关系、促进可持续发展等经济效益被重大工程的高层管理团队理性、精确地评估形成了履行社会责任驱动力。对于重大工程参建方所属的企业来说，企业期望通过履行社会责任来满足重大工程各利益相关者的诉求，进而给企业带来直接或间接的长期经济利益（Aguilera 等，2007）。对于政府来说，政府期望推动社会责任的履行来提升重大工程绩效，充分释放出重大工程在推动 GDP 增长、带动当地就业等多维度的重大利好。

MSR 行为的自利效应一是体现在获取显性和隐性利益。在中国重大工程实践中，相当一部分参建方在缺乏正式契约的要求下自发积极履行 MSR，积极采用绿色建材，推行绿色施工（Yang 等，2018）。这种利他行为有利于重大工程整体绩效，却增加了参建方的短期成本。但长期来看，这种利他行为长期来看有助于参建方获取显性和隐性的利益。从显性利益来说，绿色施工工艺的推行可以帮助承包商降低资源消耗。随着绿色施工工艺的不断迭代，其效益成本比会越来越高。从隐形利益来说，绿色施工可以保护主体免受中国重大工程日益严格的环境保护相关法律法规的处罚、帮助主体获得未来的中标机会等（Li 等，2018）。

MSR 行为的自利效应二是体现在提升参建方声誉。社会责任行为往往被视为一种建立和维持差异化企业形象的可持续性方法，企业不断增长的品牌和声誉的需求会促使其积极履行社会责任（Duman 等，2016；Muller，Kräussl，2011）。良好的声誉可以视为一种无形资产，这种无形资产可以提高主体财务绩效，还可以作为安全垫缓冲主体遭受的负面事件（Godfrey 等，2010）。在中国重大工程实践中，声誉显得尤为重要，参建方良好的声誉往往会帮助行为主体赢得重大工程利益相关者的信任，加强与各方的关系，进而实现各方的高效合作（Huang 等，2017）。

MSR 行为的自利效应三是体现在提高参建方竞争力。日益复杂和动荡的重大工程情境会激发参建方对于竞争力的探求，履行社会责任正是帮助参建方应对情景压力、提高竞争力的关键工具（Martínez 等，2016）。Brooks 等指出社会责任行为是主体保持对周围环境足够敏感的方式之一（Brooks，2010）。MSR 行为可以帮助主体探知工程情境和竞争情况，进而建立信息优势提升自身竞争力。在中国重大工程建设过程中，良好的 MSR 行为会赋予施工方一定的竞争优势，因为其他关联参建方往往倾向于和有着良好 MSR 行为的施工方建立长期的合作关系（许萍，2016）。

除此之外，MSR 行为的自利效应还体现在帮助建立良好利益相关者关系、吸引潜在客户、降低劳动力成本、雇佣和保有高效率员工等方面（Boesso 等，2013；Lu 等，2015）。

2）纯粹利他价值观

在纯粹利他价值观的指导下，重大工程的高层管理团队将伦理道德视为履行社会责任的驱动因素并赋予其合法性解释。履行社会责任不仅是为了达成获取长期经济效益的目的，其本身也是一种目的（Evan，Freeman，1988）。De 等指出，重大工程的高层管理团队对于社会责任的道德承诺，某种情况下可能比长期经济效益更能促进 MSR 的正向转变（De，Graafland，2006）。

纯粹利他的价值观念可以从重大工程高层管理团队追求个人价值实现得到解释。重大工程的高层管理团队作为独立个体有着实现自我价值的需求，满足这一需求的有效手段之一即是 MSR 行为。MSR 行为虽然是一种组织行为，却是组织的高层管理团队决策的结果。在 MSR 行为选择的过程中，高层管理团队的道德观念发挥着关键作用。如果高层管理团队有着较强的个人倾向，社会责任有可能不再是一种组织战略选择，而是满足个人价值的行为（Petrenko 等，2016）。通过提升 MSR 行为表现，高层管理团队的个人利他道德观上升为组织层级的价值观，进而满足高层管理团队对自我价值的追求（Hemingway，Maclagan，2004）。在中国重大工程实践中，一些参建方有时会自发采取不追求经济利益的 MSR 行为，例如自发参与劳动竞赛提高生产效率、提供性能超出预期的产品等（Yang 等，2018）。在这种情形下，尽管没有明确的制度奖励，参与者往往会受到精神嘉奖，无论是民族自豪感这种天然的精神嘉奖还是政府所颁布的证书和奖杯（Lin 等，2017b）。对于参建方的高层管理团队来说，获得精神嘉奖无疑是一种个人价值得到实现的显著标志（Patanakul，2015）。

高层管理团队的纯粹利他价值观在中国情境下显得尤为突出。重大工程的成功并不是由单个组织的绩效决定，而是由全体参建方整体绩效定义的。"项目大于一切"的价值观念折射出了儒家思想所倡导的道德观念之一——集体利益重于个人利益。在中国重大工程中，参建方多为取得过较大成就的国企。这些企业的高层管理团队并不担忧未来的商业利益，往往存在着追求社会福利改善的动机（Jia，Zhang，2013）。因此，他们并不计较自身利益得失，愿意为提升工程绩效而做出牺牲，履行更多的社会责任（Xing，Chalip，2009）。例如，一位参与过中国重大工程建设的项目经理表示，"我们是本地国有企业，为本地发展做出贡献是我们的责任。我们不应该总是关注自己的利益"（Yang 等，2020）。

8.4　重大工程社会责任行为演化理论模型

上节基于中国重大工程实践分析和探讨了制度环境、关系互动、高层管理团队价值观三类影响因素的构成。本节旨在探讨三类影响因素之间的逻辑关系以及对于 MSR 行为演化的影响机制。为此，考虑到 MSR 行为是一种组织行为，本节尝试基于组织行为学理论探究这些因素的逻辑关系以及对于 MSR 行为演化的影响机制。

根据 Robbins 和 Langton 建立的经典组织行为模型，组织行为的决策会受到组织、群体、个体三个层级的影响，而且最终组织行为的输出表现取决于个体的行为决策（Robbins，1998；Wagner III，Hollenbeck，2014）。根据 Li 等人对于重大工程组织层级的划分，组织可视为重大工程组织场域，群体可视为各个参建方形成的群体，个体可视为各参建方的个体，核心是高层管理团队（Li 等，2019）。下文将以这 3 个层级展开分析。

Robbins 和 Langton 认为组织层级中的组织结构、工作流程以及工作压力和组织文化、组织环境等要素对于组织行为影响重大。特别是环境要素，行为者所处的环境要素可以解释某些行为的突出特性（Griffin，2007）。较之西方重大工程，中国重大工程具有更复杂的制度环境要素，这些环境要素被参建方所感知，构成了参建方决策的基础。因此，本研究认为在组织层级，法律条文、规章制度、文化认知等要素作为参建方感知到的制度环境，形成参建方 MSR 行为的决策环境（Robbins，Judge，1992）。

Robbins 和 Langton 认为在群体层级，主体需要回应其他主体期望，遵守共同行为标准。在这个过程中，关系网络、沟通模式等要素发挥着重要作用。重大工程的成功交付依赖于有效和高效的跨群体协作，因此跨群体的关系互动在重大工程中得到了特别强调（Li 等，2019）。类似的，MSR 通过利益相关者间的关系网络进行分配（Zeng 等，2017b），参建方之间存在着频繁的关系互动过程。在这个过程中，参建方得以获取、评估、分享 MSR 相关知识和信息，产生了参建方之间的决策关联效应。因此，本研究认为在群体层级，关系互动过程发挥出重要作用，产生参建方之间的决策关联效应。

Robbins 和 Langton 认为在个体层级，个体的特有属性例如价值观、态度、胜任力等会影响到个体行为的决策。重大工程涉及大量个体，其中高层管理团队成员对于项目可持续性的影响最大（Silvius，de Graaf，2019）。Larsson 等指出，高层管理团队集体决策对于组织行为选择具有深远和不可逆转的影响（Larsson 等，2015）。因此他们的个人特质，特别是价值观得到了一定程度的关注（Lin 等，2018b）。Fassin 等进一步指出价值观可以塑造和影响高层管理团队的行为（Fassin 等，2015）。因此，本研究认为高层管理团队价值观是 MSR 行为决策最终的影响因素。因此，在个体层级，本研究认为高层管理团队价值观最终决定 MSR 行为转变与否，推动 MSR 行为决策产生。

至此，本研究首先，基于中国重大工程的独特性，从主体交互的过程视角出发，提取出制度环境、关系互动和高层管理团队价值观三类 MSR 行为演化影响因素；并提出以下观点：制度环境构成了主体交互的诱因，关系互动构成了主体交互的途径，高层管理团队价值观决定了主体交互的结果。

其次，具体分析了三类影响因素的具体构成以及在中国重大工程实际表现。其中，制度环境包含规制性、规范性和模仿性三类制度压力；关系互动包含关系初始化和关系发展和维持两个阶段，前者包括关系倾向和关系信任，后者包括关系沟通与投入；高层管理团队价值观则是包含自利利他和纯粹利他两种价值观。

最后，基于经典组织行为学模型建立了组织、群体、个体三个层级与制度环境、关系互动、高层管理团队价值观三者的关系。本研究认为制度环境形成参建方行为的决策环境，关系互动产生参建方之间的决策关联效应，参建方高层管理团队价值观最终决定 MSR 行为转变与否，推动 MSR 行为决策产生。

综合以上的分析探讨，结合中国重大工程建设实践，本研究提出以下 MSR 行为演化模型，见图 8-4 的 MSR 行为演化理论模型。首先，制度环境构成参建方的决策环境，形成 MSR 行为转变的初始动力，促进参建方同其他参建方进行关系互动；其次，参建方通过关系互动过程得以学习效仿其他参建方的 MSR 行为，形成了参建方之间的决策关联；最终，参建方高层管理团队的价值观决定 MSR 行为转变与否，导致 MSR 行为的更新迭代，进而在宏观上呈现出演化现象。

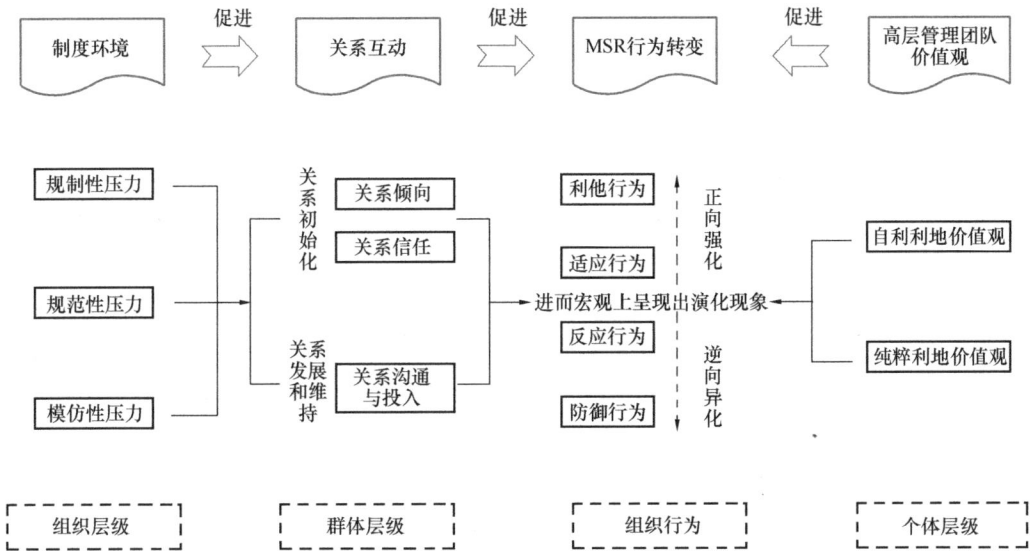

图 8-4　MSR 行为演化理论模型

8.5　重大工程社会责任行为演化实证研究

8.5.1　研究假设

上章建立的 MSR 行为演化模型呈现出了 MSR 行为演化的过程，指出制度环境、关系互动、高层管理团队价值观影响因素对应于组织、群体、个体三个层级，它们依次对 MSR 行为演化产生不同的影响作用。Li 等指出，重大工程组织中的组织、群体、个体三层级对于行为的影响的顺序是从高层次到低层次（Li 等，2019）。因此，本研究分别提出以下假设：

1. 制度环境与关系互动

从组织层级来看，重大工程中的法律规定、行业规范、管理制度的制度环境要素会对参建方的 MSR 行为形成指导和约束。中国重大工程的特性之一是复杂的制度环境，形成了规制性压力、规范性压力和模仿性压力三种制度压力以促进参建方之间的关系互动作用。首先，政府对于重大工程制度的顶层设计，具体颁布的管理条例要求参建方加强互动和协作，以完成建设任务，履行社会责任。其次，中国重大工程高达数十亿甚至上千亿，任何管理疏忽和社会责任缺失都可能造成难以挽回的后果（王歌等，2018）。在巨大的压力和挑战面前，交流规范做法，或是学习所信任的或者规模较大、较为成功的其他参建方的 MSR 行为便成为一种自然而有效的方式（Dyer，2016）。

因此提出假设：

H₁：制度环境对关系互动有显著的正向影响

2. 关系互动与 MSR 行为转变

从群体层级来看，重大工程中参建方之间频繁的协作、沟通、交互形成了物质、信息、资源、知识要素流，参建方对要素流的获取和处理有利于其学习和模仿其他参建方的 MSR 行为。中国重大工程的独特性之一在于突出的社会关系，参建方之间的社会关系往往超出了契约关系，成为参建方互动的主要途径之一。关系互动进程有利于制度环境在组织场域中的扩散，在这个过程中，组织同构现象在关系较为紧密的参建方之间发生，MSR 行为产生趋同性演变（刘计含，王建琼，2016）。在关系网络的构建、发展及形成过程中，伴有大量知识、信息、资源的流动，这有助于参建方打破固有的 MSR 认知，推动 MSR 行为转变（Baker，Sinkula，2005）。关系规范机制也会促使新加入关系网络的主体遵守成员间共同的价值取向，进而推动 MSR 行为主观规范的转变（Wood，2014）。

因此提出假设：

H₂：关系互动对 MSR 行为转变有显著的正向影响

3. 高层管理团队价值观与 MSR 行为转变

从个体层级来看，MSR 行为由重大工程参建方的高层管理团队决策，其价值观最终决定 MSR 行为转变与否。面对相同的制度环境，各参建方高层管理团队的认知和判断不同，形成了不尽相同的 MSR 行为。作为一种持久的知觉结构，价值观决定了高层管理团队的认知和判断，塑造和影响了组织行为（Fassin 等，2015b）。上文分析指出，有两种价值观在同时起作用：一种是自利利他价值观；另一种是纯粹利他价值观。一方面，重大工程的参建方多为国企，他们的利益动机更具长期性，履行社会责任正是一种获取未来价值和长期利益的有效方式。另一方面，中国重大工程的独特性之一在于"项目大于一切"的价值观念，撇开个人利益得失而努力追求项目整体利益的最大化正是纯粹利他价值观的体现。

因此提出假设：

H₃：自利利他价值观对 MSR 行为转变有显著的正向影响

H₄：纯粹利他价值观对 MSR 行为转变有显著的正向影响

所有假设见图 8-5MSR 行为演化理论模型研究假设。

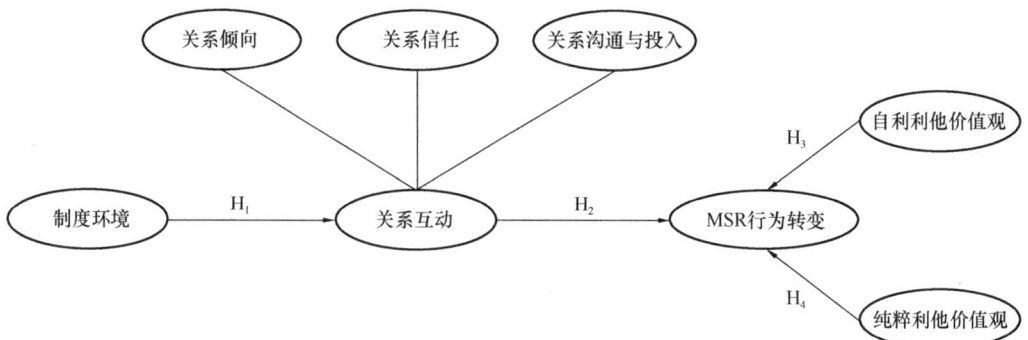

图 8-5　MSR 行为演化理论模型研究假设

8.5.2　量表开发与设计

1. 制度环境

关于社会责任的制度压力作用题项，Scott 的制度环境三维度模型组织行为研究领域应用广泛，已有关于制度压力的衡量大多基于此从规制性压力、规范性压力和模仿性压力三方面展开（Scott，1994）。综合国内外经典文献对于制度压力的测量量表，发现规制性压力题项强调了政府管制、法律法规的刚性约束；规范性压力题项强调了行业协会、公众等群体组织的期望要求；模仿性压力题项强调了同行标杆企业或部门产生的"朋辈压力"。因此，综合经典测量量表，分别设置了 3 种制度压力的题项，即 IP1-IP4，见表 8-1 的制度环境题项。

制度环境题项

表 8-1

类别	细分类别	编码	题项	来源
制度环境	制度压力	IP1	我方注意到社会责任建设做得好的同行在经营中的效益好	（Delmas，Toffel，2010）（Freedman，Stagliano，2010；于飞，2014）
		IP2	政府、行业协会、NGO 等多方的密切关注要求我方履行社会责任	
		IP3	新闻媒体监督我方对于社会责任相关法律法规的履行情况	
		IP4	当地公众对于我方履行社会责任的行为非常赞赏	

2. 关系互动

1）关系倾向

以往研究表明，主体所具备的关系倾向往往建立在对未来双方互惠输入的期望上（Fehr，Gächter，2000），Wu 等发现良好的关系质量有助于双方开展工程项目合作，并于项目成功具有正相关关系（Wu 等，2017）。Ke 等在中国情境下基于关系治理中的承诺、合作及信任等要素识别出了涵盖项目缔约单方、双方和项目所有参建方的关系行为，其中部分关系行为可以体现出主体建立的关系倾向性（Ke 等，2013）。因此本研究借鉴其中 4 个问项，设置为问卷中的 TE1-TE4。

在确定主体建立关系的倾向程度的大小后，还要确定主体选择关系伙伴的倾向性。而这反映在主体在重大工程中已经建立的关系网络上，前后为因果关系，因此可以通过调查主体实际的关系网络来推知主体选择关系伙伴的倾向性。主体的关系网络可以根据关系连带强度划分为弱连带和强连带两种，前者会形成不严密的网络，后者则会形成严密的网络（Granovetter，1973）。弱连带的主要作用是给主体提供信息，对于主体而言，弱连带越多其社会网范围也就越大，信息资源的可传递长度越大，主体更容易汇集社会网络中的信息资源。而且弱连带往往链接的是其他小团体，相对比强连带主体可以从中获取更为"新鲜"的信息。强连带的作用在于给主体施加影响，强连带强调了网络中重要他人的影响力，当一个主体被越多主体视为依赖的对象，他对其他人的影响力就越大（Granovetter，1985）。

虽然弱连带在理念更新、信息传递和流动机会的获得方面更具优势，不过Granovetter也承认主体关系互动大部分发生在以强连带为核心的小团体。Bian指出，由于人情、信任等要素在中国人际交往中扮演着重要角色，强连带的作用在中国表现得更为突出（Bian，1997）。这在边燕杰和张文宏的关系强度和资源获得之间关系的研究中得到了证实，边燕杰等指出中国语境下的关键人物的影响较之西方会更重要，所以弱连带提供了信息，而强连带提供了影响（边燕杰，张文宏，2001）。而且强连带的作用不止于传递影响，Reagans关于知识传播的实证研究发现连带强度将有助于知识传播的容易程度，这表明强连带在一定程度上也可以促进知识的传播（Reagans，Mcevily，2003）。因此，本研究采用实际工程中主体的强连带关系来代表主体的选择关系互动对象的倾向性。

关于连带强度的测量，Marsden等最早指出可以通过交情久暂、互动频率以及亲密程度三个构面来测量连带强度，随后Burt等在此基础上发展出了三个构面的测量量表（Burt，1984；Marsden，Campbell，1984）。Chinowsky等从信任程度、来往频率，知识传递频率三者界定组织间关系连带强度（Chinowsky等，2009）。中国本土的学者如陈晨从关系承诺、关系依赖、关系建立时间和信任程度来界定关系连带强度（陈晨，2011）；彭为等采用了沟通频率衡量交流关系强度，工作流程衡量工作关系强度，合同金额衡量合同关系强度（彭为等，2017）。综合以上研究，连带强度的测量可以概括为影响程度和来往频率两个因素，因此本研究采用影响程度和来往频率来衡量强连带强度。而且结合重大工程的特点来看，MSR的履行需要各个行为主体共同参与，主体之间在协商的过程中通过正式和非正式的对话达成共识，通过影响力来实现MSR压力的传导，主体间来往越频繁，影响力传导的越充分，影响力越大，主体更容易学习效仿对方行为，增进沟通。因此影响程度和来往频率具有放大效应，为了更好地体现这种放大效应，本书将强连带强度定义为影响程度和来往频率的乘积，即问卷中的TE5*TE6。

所有问项详见表8-2关系倾向题项。

关系倾向题项   表8-2

类别	细分类别	编码	题项	来源
关系互动	关系倾向	TE1	在我方以往的工程项目中，关系的融洽给我带来便利	（Ke等，2013）
		TE2	我方的公司文化中重视与对方形成融洽的合作关系	
		TE3	我方愿意向对方承诺为完成项目投入更多的资源	
		TE4	我方愿意做出努力来维持和提升良好合作关系	
		TE5	请您根据所在项目建设过程中的实际情况，对您单位与其他单位来往的频繁程度进行打分	自行编制
		TE6	请您评估在所在项目建设过程中，以下各单位对您单位工作和决策的影响程度，并根据影响程度的大小进行打分	自行编制

2）关系信任

在信任的测量题项中，现有研究多是从计算信任和善意信任，或者能力信任和情感信任等两个维度展开，前者如对合作伙伴技能、人员、资本的信心程度，后者如合作伙伴的可信赖性等（Zhang 等，2016）。因此本书主要借鉴许劲关于工程项目关系质量中关于信任的测量题项以及 Lu 对于基于关系的信任的测量题项，设置题项 TR1-TR4，见表 8-3 关系信任题项。

关系信任题项　　　　　　　　　　　　　　表 8-3

类别	细分类别	编码	题项	来源
关系互动	关系信任	TR1	其他参建方总是会遵守对我方的承诺	（Lu，Wang，2017；许劲 等，2010）
		TR2	我方可以信赖其他参建方是真诚的	
		TR3	在做重要决策时，其他参建方会考虑我方的利益	
		TR4	其他参建方在技术、管理上完全满足项目要求	

3）关系沟通与投入

已有研究中关于关系沟通或关系投入的题项多是从可观测的行为角度出发，分为资源维度和时间维度两种，前者如投入的人力资源、设备资源及社会资源等资源（Song-ting，Ning，2010），后者如信息交换频率和知识交换频率（Chinowsky 等，2008）、互动频率和持续时间（陈晨，2011）、时效性和有用性及消耗性（陈晨，2011；王禹杰，2009）、定期沟通与否等（Lu，Wang，2017）。同样的，本书分资源和时间两类设置了题项 TI1-TI5，见表 8-4 关系沟通与投入题项。

关系沟通与投入题项　　　　　　　　　　　　表 8-4

类别	细分类别	编码	题项	来源
关系互动	关系沟通与投入	TI1	我方为合作伙伴投入了大量的人力资源	（Song-ting，Ning，2010）及自行编制
		TI2	我方为合作伙伴投入了大量的社会资源	
		TI3	我方与合作伙伴之间的非正式交流非常频繁	
		TI4	我方与合作伙伴之间的非正式交流持续了很久	
		TI5	我方非常愿意继续为合作伙伴投入大量时间和资源	

4）高层管理团队价值观

关于自利利他价值观的相关问卷已经非常丰富，部分学者通过管理者对于利润目标的重视程度来反映管理者的自利利他动机（杨春方，2009），也有部分学者通过社会责任长期财务绩效的角度设置题项（颜剩勇，2006）。考虑到后者可测量的维度更多，在此采用后者的方式，即 EM1-EM4。

关于纯粹利他价值观的相关题项，现有的成熟量表多是从管理者道德价值判断角度进行开发，例如 Sashkin 等的 MVP 量表以及 Casali 等在此基础上改进的 MEP 量表（Casali，2011；Sashkin 等，1997），因此本书从这些量表中选取了部分问项，即

MM1-MM4。高层管理团队价值观题项见表 8-5。

5）MSR 行为转变

在制定和执行社会责任的具体行动中，TMT 起到了核心作用，关于社会责任行为的题项多是围绕 TMT 对于社会责任的愿景、承诺、计划展开。因此本书借鉴张坤对于管理者的测量量表设置题项 CT1-CT4，用 MSR 行为转变的意向程度来代表 MSR 行为转变，MSR 行为转变题项见表 8-6。

高层管理团队价值观题项　　表 8-5

类别	细分类别	编码	题项	来源
高层管理团队价值观	自利利他价值观	EM1	我方注重自身知名度	（张坤，2013）
		EM2	我方注重自身市场影响力	
		EM3	我方关注自身的长期绩效	
		EM4	我方注重自身声誉和品牌形象	
	纯粹利他价值观	MM1	我方在任何时候都不会为自身利益而不顾公共利益	（Casali，2011；张坤，2013）
		MM2	我方在任何时候都不会做社会所不能接受的事情	
		MM3	我方的决策遵循了在组织中学习到的道德准则	
		MM4	我方的决策会尽力符合自身价值观	

MSR 行为转变题项　　表 8-6

类别	细分类别	编码	题项	来源
主体心理	MSR 行为转变	CT1	我方主动将企业社会责任更充分地纳入战略规划中	修改自（张坤，2013）
		CT2	我方主动在日常经营活动中为承担相应的社会责任投入更多资源	
		CT3	我方主动为相应的企业社会责任制定更具体的行动计划	
		CT4	我方主动对承担社会责任的目标进行更多的监督	

8.5.3 问卷预处理

在正式发放问卷之前，课题组对参与过港珠澳大桥或深中通道建设的资深行业专业人士进行了 3 次访谈，并面向 102 名具有重大工程建设管理经验的工程管理人员进行了预调研。这些工程管理人员参与的重大工程类型非常广泛，涵盖长大桥梁、大型赛事展会、机场、高铁、地铁等多种类型的重大基础设施工程。最终共回收问卷 102 份，其中包括 69 份纸质版问卷和 33 份电子版问卷，通过初步的数据筛选，删除填写完整度不足 90% 的问卷和题项答案相同率超过 80% 的无效问卷，共剩余 56 份有效问卷，有效问卷回收率为 54.9%。

1. 信度分析

信度旨在检验量表的一致性，信度越高则表示收集的数据具有较高的稳定性，不会因为不同形式或者不同时间的测量而有较大变动。Oksenberg 等指出，预调研通常需要获取 25～75 个有效样本（Oksenberg，Kalton，1991）。本研究预调研共收集有效样本 56 个，达到要求。信度的常见测量指标为修正的项目总体相关系数（CICT）和克隆巴赫阿尔法系数（Cronbach α）。当题项 CICT 大于 0.5 且对应的潜变量 Cronbach α 大于 0.7 时说明信度较高，否则应当对剔除题项 CICT 小于 0.5 或者题项删除后 Cronbach α 显著提高的题项。各个潜变量的信度检验结果分别见表 8-7 自利利他价值观信度检验结果、表 8-8 纯粹利他价值观信度检验结果、表 8-9 制度环境信度检验结果、表 8-10 关系倾向信度检验结果、表 8-11 关系信任信度检验结果、表 8-12 关系沟通与投入信度检验结果、表 8-13MSR 行为转变信度检验结果。根据各潜变量信度检验结果，对纯粹利他价值观的 MM2 题项予以剔除。其余题项 CICT 均大于 0.5 且对应的潜变量 Cronbach α 均大于 0.7，说明量表的内在一致性较高。

自利利他价值观信度检验结果　表 8-7

题项	CICT	题项删除后 Cronbach α	Cronbach α
EM1	0.753	0.968	
EM2	0.894	0.966	0.929
EM3	0.840	0.977	
EM4	0.866	0.966	

纯粹利他价值观信度检验结果　表 8-8

题项	CICT	题项删除后 Cronbach α	Cronbach α
MM1	0.534	0.869	
MM2	0.489	0.844	0.825
MM3	0.850	0.983	
MM4	0.851	0.705	

制度环境信度检验结果　表 8-9

题项	CICT	题项删除后 Cronbach α	Cronbach α
IP1	0.502	0.886	
IP2	0.731	0.797	0.853
IP3	0.764	0.782	
IP4	0.795	0.769	

关系倾向信度检验结果　表 8-10

题项	CICT	题项删除后 Cronbach α	Cronbach α
TE1	0.644	0.878	
TE2	0.838	0.802	0.878
TE3	0.654	0.877	
TE4	0.828	0.806	

关系信任信度检验结果　　表 8-11

题项	CICT	题项删除后 Cronbach α	Cronbach α
TR1	0.769	0.865	
TR2	0.752	0.873	0.895
TR3	0.836	0.839	
TR4	0.728	0.881	

关系沟通与投入信度检验结果　　表 8-12

题项	CICT	题项删除后 Cronbach α	Cronbach α
TI1	0.564	0.851	
TI2	0.634	0.808	
TI3	0.725	0.781	0.838
TI4	0.703	0.789	
TI5	0.687	0.792	

MSR 行为转变信度检验结果　　表 8-13

题项	CICT	题项删除后 Cronbach α	Cronbach α
CT1	0.899	0.938	
CT2	0.919	0.932	0.955
CT3	0.881	0.943	
CT4	0.860	0.949	

2. 效度分析

在预调研中，本书采用探索性因子分析来检验测量量表的结构效度。为此，首先进行了 KMO 检验和巴特利球形检验以测试回收的数据是否适合进行因子分析（荣泰生，2010）。KMO 的取值范围为 0～1，其值越小意味着越不适合进行因子分析，当小于 0.5 时，不应采用因子分析。巴特利球形检验的显著性如果小于 0.05，则说明数据适合进行因子分析。根据表 8-14 显示的检验结果，所有量表的 KMO 值都大于0.5，其巴特利球形检验的显著性都小于 0.05。这说明数据适合做因子分析。

预调研数据 KMO 检验和巴特利球形检验结果　　表 8-14

		MSR 行为转变量表	关系互动量表	制度环境量表	纯粹利他价值观量表	自利利他价值观量表
KMO 检验		0.859	0.828	0.765	0.646	0.836
巴特利特球形度检验	近似卡方	240.213	488.331	100.468	98.552	160.362
	自由度	6.000	78.000	6.000	6.000	6.000
	显著性	0.000	0.000	0.000	0.000	0.000

各个测量量表的因子分析结果分别见表 8-15～表 8-19。在因子分析中，因子载

荷低于 0.5 的题项被删除。可以看出，纯粹利他价值观量表中的 MM2 题项因子载荷小于 0.5，无法与其他题项归入同一因子，因此将此题项删除。其余测量量表的因子载荷均满足要求，也没有出现交叉载荷的题项，因此，保留其余测量量表的题项。

MSR 行为转变量表因子分析结果　　　　　表 8-15

变量	因子	变量	因子
	1		1
CT1	0.932	CT3	0.934
CT2	0.963	CT4	0.934

关系互动量表因子分析结果　　　　　表 8-16

变量	因子		
	1	2	3
TE1	0.281	0.704	0.428
TE2	0.574	0.897	0.634
TE3	0.603	0.796	0.612
TE4	0.629	0.897	0.500
TI1	0.376	0.461	0.611
TI2	0.590	0.553	0.769
TI3	0.323	0.502	0.773
TI4	0.246	0.369	0.769
TI5	0.613	0.553	0.799
TR1	0.868	0.686	0.563
TR2	0.838	0.613	0.423
TR3	0.895	0.452	0.500
TR4	0.835	0.466	0.575

制度环境量表因子分析结果　　　　　表 8-17

变量	因子	变量	因子
	1		1
IP1	0.713	IP3	0.843
IP2	0.817	IP4	0.891

纯粹利他价值观量表因子分析结果　　　　　表 8-18

变量	因子	变量	因子
	1		1
MM1	0.715	MM3	0.953
MM2	0.142	MM4	0.943

自利利他价值观量表因子分析结果 表 8-19

变量	因子	变量	因子
	1		1
EM1	0.803	EM3	0.923
EM2	0.925	EM4	0.920

3. 数据收集

为了保证数据的有效性，课题组遵循了标准的问卷设计规范，并对量表进行了仔细的修正。通过纸质问卷和电子问卷对不同类型重大工程的管理人员进行了调研，收回 175 份问卷，删除填写完整度不足 90% 的问卷和题项答案相同率超过 85% 的无效问卷后，有效问卷 132 份，有效率为 75.4%。表 8-20 样本描述性统计分析显示了样本来源的项目类型多样性、人员工作经验多样性和问卷填写者的角色多样性，从而反映了来自不同背景的受访者的观点，确保了结果的可靠性和普遍性。

变量之间的相关性见表 8-21。可以观察到，MSR 行为转变与重大工程类型、单位类型、职位没有相关性。MSR 行为转变与理论模型所提取的制度环境、关系互动、自利利他价值观和纯粹利他价值观变量具有相关性。在这几对变量之间分别做单一选择后，计算各个变量方差膨胀因子（VIF）的值。发现都在 1~10，变量之间的多重共线性问题被排除。

样本描述性统计分析 表 8-20

变量	类别	数值	百分比（%）
参与的重大工程类型	摩天大楼	5	3.8
	长大桥梁	59	44.6
	大型赛事展会	5	3.8
	机场、高铁、地铁等交通基础设施	18	13.6
	城市综合体	23	17.4
	其他项目	22	16.8
单位类型	政府部门	7	5.3
	业主部门	30	22.7
	咨询单位	2	1.5
	施工单位	57	43.2
	监理单位	20	15.2
	检测单位	10	7.6
	供应商	1	0.8
	勘察设计	3	2.3
	其他单位	2	1.5
性别	男	108	81.8
	女	24	18.2

续表

变量	类别	数值	百分比（%）
学历	高中及以下	1	0.8
	专科	14	10.6
	本科	90	68.2
	硕士及以上	27	20.5
职位	基层管理者	68	51.5
	中层管理者	41	31.1
	高层管理者	8	6.1
	其他	15	11.4
在工程建设领域的工作时间	3 年以下	18	13.6
	3~5 年	26	19.7
	5~10 年	35	26.5
	10~15 年	25	18.9
	15~20 年	14	10.6
	20 年以上	14	10.6
参与重大工程建设的工作时间	3 年以下	42	31.8
	3~5 年	31	23.5
	5~10 年	31	23.5
	10~15 年	18	13.6
	15~20 年	3	2.3
	20 年以上	7	5.3

变量 Spearman 相关性　　　　　　　　　　　表 8-21

变量	1	2	3	4	5	6	7	8
1. MSR 行为转变	1.000							
2. 单位类型	0.171	1.000						
3. 职位	0.035	0.079	1.000					
4. 重大工程类型	0.018	−0.027	−0.088	1.000				
5. 制度环境	0.740**	0.143	−0.002	0.081	1.000			
6. 关系互动	0.698**	0.178*	−0.010	0.082	0.659**	1.000		
7. 自利利他价值观	0.620**	−0.013	0.078	0.027	0.705**	0.488**	1.000	
8. 纯粹理他价值观	0.700**	−0.123	−0.007	0.160	0.738**	0.653**	0.659**	1.000

注：** $p<0.01$；* $p<0.05$。

4. 测量模型的检验

本书采用偏最小二乘结构方程模型（Partial Least Squares Structural Equation Modeling，PLS-SEM）对数据进行分析。PLS-SEM 和基于协方差的结构方程模型

（Covariance-based Structural Equation modeling，CB-SEM）是结构方程模型的两种不同形式。与 CB-SEM 相比，PLS-SEM 在本研究中具有两个优势。首先，PLS-SEM 面对小样本时具有更强大的分析能力（Hair 等，2011）。本研究有效样本数为 132，小于 CB-SEM 所要求的 290 样本量（量表题项的 10 倍）（Barclay 等，1995），属于小样本。其次，当模型仍处于探索阶段或者其理论基础需要进一步发展的情况，PLS-SEM 方法要优于 CB-SEM。目前很少有研究者探讨 MSR 行为演化全过程，MSR 行为演化规律仍然处于探索阶段，因此，PLS-SEM 更适合于本研究。

为了检验反映性测量模型，Urbach 等指出需要评估每个题项的因子载荷和每个构面的平均方差提取量，组合信度以及内部一致性（Urbach，Ahlemann，2010）。因此，本书基于上述指标来判断测量模型的信度和收敛效度。如表 8-22 所示，每个题项的因子载荷都在 0.7 以上且具有显著性。根据信度评估标准（Nunnally，1994），每个构面的组合信度（Composite Reliability，CR）和 Cronbachs Alpha 都大于 0.8，表明每个构面具有良好的信度。为了评估收敛效度，本书测量了每个构面的平均方差提取量（Average Variance Extracted，AVE），结果显示每个构面的 AVE 都大于 0.5，表明各构面的方差的 50% 以上可以被解释，根据收敛效度的标准（Fornell，Larcker，1981），所有构面具有收敛效度。

因子载荷，各构面的平均方差提取量，组合信度和克隆巴斯 α　　表 8-22

题项	因子载荷	t 值	AVE	CR	Cronbachs Alpha
纯粹利他价值观	—	—	0.823	0.933	0.892
MM1	0.840	19.582	—	—	—
MM2	0.947	91.261	—	—	—
MM3	0.930	70.284	—	—	—
自利利他价值观	—	—	0.847	0.957	0.940
EM1	0.888	21.408	—	—	—
EM2	0.939	56.018	—	—	—
EM3	0.933	68.310	—	—	—
EM4	0.921	50.173	—	—	—
制度环境	—	—	0.771	0.931	0.900
IP1	0.813	17.209	—	—	—
IP2	0.891	40.614	—	—	—
IP3	0.899	31.726	—	—	—
IP4	0.905	48.262	—	—	—
关系倾向	—	—	0.765	0.928	0.897
TE1	0.809	13.307	—	—	—
TE2	0.910	55.508	—	—	—
TE3	0.853	28.338	—	—	—

续表

题项	因子载荷	t 值	AVE	CR	Cronbachs Alpha
TE4	0.921	62.592	—	—	—
关系信任	—	—	0.808	0.944	0.921
TR1	0.890	37.676	—	—	—
TR2	0.895	38.016	—	—	—
TR3	0.903	46.558	—	—	—
TR4	0.906	53.197	—	—	—
关系沟通与投入	—	—	0.689	0.917	0.887
TI1	0.770	16.121	—	—	—
TI2	0.849	26.145	—	—	—
TI3	0.826	22.797	—	—	—
TI4	0.840	22.175	—	—	—
TI5	0.863	35.074	—	—	—
MSR 行为转变	—	—	0.897	0.972	0.962
CT1	0.940	76.056	—	—	—
CT2	0.958	86.745	—	—	—
CT3	0.953	75.014	—	—	—
CT4	0.935	61.049	—	—	—

关系互动为二阶构面，其解释方差反映在它的三个主要维度上，其中关系信任的方差解释率为 78.9%、关系倾向的方差解释率为 73.2%、关系沟通与投入的方差解释率为 82.6%。本书同样进行了信度和效度的检验。首先，所有题项因子载荷大于 0.7 且具有显著性。其次，关系互动的 CR 为 0.923（>0.8），AVE 为 0.799（>0.5）。因此，关系互动二阶构面具有良好的信度和收敛效度。关系互动二阶测量模型的检验结果见表 8-23。

关系互动二阶测量模型的检验结果　　　　　　　　　　　　　表 8-23

	关系倾向	关系信任	关系沟通与投入
β	0.856	0.888	0.909
t 值	33.33	40.59	52.78
R^2	73.2%	78.9%	82.6%

为了评估区别效度，本书比较了平均方差提取量（AVE）的平方根与各构面之间的相关系数。表 8-24 给出了构面的相关矩阵和平均方差提取量（AVE）的平方根。根据区别效度的判断标准（Fornell，Larcker，1981），各构面的 AVE 算术平方根都大于相应模型中各构面之间相关系数的绝对值，这说明各潜变量具有良好的区别效度。同时，本书还验证了交叉载荷和各题项因子载荷（Chin，1998），结果显示题项的因子载荷高于其交叉载荷。因此，可以推断模型中的各构面都有较好的区别效度。

各变量测量量表的区别效度检验　　　　表 8-24

	1	2	3	4	5
1. 纯粹利他价值观	0.907				
2. 自利利他价值观	0.699	0.920			
3. 制度环境	0.786	0.713	0.878		
4. 关系互动	0.781	0.604	0.710	0.894	
5. MSR 行为转变	0.776	0.672	0.797	0.777	0.947

注：对角线上加粗的数字是平均方差提取量的平方根。

5. 结构模型的检验

在验证测量模型后，本书运用 PLS-SEM 来评价结构方程模型的解释力、预测有效性和路径系数以及其显著性。模型解释力通过可解释方差 R^2 来评估。R^2 为 0.19、0.33、0.67 时分别对应内生构面可解释方差程度的弱、中、强（Chin，1998）。在本书模型中，关系互动和 MSR 行为转变是两个被解释变量，R^2 值分别为 0.504 和 0.699。因此，可以推断本研究提出的模型能较强地解释重大工程参建方的 MSR 行为转变的过程。

对于预测有效性，本研究通过 Q^2 检验对模型进行评估（Geisser，1975；Stone，1974）。检验结果 Q^2 大于 0，则说明结构方程模型具有预测有效性。关系互动和 MSR 行为转变的 Q^2 分别为 0.298 和 0.617 均大于 0。因此，模型具有预测有效性。

本研究通过 300 次迭代执行 PLS 算法以获得路径系数，并使用 5000 次抽样进行 bootstrapping，以测试路径系数的显著性。制度环境和关系互动之间存在正向相关关系（$\beta=0.710$，$p<0.001$），支持 H_1。关系互动对 MSR 行为转变存在正向相关关系（$\beta=0.407$，$p<0.001$），支持 H_2。自利利他价值观对 MSR 行为转变没有显著影响（$p>0.05$），不支持 H_3。纯粹利他价值观和 MSR 行为转变之间存在正向相关关系（$\beta=0.313$，$p<0.01$），支持 H_4。详见图 8-6MSR 行为演化理论模型路径系数及表 8-25MSR 行为演化理论模型研究假设检验结果。

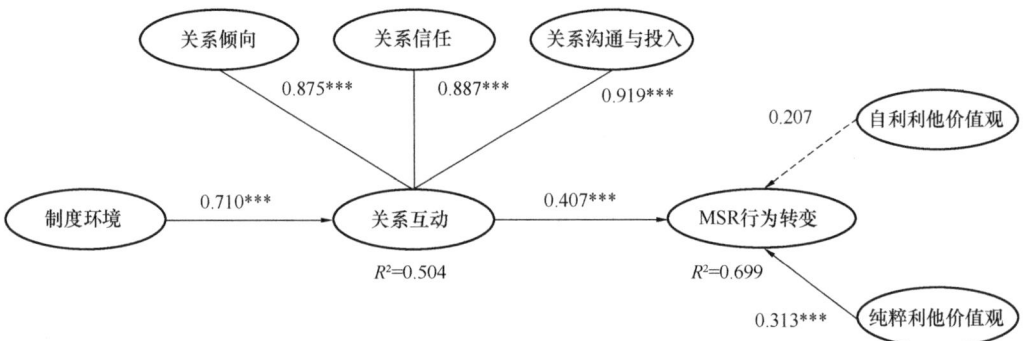

图 8-6　MSR 行为演化理论模型路径系数
注：$***\ p<0.001$；$**\ p<0.01$；$*\ p<0.05$

MSR 行为演化理论模型研究假设检验结果　　　　　　表 8-25

序号	假设内容	验证结果
H₁	制度环境对关系互动有显著的正向影响	成立
H₂	关系互动对 MSR 行为转变意向有显著的正向影响	成立
H₃	自利利他价值观对 MSR 行为转变意向有显著的正向影响	不成立
H₄	纯粹利他价值观对 MSR 行为转变意向有显著的正向影响	成立

接着，本研究通过关系互动，即关系互动的中介作用，研究了制度环境对 MSR 行为转变的间接效应。在本研究中，使用 bootstrapping 方法来估计间接效应的显著性。发现制度环境通过关系互动对 MSR 行为转变有显著的影响。详见表 8-26 变量直接效应，间接效应和总效应的系数。

变量直接效应、间接效应和总效应的系数　　　　　　表 8-26

因变量	自变量	直接效应	间接效应	直接效应	t 值
关系互动	制度环境	0.710		0.710	12.61***
MSR 行为转变	纯粹利他动机	0.313		0.313	3.26**
	制度环境		0.289	0.289	3.57***
	自利利他动机	0.207		0.207	1.88
	关系互动	0.407		0.407	4.11***

6. 检验结果讨论

综合所有检验结果来看，上文所提出的 MSR 行为演化理论模型具有较强的解释力。首先，假设 H₁ 得到支持，结果显示制度环境显著促进了行为主体的关系互动进程。这验证了本研究提出的主体交互的诱因是制度环境，制度环境构成了主体的决策环境的观点。其次，假设 H₂ 得到支持，结果显示关系互动显著促进了行为主体 MSR 行为的转变。这验证了本研究提出的关系互动是主体交互的主要途径，形成了主体之间决策关联的观点。

其次，结果显示关系倾向、关系信任、关系沟通与投资三个构面对于关系互动具有较强的解释力，这支持了本研究对于关系互动三阶段的划分。再次，假设 H₃ 并未得到支持，结果显示自利利他价值观并未显著促进行为主体 MSR 行为的转变。这可能是由于中国重大工程参建方往往是国企，国企不同于普通企业，它们大多实力雄厚，并不为未来的商业利益而担忧。更重要的是，国企肩负着保障国计民生的重任，利益并非他们的第一目标。考虑到儒家思想强调社会利益对于个人利益的重要性，这种思想使得这些国企的高层管理团队更愿意为社会提供福祉（Li，Liang，2015）。

最后，假设 H₄ 得到支持，结果显示纯粹利他价值观显著促进了主体的 MSR 行为转变。综合假设 H₃ 和 H₄ 来看，这验证了本研究提出的高层管理团队价值观最终决定 MSR 行为转变与否，推动 MSR 行为决策产生的观点。

1）制度环境

环境对于组织的影响得到了强调（Brooks，2010），从检验结果来看制度环境对于关系互动的促进作用非常显著。中国重大工程处在复杂的制度环境中，顶层制度、政府规制、行业规范、社区意见等多种制度环境要素对参建方形成了强大的制度压力。参建方需要向利益相关者展示出满足其期望的 MSR 表现水平以获取在工程组织场域中生存的合法性（Fuenfschilling，Truffer，2014）。再叠加上重大工程的不确定性，参建方无法单纯依靠自身的认知来履行好社会责任。因此，通过关系互动来降解不确定性认知，获取社会责任知识和资源便成为一种理性且有效的方式。

2）关系互动

结果表明，关系互动对于促进 MSR 行为转变的产生具有显著促进作用，而且显著中介了制度环境对于 MSR 行为转变的促进作用。Sanderson 等指出，关系互动有利于建立一个持续的、迭代的社会学习进程从而提高主体的 MSR 行为表现。在社会学习进程中，参建方可以获取、解释、评估和最终分享关于 MSR 行为不同方面的知识和信息，进而改变 MSR 认知，产生 MSR 行为转变意向（Sanderson，2012）。至于关系互动中介了制度环境对于 MSR 行为转变的促进作用，这一结论与社会网络为制度环境要素的扩散提供了工具的观点是相符的。制度理论认为，组织之间的关系网络为组织制度化的传播提供了一种渠道，关系互动进程显著推动了组织同构现象的产生（Galaskiewicz，Wasserman，1989）。

3）高层管理团队价值观

从检验结果来看，纯粹利他价值观而非自利利他价值观显著促进了主体的 MSR 行为转变。崇高是重大工程利益相关者的普遍愿望，他们可能追求利己主义、道德等多种类型的崇高（Syn，Ramaprasad，2019），这在中国重大工程中更为突出。中国重大工程的参建方多为国企，他们肩负着保障国计民生的重任，利益并非他们的第一目标。儒家思想强调了社会利益对于个人利益的重要性，"项目大于一切"的价值观正是表现性质之一。这种价值观念使得这些国企的高层管理团队更愿意为社会提供更大的福祉（Li，Liang，2015）。此外，样本描述性统计显示具有本科及以上学历的被调查者占到了 88.7%，较高的教育水平可能让被调查者更好地意识到履行社会责任对于重大工程的重要性，进而激发他们的集体意识和奉献精神，因此他们具有较强的纯粹利他价值观而非自利利他价值观。有趣的是，样本描述性统计分析表明大多数被调查者是基层和中层管理者，但纯粹利他价值观仍是显著的。这可能是由于高层领导者发挥出了带头模范作用。特别是在中国情境下，家长式领导风格普遍存在，领导在团队中往往扮演了"家长"的角色来影响和带动整个团队。

第 9 章　重大工程社会责任行为
演化仿真计算模型

> 　　本章首先在前文提出的重大工程社会责任行为演化仿真理论模型的基础上，通过设置 Agent 相关参数，Agent 行为交互过程和 Agent 行为交互规则构建出了可以描述 MSR 行为演化全过程和全要素的计算模型。其次借助 Netlogo 平台实现了计算模型，并从概念效度、操作效度和数据效度三个角度进行了验证。

9.1　重大工程社会责任行为演化仿真技术路线与模型实现

9.1.1　仿真技术路线

　　上一章节验证了本研究提出的理论模型，本章将在其基础上构建出可以描述 MSR 行为演化全过程和全要素的可计算模型。Louie 等指出，基于 Agent 的模拟仿真过程应当包括设定心智模型、设定概念模型和构建计算模型三部分，并通过案例实证对模型进行修正（Louie，Carley，2008）。梁茹等指出社会系统的计算实验模型包括物理层级的实际问题、逻辑层级的概念模型以及应用层级的计算模型三部分（梁茹等，2017）。即通过对实际问题的分析，建立概念模型，进而通过编程实现计算模型，对实际问题进行模拟实验。丁翔等指出，针对复杂巨系统的计算实验应当结合"自上而下"与"自下而上"两种研究思路（丁翔等，2015）。其中"自上而下"思路是指情景构建先总体再模块的具体化过程，从实际情景抽象出概念情景，再概括出包含系统要素、主体关联、主体行为等内容的结构化情景。"自下而上"思路是指计算实现先模块再总体的过程，先设定智能体的自身属性、交互规则、行为逻辑等，再研究智能体交互所涌现出的系统整体特性。

　　综合以上学者的研究思路，本研究将模拟仿真过程分为以下三个步骤，首先是情景建模，包括从现实情境抽象概括出概念情景以及数据化描述概念情景形成结构化情景两部分。第一部分即 MSR 行为演化理论模型的构建与验证，上文已经实现；第二部分则需要从理论模型映射到计算模型，这是本章要完成的工作。其次是计算模型实现，基于结构化情景编程实现计算模型，并进行模型测试与验证。最后是案例仿真分析，选择深中通道这个典型重大工程案例，提取相应参数作为模型输入，运行模型并通过敏感性分析总结归纳出重大工程社会责任行为演化规律。

模拟仿真过程具体见图 9-1 模拟仿真技术路线图。

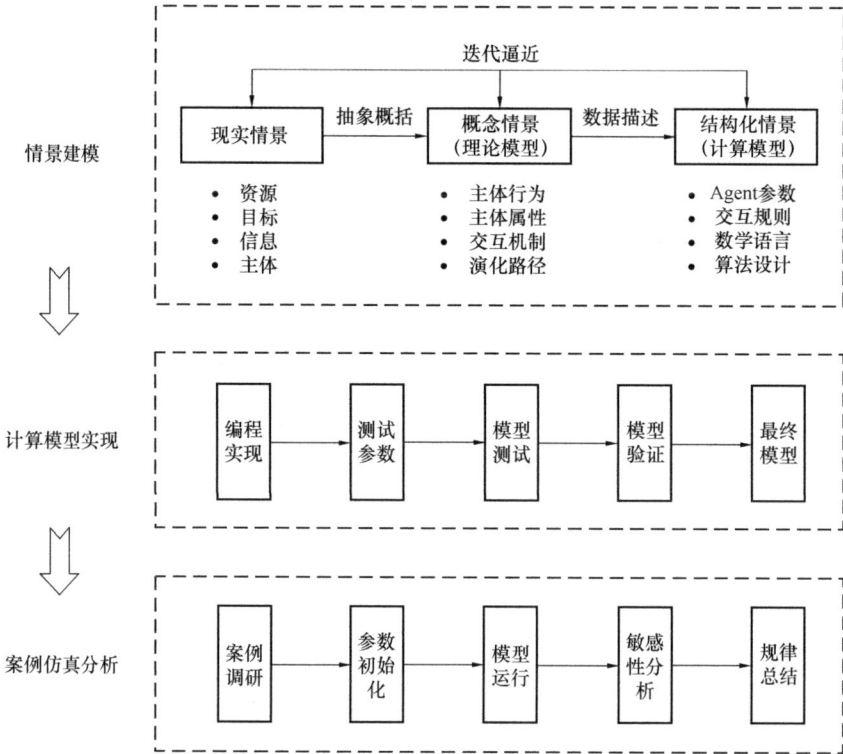

图 9-1　模拟仿真技术路线图

9.1.2　重大工程社会责任行为演化计算模型实现

Netlogo 是一个可以对自然现象和社会现象进行模拟仿真的可编程建模环境，最初由 Uri Wilensky 在 1999 年发起，后续开发和更新工作由连接学习和计算机建模中心提供支持。Netlogo 使用的编程语言由 logo 语言发展而来，其强大的开放性和控制能力使得 Netlogo 可以很方便地对数以千计独立运行的 Agent 发出指令。Netlogo 不仅可以模拟微观主体，更能探究出微观层面主体行为与宏观层面系统模式的联系，故特别适用于模拟随时间演化的复杂巨系统。因此，选用 Netlogo 作为重大工程社会责任行为演化计算模型的开发平台。

Netlogo 软件主要包括两个要素，"世界"和"主体"。第一个要素是"世界"（World），即模型运行时主体存在的虚拟空间，默认空间是一个无边界可回绕的环面（Torus），由一个个瓦片（Patches）构成，每个瓦片默认为一个正方形的地面（Ground），具有唯一的坐标。建模者可以在瓦片上创建主体，瓦片除了不能移动之外，同样跟主体一样具有可操作性。第二个要素是"主体"，即能执行指令的个体，包括海龟（Turtles）和观察者（Observer）。海龟即是作为 Agent 的智能体，是现实世界中被模拟主体在虚拟空间中的展现，通过设置属性参数和交互规则，海龟在"世界"中移动，可以和海龟、瓦片进行交互，前者代表了主体间的交互作用，后者代表了主体同环境的交互作用。观察者即是在虚拟空间之外，以上帝视角俯视整个虚拟空间的观测人员，其主要作用在于向"世界"和"主体"输入指令，并不会参与到模拟过程中来。具体如图 9-2Netlogo 平台示意图。

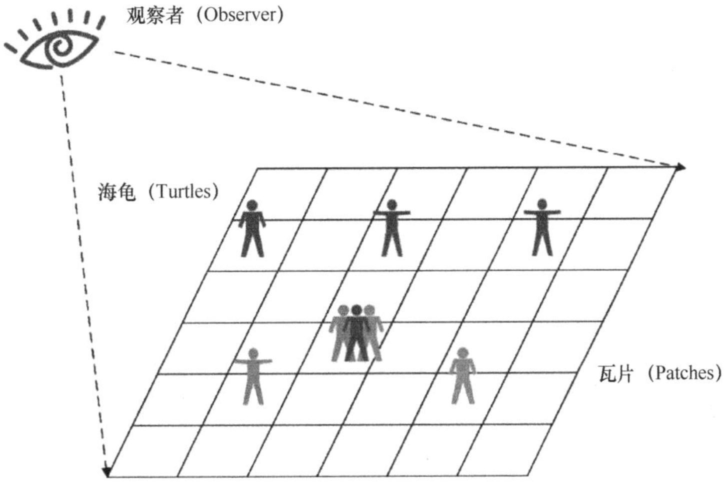

图 9-2　Netlogo 平台示意图

　　在本模型中，瓦片构成了 MSR 行为主体的交互空间，海龟则代表了政府和企业两大类行为主体。当主体之间建立其关系时，海龟之间会出现一条链。这在模型中代表着两个主体之间成功建立了关系。观察者则代表了研究人员，通过设置参数和规则来控制 MSR 行为的模拟进程。最终建立的模型见图 9-3。模型左上方有四个灰色按

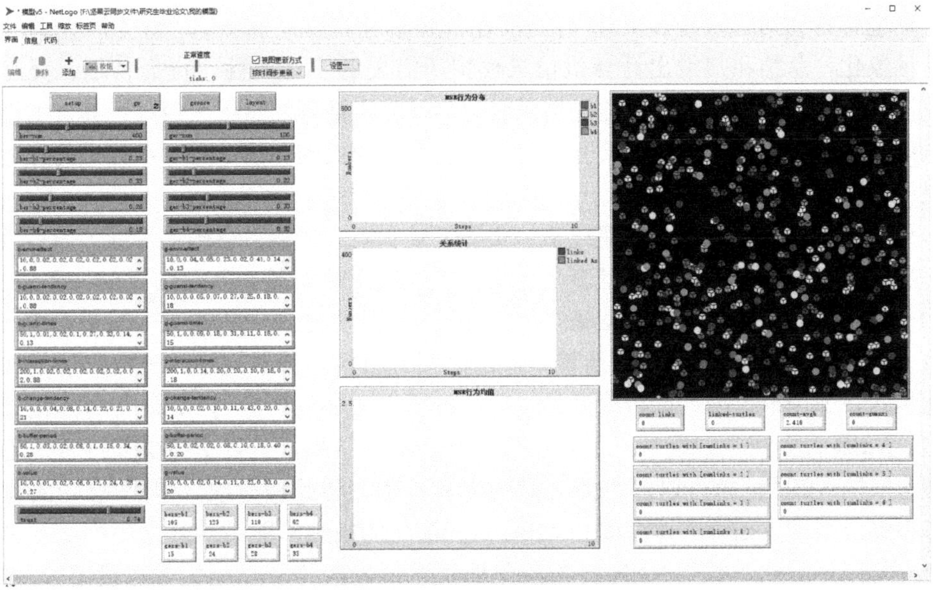

图 9-3　MSR 行为演化计算模型

钮，分别为 Setup、go、goonce 和 layout，分别起到模型初始化、模型连续运行、模型单步运行、使用弹簧布局优化网络视图的作用。模型左下方的绿色小窗体为各项参数的输入，分为滑块和输入框两类。模型中间的 3 个黄色大窗体可以在模型运行过程中以图的形式输出所指定的参数，包括各类 MSR 行为的分布情况，关系数量，MSR行为均值等。模型右侧的黑底窗体为"世界"，展示 Agent 的状态、属性以及交互过程等。模型右下侧以及左侧最下方的若干个黄色小窗体以值的形式输出所指定的参数，包括各类 MSR 行为的准确数量、Agent 的关系数量分布情况等。

在模型中，政府方的形状使用 Netlogo 中的"box"类型，其外表为一个立方体。企业方的形状使用 Netlogo 中的"circle"类型，其外表为一个圆圈。MSR 行为上文8.1.2 小节中已将其划分为了防御行为、反应行为、适应行为和利他行为四种类型，在模型输入中分别代号 b1、b2、b3、b4 代表，其表现水平分别用 1，2，3，4 衡量，其颜色分别用红色、黄色、蓝色和绿色所表示。

9.2 重大工程社会责任行为演化计算模型设定

计算实验方法是以综合集成理论为指导，通过计算机技术再现管理系统中的复杂情景进行动力揭示、行为分析、探索演化规律的一种方法。管理系统中复杂情景的模拟再现是后续分析探索的基础，因此计算实验应用的关键点在于将复杂情景再现于计算机上，即进行情景建模。

传统的系统建模方法分为两类，结构建模和功能建模，前者注重于描述系统的结构构成和要素关联，后者注重于描述系统的输入和输出。不同于传统建模方式，情景建模的方式考虑到了行为的情境依赖性，注重描述主体的行为特征以及相关联的情节、环境背景和问题依托。MSR 行为演化的情景建模即是将 MSR 行为演化的情景进行抽象化，总结和归纳出计算机情景模拟所需的主体属性、行为特征、交互规则、演化过程等，从而将抽象化的情景转化为计算机情景的过程。通过计算机上管理情景的再现，微观层级主体的交互行为，真实情景的机理和规律得以在虚拟的计算机情景中得以揭示。

梁茹指出，情景的计算构建包括"实际情景、概念情景、结构化情景、计算机实现"这四个过程，其中实际情景即是真实世界，概念情景是对实际情景的抽象概括，结构化情景是对概念情景的数据描述，计算机实现则是通过编程进行再现和重构实际情景（梁茹等，2017）。在概念情景即理论模型得出后，核心问题在于概念情景和结构化情景，即理论模型和计算模型的映射。根据上文分析得出的 MSR 行为演化理论模型，MSR 行为演化即是不同主体进行交互活动的结果，通过主体交互过程，不同表现水平的 MSR 行为得以在主体之间传递和扩散。与此相对应，MSR 行为演化的计算模型应当重点刻画主体对象和 MSR 行为演化的规则，即 Agent 之间的交互过程和交互规则。因此，本节 MSR 行为演化情景建模包括 Agent 相关参数设定以及 Agent 行为交互过程设定、Agent 交互规则设定三部分。

9.2.1　Agent 相关参数设定

在组织模拟中，Agent 的含义可以根据模型粒度的粗细分为两类：一类粒度较细，一个 Agent 往往被视为一个人或者一组具有相同目标和相同职能的人，比如一个部门，一个团队；另一类粒度较粗，往往被视为宏观环境中的一个组织。在本研究中，一个 Agent 被视为一个单独的重大工程参建人员。但 Agent 并非对于现实人员的完全复制，而根据研究需要进行有选择地提取出相应特征，因为本研究根据上文分析得出的理论模型设置 Agent 相应参数如下：

1. 制度环境因素设定

Robbins 提出的组织行为模型将组织视为由个体组成，受到环境影响的多级系统（Robbins，1998）。组织中的个体不仅要受到个体特征的制约，还会受到环境中群体舆论、群体规范等要素的导向作用。重大工程组织作为复杂性组织，环境中存在大量制度因素的交互作用和影响机制，主体基于此感知到的制度环境构成了 MSR 行为的前置变迁动力。

在仿真中制度环境作用 Envir—effect 表示，包括 b—envir—effect 和 g—envir—effect 两类。制度环境作用代表了制度环境对于主体的影响作用，值越大表示对主体的驱动作用越大，主体越有可能主动同其他主体进行关系互动。取值区间借鉴张兵进行腐败环境仿真分析时所设置的取值区间，取为（0，10）（张兵，2016）。基于问卷调研的结果确定实际参数值分布，生成概率密度函数。具体参数如下：

$$\left\{ \begin{array}{c} Envir—effect = \{b—envir—effect, g—envir—effect\} \\ b—envir—effect \in (0,10) \\ g—envir—effect \in (0,10) \end{array} \right\} \tag{9-1}$$

2. 关系互动因素设定

1）关系倾向

我国 MSR 实践尚处在起步阶段，新的 MSR 相关制度并未完全得到确立，旧的 MSR 相关制度在缺乏完备性的背景下依旧发挥着作用。面对新旧制度交替中的真空期，主体往往倾向于通过关系互动建立非正式的关系网络来沟通 MSR 相关事宜。而且在关系互动的过程中，分布于不同区域、组织、机构的 MSR 相关知识和资源被有效整合起来，各个主体的 MSR 行为得以耦合（Hahn 等，2006）。而且由于主体各自的行为环境、资源禀赋等因素的不尽相同，主体各自的关系倾向强度可能也不尽相同。

在仿真中，关系倾向强度用 Guanxi-tendency 表示，其代表了主体与其他主体建立关系的倾向程度，其值越大主体之间建立关系的可能性越大。ABMS 通常包括概率成分，Agent 的选择过程可以被假定为基于某种倾向的可能概率而不是确定的偏好。这种假定在模拟适应、扩散、学习等过程是适用的（Wall，2016）。基于 Lu 等建立的关系倾向取值区间，本书同样将关系倾向强度的取值区间设定为（0，10）的连续数字，并通过概率密度函数保证参数值的分布与案例实际情况相符（Lu 等，2007）。由于 MSR 行为主体被分为企业和政府两大类，关系倾向强度同样分为 b-guanxi-tendency 和 g-guanxi-tendency 两类。为了保证 Agent 规则的稳定性，假设同一行为人对于同类和异类行为人的关系倾向值一定。关系伙伴的选择倾向则是根据 TE4 和 TE5 的得分乘积确定，其值越大，选择对应主体建立关系的概率越高。具体设置如下：

$$\left\{ \begin{array}{c} Guanxi-tendency = \{b-guanxi-tendency, g-guanxi-tendency\} \\ b-guanxi-tendency \in (0,10) \\ g-guanxi-tendency \in (0,10) \end{array} \right\} \quad (9\text{-}2)$$

2）关系信任

将不同主体掌握的 MSR 知识和资源整合起来是一个困难的过程，这需要主体之间具备尊重和信任的基础（Berkes 等，2006）。信任是建立关系的前奏，是决定协作成功与否的关键因素（Berkes，2009）。重大工程社会责任的复杂性要求不同主体之间构建稳固关系以实现紧密协作，而主体间信任基础的缺乏会导致关系的稳定性的下降。因此，关系信任是主体间构建关系的必要前提。

在仿真中，关系信任用 Guanxi-trusted? 表示，代表了对尝试构建关系的伙伴是否信任，分为 b-guanxi-trusted? 和 g-guanxi-trusted? 两类。只有主体间相互信任才能进一步接触，才有可能建立关系。因此关系信任的取值类型为布尔值（true，false），主体之间要么信任，要么不信任，信任为真概率的分布通过问卷调研的结果确定。具体如下：

$$\left\{ \begin{array}{c} Guanxi-trusted? = \{b-guanxi-trusted?, g-guanxi-trusted?\} \\ b-guanxi-trusted? \in (true, false) \\ g-guanxi-trusted? \in (true, false) \end{array} \right\} \quad (9\text{-}3)$$

3）关系沟通与投入

在关系建立后，关系的发展依赖于双方的关系沟通和关系投入。为了关系的进一步发展，主体需要定期或者不定期的履行一种无形的义务为关系发展投入时间、情感等资源（Lambe 等，2001）。Ansari 等指出关系双方在一定时限内的互动次数越多则说明双方关系的持久性越好，关系纽带也就越强（Schonberger，Ansari，1984）。

在仿真中，关系沟通与投入用 Guanxi-times 表示，代表主体可接受的关系沟通和投入次数，分为 b-guanxi-times 和 g-guanxi-times 两类。其值越大表示主体之间需要进行的沟通和投入的资源越多，如果实际关系沟通次数超过该值而并未对对方的 MSR 行为转变的意向产生影响，则表示主体会放弃建立关系。Li 指出关系沟通和投入往往需要达到一定的量级，特别是 BG 关系，最多要经历数十次的交互过程来建立稳固的关系（Li，2011）。因此取值区间为（1，50）的整数，具体参数值的分布通过问卷调研的结果确定。具体如下：

$$\left\{\begin{array}{c} Guanxi-times = \langle b-guanxi-times, g-guanxi-times \rangle \\ b-guanxi-times \in (1,50) \\ g-guanxi-times \in (1,50) \end{array}\right\} \qquad (9\text{-}4)$$

从 MSR 行为演化的全过程视角来看，由于主体精力和资源的有限性，主体可接受的总的关系互动的时长是有时限的。Cao 等发现企业之间的相互交往是有一定年限的（Cao，Lumineau，2015）。Zhang 等进一步指出，应当考虑到主体具有一定的理性，当其投入过多而迟迟未能建立起关系时，主体将放弃发展该段关系，转去与其他主体发展关系（Zhang 等，2017b）。因此，主体时间、情感等资源的有限性决定了主体的关系互动是有一定交互长度的。在这段时长内，主体积极同其他主体发展新关系，在超出时长后，主体转而会去积极维护已有的关系，不再发展新关系。问卷中的 TI5 问项即是为此设立。

在仿真中，关系互动长度用 Interaction-times 表示，代表主体发展关系的最大时长，分为 b-interaction-times 和 g-interaction-times 两类。当主体发展关系的时间超过该值时，由于精力的有限性，主体将不再发展新的关系而是转向维护已有的关系。经过专家多次讨论，取值区间为（1，200）的连续整数，参数值分布通过问卷调研的结果确定。具体如下：

$$\left\{\begin{array}{c} Interaction-times = \langle b-interaction-times, g-interaction-times \rangle \\ b-interaction-times \in (1,200) \\ g-interaction-times \in (1,200) \end{array}\right\} \qquad (9\text{-}5)$$

4）关系互动对于 MSR 行为转变的促进作用

社会心理理论指出，主体在社会网络的局部互动中会受到的周围主体的影响（Dong 等，2012），同事被认为是社会影响力的重要来源（Robinson 等，2014）。在关系互动过程中，主体得以感知到关系伙伴以及周围主体的 MSR 行为信息。

由于朋辈压力和从众心理的存在，关系伙伴和周围主体的 MSR 行为对主体自身的 MSR 行为转变起到促进作用。这在强调集体主义和社会认同的中国更具现实意义，因为主体行为更多地体现的是社会心理作用，而非主体内心深处的观念（姚志强，刘伟，2011）。这也跟 Agent 是有限理性的假设是相符的，Agent 并不具有搜索全局信息的能力，而是被假定采取"近视"地行动（Safarzyńska，van den Bergh，2010）。

为了体现这种促进作用，仿真中设置调节系数 Guanxi-promote 来衡量关系伙伴以及周围主体对于 MSR 行为转变的促进作用。其值越大，学习和模仿关系伙伴和周围主体的程度越高，MSR 行为转变倾向越强。其取值区间为（0，1）。由于该促进作用会在每个模拟步长发挥作用，所以已有研究中的取值往往较小。根据 Raoufi 等对于施工团队交互的研究，该值取为 0.09（Raoufi，Robinson Fayek，2018）。

3. 高层管理团队价值观因素设定

在工程的合作过程中，部分主体愿意为共同利益和共同目标而做出牺牲，部分主体则更愿意实现自我利益的最大化（Du，2012）。这种差异性同样体现在关系互动进程中，部分主体很容易学习和模仿其他主体的 MSR 行为进而转变自身 MSR 行为，部分主体则表现得比较慎重，固守其原有 MSR 行为。这取决于组织决策者自身的价值观，因为价值观是引导个体对环境评判以及决定行为的指南（Georgel，Jones，1997）。上一章节的理论模型验证结果指出，自利利他价值观对于 MSR 行为转变的促进作用并不显著。因此，本节只考虑纯粹利他价值观的影响。

在仿真中，纯粹利他价值观用 value 表示，包括 b-value 和 g-value 两类。其值越大代表其自身越有可能在关系互动后发生 MSR 行为转变。取值区间经过专家讨论，并尽可能同其他因素保持一致，设置在（0，10）。基于问卷调研的结果确定实际参数值分布，生成概率密度函数。具体参数如下：

$$\begin{cases} Value = \{b-value, g-value\} \\ b-value \in (0,10) \\ g-value \in (0,10) \end{cases} \tag{9-6}$$

4. 重大工程社会责任行为转变意向

在问卷中，已经通过 TMT 对于社会责任的愿景、承诺、计划展开代表 MSR 行为转变意向对 MSR 行为转变进行了测量。与此对应，在仿真中，MSR 行为转变意向用 Change-tendency 表示，包括 b-change-tendency 和 g-change-tendency 两类。其值越大表示主体转变 MSR 行为的意向越强，越有可能改变自身 MSR 行为。值得指出的是，MSR 行为转变的意向会受到关系互动的促进作用，仿真中会使用调节系数 M 对 MSR 行为转变的意向进行修正，形成最终的 MSR 行为转变意向值。以往意向测度的取值区间多为 0～10 之间的，因为本书同样将取值区间设为（0，10），参数值分布通过问卷调研的结果以及调节系数 M 确定。

$$\begin{cases} Change-tendency = f(Change-tendency, M) \\ Change-tendency = \{b-change-tendency, g-change-tendency\} \\ b-change-tendency \in (0,10) \\ g-change-tendency \in (0,10) \end{cases} \tag{9-7}$$

5. MSR 行为转变缓冲期

社会心理学的观点认为行为改变分为 3 个阶段，分别是行为解冻阶段、行为改变阶段和行为冻结阶段（Faris，1951）。其中行为解冻阶段聚焦于主体行为改变意识的产生；行为改变阶段聚焦于主体通过学习和模仿逐渐放弃固有行为，接受新行为的过程；行为冻结阶段聚焦于新行为的巩固（Contucci 等，2008）。由此可见，新旧行为的交替并不是瞬间完成的，而是在一定时间尺度上发生的渐变过程。对于 MSR 行为转变而言，主体从 MSR 行为转变意向的形成到最终 MSR 行为的转变存在着一个时间差即 MSR 行为转变的缓冲期。在缓冲期内，主体即使受到了其他主体的影响，也有可能受制于自身的价值观而难以产生实质性的转变。即使 MSR 行为转变意向是影响和解释 MSR 行为转变直接最有效的因素，但这并不等同于两者之间遵循严格的因果关系。因此，本书认为有必要考虑 MSR 行为转变的缓冲期效应，缓冲期后主体

MSR 行为可能发生转变，也可能不进行转变。由于尚未有测量 MSR 行为转变缓冲期的量表，故在问卷中设置"当我方观察到其他参建方社会责任履行变好时，我方往往需要较长时间决策跟随"作为衡量 MSR 行为转变缓冲期长短的依据之一。

在仿真中，MSR 行为转变缓冲期用 Buffer-period 表示，包括 b-buffer-period 和 g-buffer-period 两类。MSR 行为转变缓冲期代表了主体从形成 MSR 行为转变最终意向到 MSR 行为转变与否所需要的时间，缓冲期过后，一部分主体转变 MSR 行为，一部分主体最终放弃转变 MSR 行为。在参数区间上，Li 等指出这种缓冲期与关系沟通和投入时的互动次数具有一致性，因此取值区间与关系沟通和投入相同，为（1，50）（Li，2011）。参数值分布有问卷确定。具体如下：

$$\left\{\begin{array}{c} Buffer-period = \{b-buffer-period, g-buffer-period\} \\ b-buffer-period \in (1,50) \\ g-buffer-period \in (1,50) \end{array}\right\} \tag{9-8}$$

9.2.2　Agent 行为交互过程设定

MSR 行为的扩散和传播是一个动态交互的过程，主体通过交互过程进行 MSR 行为传递，其他主体 MSR 行为得以改变。因此本节将具体分析主体发生 MSR 行为转变时所经历的各个阶段。基于上文得出的理论模型，Agent 的交互阶段可以大致分为以下 6 个阶段：

Stage 1：制度环境作用阶段

该阶段主要描述主体受到的制度环境作用。制度环境对于主体具有驱动作用，当主体感知到的制度环境作用突破一定阈值时，主体会尝试同其他主体进行关系互动，从而进行下一阶段，反之则继续停留在该阶段。

Stage 2：关系初始化阶段

该阶段主要描述了主体之间尝试建立关系的过程。主体会倾向于同现实中具有强连带关系的主体发展关系，当双方的关系倾向都达到各自的阈值，并且双方相互信任时，双方成功构建关系，进入下一阶段，反之则停留在该阶段。

Stage 3：关系发展和维持阶段

该阶段主要描述了主体正式确立和维持关系的过程。当主体之间的关系沟通和关系投入次数达到一定强度时，则主体成功发展和维持了关系，主体的 MSR 行为表现水平得以被对方感知，双方进入下一阶段，反之，则解除该段关系返回关系初始化阶段。

Stage 4：MSR 行为转变缓冲阶段

该阶段主要描述了主体感知到其他主体 MSR 行为信息后的 MSR 行为转变缓冲过程。通过关系交互过程，主体可以感知到关系伙伴以及周围主体的 MSR 行为信息，进而将 MSR 行为转变初始意向修正为 MSR 行为转变最终意向。当 MSR 行为转变最终意向在一定阈值内，主体将进入 MSR 行为转变缓冲阶段，反之则仍停留在上一阶段。主体在缓冲阶段仍将维持原有 MSR 行为表现水平，直至此阶段结束时，主体正式选择 MSR 行为转变与否。

Stage 5：MSR 行为转变阶段

该阶段描述了主体在 MSR 行为转变缓冲阶段结束后选择 MSR 行为转变与否的阶段。当主体之间的关系交互次数超过主体自身的缓冲期后，MSR 行为转变缓冲阶段结束，受制于主体的纯粹利他价值观，部分主体选择 MSR 行为转变，部分主体选择不发生转变。

Stage 6：MSR 行为维护阶段

该阶段描述了主体结束进行关系互动的过程。当主体的交互时长达到设定的关系互动长度时，受制于自身精力，主体将转向维护自身 MSR 行为，不再进行关系交互。

图 9-4Agent 交互过程展示了当一个主体成功转变 MSR 行为所经历的各个阶段，各个阶段主体之间的详细交互规则将会在下文介绍。

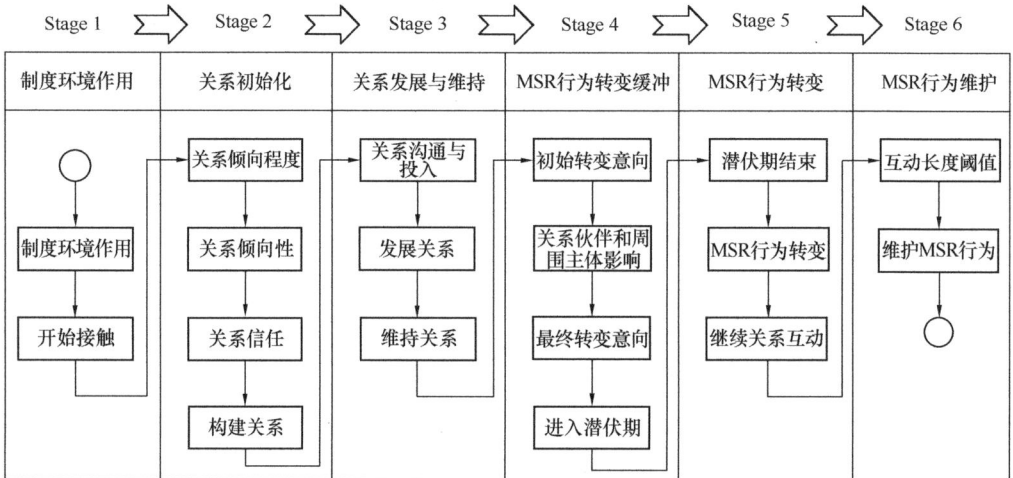

图 9-4　Agent 交互过程

9.2.3　Agent 行为交互规则设定

Agent 作为计算模型的中心，其行为交互规则的设定则是模拟仿真的关键。在既定的行为交互规则下，Agent 的行为不断更新迭代，从而在宏观层级涌现出系统的演化趋势。在具体规则的描述上，张军建立的人工组织系统采用态集合与转换规则集合的方式，其中态集合描述了系统中各个子系统和主体的状态，转换规则描述了状态演化过程的对应关系（张军，盛昭瀚，2005）；张兵建立的腐败传染系统采用状态（Status）序列和行动（Activity）序列来记录主体在腐败交互过程中状态和行动的变化（张兵，2016）；Macal 等提出在 ABMS 中，事件 Event 可以描述 Agent 执行自身行为以及同其他 Agent 和环境进行交互的行为（Macal，M，2016）。由此可看出，A-gent 行为交互规则设定的关键在于描述 Agent 状态和行为的连续变化，借鉴以上学者的研究，本书采用状态集合 Status ｛｝ 来描述 Agent 在不同演化阶段中所处的状况和属性，采用事件集合 Event ｛｝ 来描述 Agent 状态转变过程中行为。

根据上文的理论模型，将 Agent 进行行为交互的 5 个过程对应为 5 个状态，分别是初始状态 S_1、关系互动状态 S_2、MSR 行为缓冲状态 S_3、MSR 行为转变状态 S_4、MSR 行为维护状态 S_5。

$$\left\{\begin{array}{l} Status = \{S_1,S_2,S_3,S_4,S_5\} \\ S_1 = 初始状态； \\ S_2 = 关系互动状态； \\ S_3 = MSR\ 行为缓冲状态； \\ S_4 = MSR\ 行为转变状态； \\ S_5 = MSR\ 行为维护状态； \end{array}\right. \tag{9-9}$$

其中初始状态 S_1 表示系统初始化时主体的初始状态，此时主体具有初始的 MSR 行为表现水平，开始受到制度环境作用。关系互动状态 S_2 表示主体在制度环境作用下，开始关系互动，并与其他主体成功构建关系的状态。MSR 行为缓冲状态 S_3 表示主体通过关系交互过程修正 MSR 行为转变意向，进入行为转变缓冲阶段的状态。MSR 行为转变状态 S_4 表示主体在行为转变缓冲期结束后，成功转变 MSR 行为的状态。MSR 行为维护状态 S_5 指的是主体不再进行关系互动，转向维护自身 MSR 行为的状态。

根据上文的理论模型，将 Agent 进行行为交互的 5 个过程对应了 8 个连续事件，分别是：制度环境作用 E_1，关系伙伴选择 E_2，关系构建 E_3，关系发展 E_4，MSR 行为转变意向修正 E_5，MSR 行为转变缓冲 E_6，MSR 行为转变 E_7，MSR 行为维护 E_8。

一定时间尺度上的连续事件序列推动了主体状态的转变，所以事件集合 Event ｛｝ 取决于状态集合 Status ｛｝ 的变化，而状态集合 Status ｛｝ 的变化又依附于与主体所处的行为交互阶段。因此具体的事件集合 Event ｛｝ 将会在下文分阶段详细展开。

$$\left\{\begin{array}{l} Event = \{E_1,E_2,E_3,E_4,E_5,E_6,E_7,E_8\} \\ E_1 = 行为环境作用； \\ E_2 = 关系伙伴选择； \\ E_3 = 关系构建； \\ E_4 = 关系发展； \\ E_5 = MSR\ 行为转变意向修正； \\ E_6 = MSR\ 行为转变缓冲； \\ E_7 = MSR\ 行为转变； \\ E_8 = MSR\ 行为维护； \end{array}\right. \tag{9-10}$$

Stage 1：制度环境作用阶段

在此阶段，仿真系统初始化，Agent 得以被创建，并开始受到制度环境作用。此阶段主体的开始状态 S_s 和结束状态 S_f 都是初始状态 S_1，经历的事件为制度环境作用。只有当来自制度环境的推动力足够强大时，主体才开始进入下一阶段。为了模拟制度环境作用越强，主体越可能开展关系互动这一情境，本研究引入了概率分布，这可以赋予 Agent 一种"人格"。模糊逻辑的引入可能会提高仿真的现实性，因为不同的 Agent 在相同情况下的行为不同，具有不同"人格"的 Agent 可以模拟出更复杂的交互作用（Scalco 等，2017）。下文的概率分布也同理。

$$\left\{\begin{array}{c} S_s = S_1, S_f = S_1, \\ Event_1 \wedge [f(Envir-effect) = True] \rightarrow Event\,2 \\ f(Envir-effect) = random\,10 < Envir-effect? \end{array}\right\} \quad (9-11)$$

Stage 2：关系初始化阶段

在此阶段，主体尝试同具有强连带关系的其他主体建立关系，只有当两个主体的关系倾向程度都满足一定阈值，并且主体间存在足够的信任时，两个主体才能成功建立关系。此阶段主体的开始状态 S_s 是初始状态 S_1，结束状态 S_f 是关系互动状态 S_2。期间发生的事件有两个，$Event_2$ 是主体根据关系连带强度判断要发展关系的伙伴，对某种伙伴的关系连带强度越高，主体选择该种关系伙伴建立关系的概率越大。只有当两者的关系倾向程度都在一定阈值内，并且两者的信任判断都为真，才能发生 $Event_3$，主体同关系伙伴构建起关系，进入关系互动状态 S_2。

$$\left\{\begin{array}{c} S_s = S_1, S_f = S_2, \\ Event_2 \wedge [f(Guanxi-tendency) = True] \wedge [Guanxi-trusted? = True] \rightarrow Event\,3 \\ f(Guanxi-tendency) = random\,10 < Guanxi-tendency? \end{array}\right\}$$
$$(9-12)$$

Stage 3：关系发展和维持阶段

在此阶段，主体同关系伙伴进行关系沟通和投入来发展关系，由于关系的互惠性特征，当双方的沟通和投入次数都未突破阈值时，双方才能进入下一阶段，反之则解除关系，关系互动停止。此阶段主体的开始状态 S_s 是关系互动状态 S_2，如果未突破阈值结束状态 S_f 是关系互动状态 S_2，反之则为初始状态 S_1。期间发生了 $Event_4$，双方关系得到进一步发展。

$$\left\{\begin{array}{c} S_s = S_2, S_f = S_2, \\ Event_3 \wedge [Guanxi-Length < Guanxi-times? = True] \rightarrow Event\,4 \\ S_s = S_2, S_f = S_1, \\ Event_3 \wedge [Guanxi-Length < Guanxi-times? = False] \end{array}\right\} (9-13)$$

Stage 4：MSR 行为转变缓冲阶段

在此阶段，主体根据交互过程感知到的关系伙伴以及周围主体的 MSR 行为信息修正自身 MSR 行为转变意向，达到一定强度时则进入行为转变缓冲阶段，反之则停留在上一阶段。此阶段主体的开始状态 S_s 是关系互动状态 S_2，结束状态 S_f 是 MSR 行为缓冲状态 S_3 或者仍为关系互动状态 S_2。期间发生了 $Event_5$，主体受到关系伙伴和周围主体 MSR 行为信息的影响作用，修正 MSR 转变意向。当修正后的 MSR 行为转变意向达到一定程度时，发生 $Event_6$，主体进入 MSR 行为转变缓冲阶段。

Change-tendecncy 采用了过去研究中常用的相互作用方程。当 Agent 与其他 Agent 交互后改变其行为时，此公式可以被采用（Azar，Al Ansari，2017）。其中，t 指当前模拟步长，$t\text{-}1$ 指上一模拟步长，i 和 j 分别指第 i 个和第 j 个 Agent，Gp 指 Guanxi-promote，N 指关系伙伴和周围邻居的数量。

$$\begin{cases} S_s = S_2, S_f = S_3, \\ Change-tendency_i^t = (1-Gp)*CT_i^{t-1}+Gp*\dfrac{\sum_{J=1}^N Change-tendency_j^{t-1}}{N} \\ Event_4 \to Event_5 \wedge [random10 < Change-tendency = True] \to Event6 \\ S_s = S_2, S_f = S_2, \\ Event_4 \to Event_5 \wedge [random10 < Change-tendency = False] \end{cases}$$

(9-14)

Stage 5：MSR 行为转变阶段

在此阶段，主体在 MSR 行为转变缓冲期结束后，综合自身纯粹利他价值观，决策 MSR 行为转变与否。主体选择 MSR 行为转变则继续同其他主体发展关系，直到达到关系互动长度阈值，进入下一阶段，反之则解除关系，返回初始状态 S_1，重新开始建立和发展关系。此阶段主体的开始状态 S_s 是 MSR 行为缓冲状态 S_3，结束状态 S_f 是 MSR 行为转变状态 S_4 或者初始状态 S_1。当 MSR 行为转变缓冲次数达到阈值时，若主体自身的纯粹利他价值观达到阈值，则发生了 $Event_7$，MSR 行为转变，主体继续进行交互活动，反之则回到初始状态 S_1。

$$\begin{cases} S_s = S_3, S_f = S_4, \\ Event_6 \wedge [f(Buffer-period) = True] \wedge [f(Value) = True] \to Event7 \\ Event_7 \to Event_2 \to Event_3 \cdots \\ S_s = S_3, S_f = S_1, \\ Event_6 \wedge [f(Buffer-period) = True] \wedge [f(Value) = False] \\ f(Buffer-period) = Infect-length > Buffer-period? \\ f(Value) = random10 < Value \end{cases}$$

(9-15)

Stage 6：MSR 行为维护阶段

在此阶段，主体的关系互动时长达到预定的关系互动长度，主体停止关系互动，转而维护自身 MSR 行为。此阶段主体的开始状态 S_s 是 MSR 行为转变状态 S_4，结束状态 S_f 是 MSR 行为维护状态 S_5。此阶段发生 $Event_8$，主体转为行为维护不再进行关系互动。

$$\begin{cases} S_s = S_4, S_f = S_5, \\ [f(Interaction-times) = True] \to Event8 \\ f(Interaction-times) = Infect-length > Interaction-times \end{cases}$$

(9-16)

综上以上的 Agent 相关参数设定、Agent 行为交互过程设定以及 Agent 行为交互规则设定，归纳出的模拟仿真流程见图 9-5MSR 行为演化模拟仿真流程。

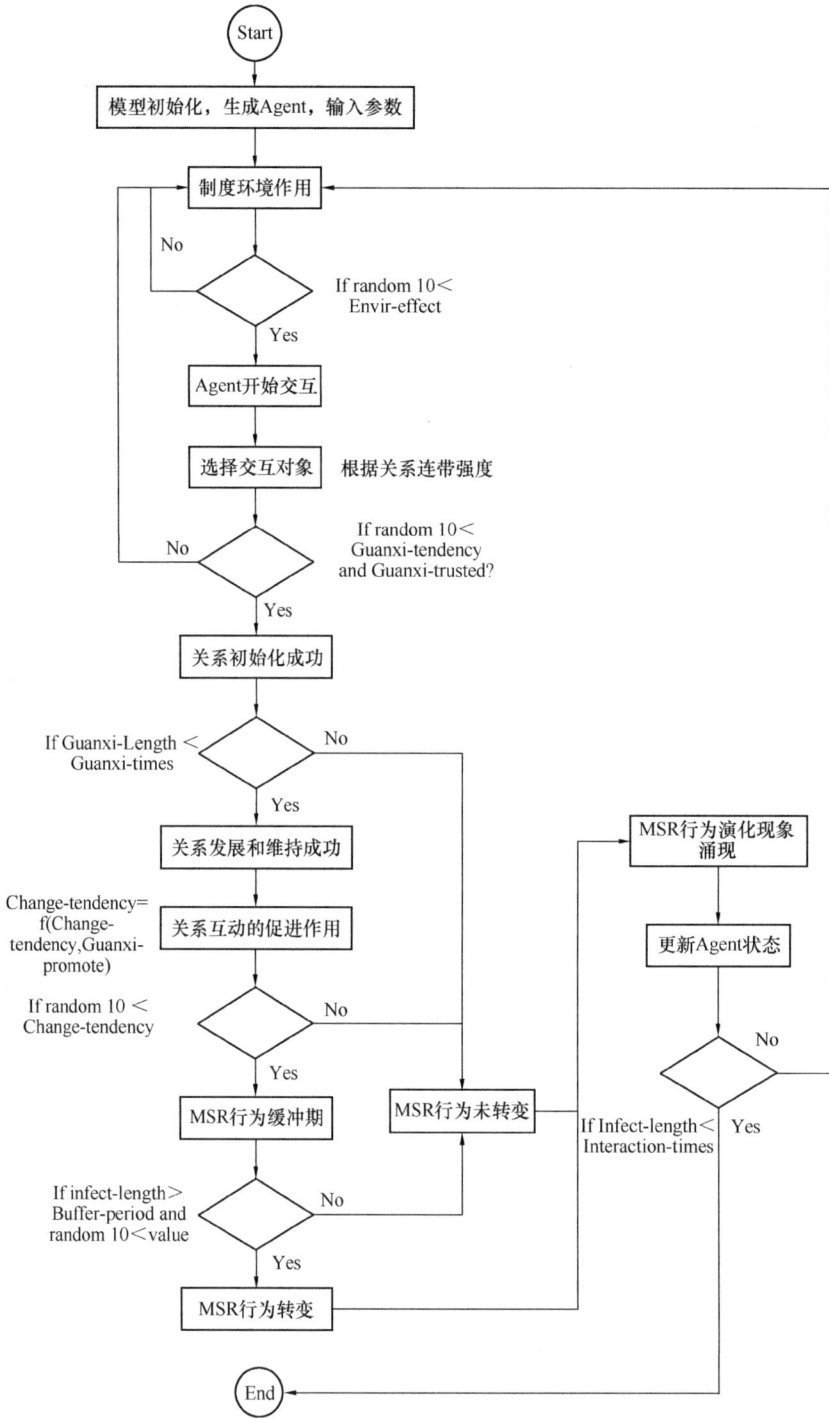

图 9-5　MSR 行为演化模拟仿真流程

9.3　重大工程社会责任行为演化计算模型验证

为了确保计算模型尽可能贴近重大工程实践，能再现出社会责任行为的演化路径，需要对计算模型进行验证，Louie 等建立了模型验证的基本框架—概念效度验证（conceptual validation）、操作效度验证（operational validation）和数据效度验证（data validation）（Louie，Carley，2008）。王红丽等支持了这一观点，认为这个验证框架是适用于可计算组织模型的（王红丽和陆云波，2014）。因此，下文的模型验证将分概念效度、操作效度和数据效度 3 部分展开。

9.3.1　概念效度验证

概念效度验证旨在评价计算模型的内涵和假设是否正确，即计算模型所依据的理论模型的正确性。验证概念效度的方法包括理论推演、文献支撑、数据验证、专家评价等，其中借助结构方程模型来辅助专家评价是一种行之有效的方法（王红丽，陆云波，2014）。本书的理论模型是从中国重大工程的独特性出发，基于复杂性理论、组织行为学等多种理论结合重大工程相关文献分析提出的，并收集不同类型重大工程数据使用 PLS-SEM 得到了验证。在此基础上，邀请专家对计算模型的参数、Agent、例程等组件进行讨论，概念效度得已通过。

9.3.2　操作效度验证

操作效度验证旨在验证计算模型的输出是否满足建模目的以及计算模型是否能被计算机正确地运行。Thomsen 等提出，操作效度验证包含真实性验证、一致性验证以及普适性验证三部分（Thomsen 等，1999）。王红丽等指出，对于旨在理论建模的模型，只需要进行两者即可（王红丽，陆云波，2014）。因此，本书的计算模型进行真实性验证和一致性验证。

1. 真实性验证

真实性验证旨在验证仿真值与真实值的符合程度。尽管计算模型的建立依托于中国重大工程管理情景，但在将现实情景要素转化为可计算的结构化情景时，可能会产生误差。为此，需要验证计算模型是否能够反映 MSR 行为的真实演化情况。目前尚未有统一可行的真实性验证方法，大多数研究通过代码检查、极值验证等方式进行真实性验证。尽管目前尚未有针对 MSR 行为的演化研究，但可以同社会网络领域的行为演化研究相比对。

1）代码检查

为了保证代码能够准确地反映计算模型，做了以下工作：首先，检查所有的变量和函数，以识别和纠正任何可能的语法错误（Ormerod，Rosewell，2009）。并通过 Netlogo 自带的 Debug 功能调试程序，直至 Netlogo 不再报出错误提示。其次，对于程序中的每一个例程进行单独的 IO 测试，测试例程是否能输出正确的结果。针对一些重要的变量，在 Netlogo 主界面设置多个监视器以及图形窗口以跟踪变量值在每个模拟步长变动，确保变量值保持在合理的区间内，对应的例程按照预期工作。在上述工作完备的基础上，计算模型通过代码检查。

2) 极值验证

为了测试计算模型的真实性，本研究设置了 MSR 行为表现普遍差和 MSR 行为表现普遍好两种极端情境。两种极端情境下的模拟结果见图 9-6、图 9-7。针对两种极端情境下的结果对比见表 9-1。在 MSR 行为表现普遍差情境下，表现出防御行为的 Agent 一直占据主导地位，从仿真开始到仿真结束，MSR 行为水平均值仅从 1.28 变动为 1.32，始终维持较低水平。这与上文所分析的防御行为的特点是相符的，重大工程中表现出防御行为的主体对于 MSR 持漠视态度，忽略外界明确的行业规范和价值取向，他们并不愿意同其他主体进行关系互动，并不愿意改变自身 MSR 行为。在 MSR 行为表现普遍好情境下，表现出利他行为的 Agent 一直占据主导地位，从仿真开始到仿真结束，MSR 行为水平均值从 3.63 变动为 3.92，始终维持较高水平。这与上文所分析的利他行为的特点是相符的，重大工程中表现出利他行为的主体积极履行社会责任，并且试图带动影响其他主体的 MSR 行为。因此，MSR 行为表现普遍好情境下的关系数显著大于 MSR 行为表现普遍差情境下的关系数，其他表现水平的主体受到影响提高了自身 MSR 行为水平，表现出防御行为的主体甚至不再存在。因此，模型通过极值验证。

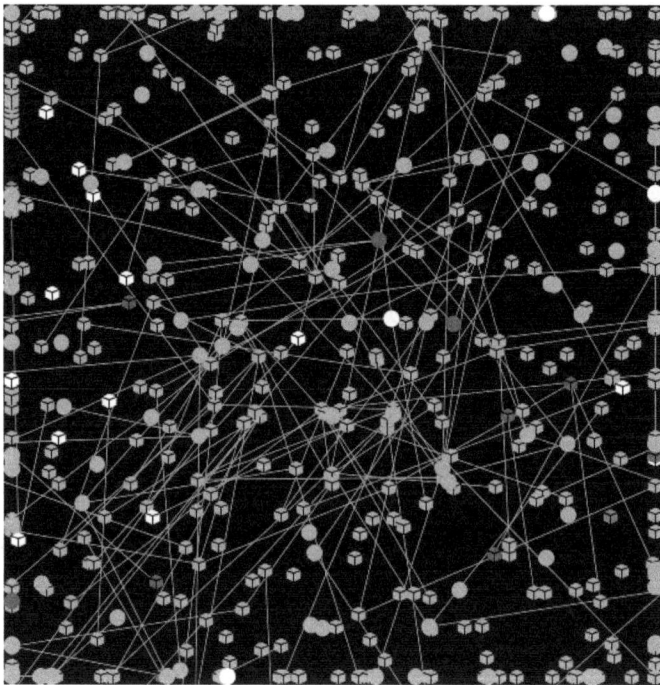

图 9-6　MSR 行为表现普遍好情境仿真结果

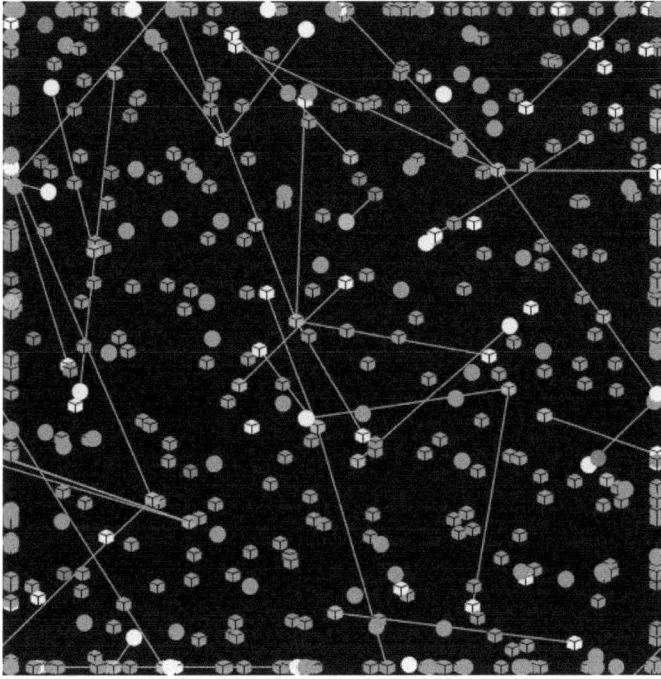

图 9-7 MSR 行为表现普遍差情境仿真结果

两种极端情境下的结果对比   表 9-1

对比项	MSR 行为表现普遍差	MSR 行为表现普遍好
初始 MSR 行为水平比例（1∶2∶3∶4）	85%∶5%∶5%∶5%	5%∶5%∶5%∶85%
最终 MSR 行为水平比例（1∶2∶3∶4）	81%∶10%∶2.5%∶2.5%	0.4%∶4%∶2.4%∶93.2%
初始 MSR 行为水平均值	1.28	3.63
最终 MSR 行为水平均值	1.32	3.92

3. 对比社会网络领域行为演化研究

尽管社会网络领域行为演化相关研究脱离了重大工程语境，但是社会网络领域行为演化与重大工程社会责任行为演化都是依托于社会关系的，都考虑了交互进程以及模仿和学习机制。因此，社会网络领域行为演化与重大工程社会责任行为演化具有一定相似性，本研究的计算模型可以从社会网络领域行为演化相关研究成果得到一定程度的验证。

如犯罪行为在社会网络中的模仿传播（Punzo，2016）。Punzo 等假设犯罪行为的模仿机制分为理想模仿和社交模仿两类：前者的模仿行为基于社会网络中其他主体犯罪行为的回报；后者的模仿行为基于社会网络中其他主体的社会声望。图 9-8 展示了在高犯罪收益和高犯罪成功率情境下两种模仿机制下的犯罪人数百分比变动情况。可以看出，无论是哪种模仿机制，犯罪行为人的百分比均呈现出先指数增长，再趋于平稳的规律。这是由于在仿真初期，主体之间的行为差异较大，在模仿机制等作用下，

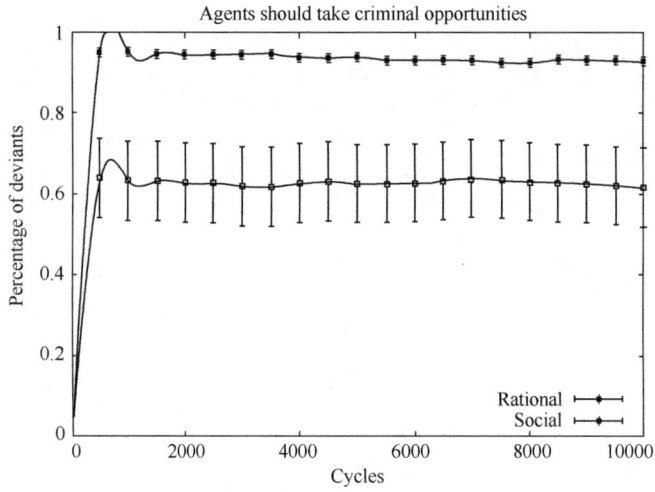

图 9-8　两种模仿机制下仿真结果

主体行为迅速趋同，因此犯罪行为人呈现出指数增长趋势。而在仿真后期，主体之间行为差异较小，受模仿机制作用的主体逐渐减少，直至稳定，因此犯罪行为人不再增长，稳定在某一百分比。同样的，本研究计算模型 MSR 行为的增长情况也呈现出类似规律，图 9-9 展示了利他行为在重大工程组织场域中百分比仿真结果。这说明计算模型正确反映了基于社会网络的学习模仿机制，因此计算模型获得社会网络领域行为演化研究的支持。

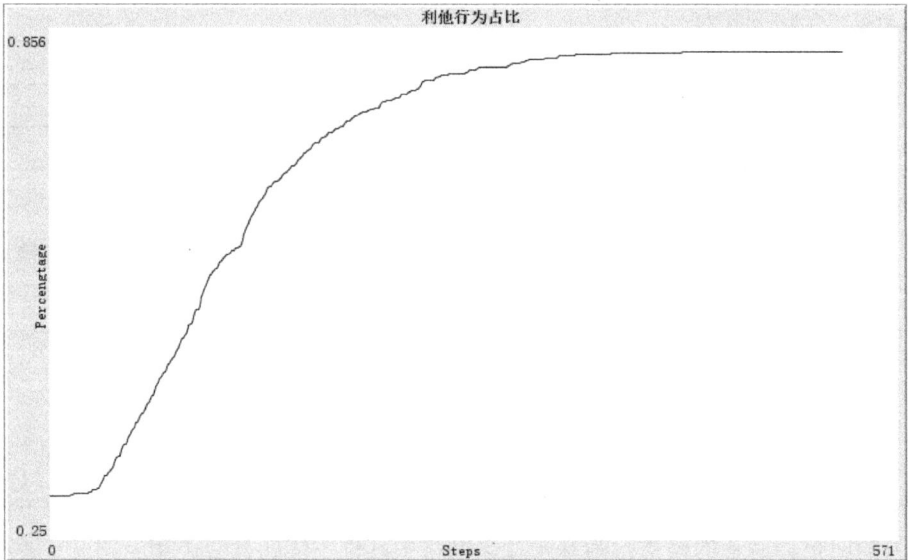

图 9-9　利他行为占比的仿真结果

综合以上三种方式的真实性验证，经专家讨论，本研究的计算模型通过真实性验证。

一致性验证

一致性检验旨在验证同一个模型在运行若干次后，其输出结果是否一致（王红丽，陆云波，2014）。由于不确定性的存在，模型每次运行结果会存在一定的差异。为此，需要对模型进行多次迭代，以验证结果的一致性。行为空间（BehaviorSpace）是集成在 Netlogo 中的实验工具，通过在行为空间中运行指定次数的参数组合，建模者可以确定哪种参数组合可以涌现出了感兴趣的行为模式。因此，通过行为空间实现模型的多次迭代。在行为空间中，对同一参数组合重复运行模型 60 次，将平均 MSR 行为水平和关系总数作为输出变量，抽取前 20 次、中 20 次和后 20 次的输出结果平均值进行一致性检验。检验方法采用独立样本 t 检验，独立样本 t 检验旨在检验两组数据的均值检验，如果两组数据的均值差异不明显，则表明两组数据具有一致性，模型通过一致性验证。检验结果见表 9-2 中前 20 次与中 20 次运行结果的独立样本 t 检验、表 9-3 中 20 次与后 20 次运行结果的独立样本 t 检验、表 9-4 前 20 次与后 20 次运行结果的独立样本 t 检验。

对于每个独立样本 t 检验结果，首先观察 Levene 检验（Levene's Test for Equality of Variances）的显著性，如果显著性<0.05 说明两组方差不同质，则独立样本 t 检验结果取决于不假设方差相等栏 t 值的显著性。如果 Levene 检验的显著性≥0.05，说明两组方差同质，则独立样本 t 检验结果取决于假设方差相等栏 T 值的显著性。可以看出，前 20 次、中 20 次和后 20 次的输出结果两两之间均通过了独立样本 t 检验，这说明模型具有良好的一致性。

前 20 次与中 20 次运行结果的独立样本 t 检验　　　　　　　　　表 9-2

		Levene 检验		针对均值是否相等的 t 检验						
		F 检验	显著性	t	自由度	显著性（双尾）	平均差异	标准误差异	差异的 95% 置信区间	
									下界	上界
平均 MSR 行为水平	假设方差相等	0.635	0.426	−0.005	1394	0.996	−0.000071	0.013520	−0.026592	0.026450
	不假设方差相等			−0.005	1376.338	0.996	−0.000071	0.013534	−0.026621	0.026479
关系总数	假设方差相等	0.973	0.324	−0.685	1394	0.494	−4.698	6.861	−18.158	8.761
	不假设方差相等			−0.684	1375.141	0.494	−4.698	6.870	−18.175	8.778

中 20 次与后 20 次运行结果的独立样本 *t* 检验 表 9-3

		Levene 检验		针对均值是否相等的 *t* 检验						
		F 检验	显著性	*t*	自由度	显著性（双尾）	平均差异	标准误差异	差异的 95% 置信区间	
									下界	上界
平均 MSR 行为水平	假设方差相等	5.838	0.016	0.019	1403	0.985	0.000266	0.013776	−0.026758	0.027289
	不假设方差相等			0.019	1374.667	0.985	0.000266	0.013811	−0.026828	0.027359
关系总数	假设方差相等	4.147	0.042	−0.126	1403	0.900	−0.872	6.943	−14.492	12.748
	不假设方差相等			−0.125	1378.316	0.900	−0.872	6.958	−14.522	12.778

前 20 次与后 20 次运行结果的独立样本 *t* 检验 表 9-4

		Levene 检验		针对均值是否相等的 *t* 检验						
		F 检验	显著性	*t*	自由度	显著性（双尾）	平均差异	标准误差异	差异的 95% 置信区间	
									下界	上界
平均 MSR 行为水平	假设方差相等	2.482	0.115	0.014	1341	0.989	0.000194	0.014264	−0.027788	0.028176
	不假设方差相等			0.014	1339.750	0.989	0.000194	0.014260	−0.027779	0.1028168
关系总数	假设方差相等	1.050	0.306	−0.773	1341	0.439	−5.570	7.202	−19.698	8.557
	不假设方差相等			−0.774	1340.618	0.439	−5.570	7.200	−19.695	8.554

9.3.3 数据效度验证

理论模型和计算模型的构建过程中均需要运行大量的参照数据，数据的效度直接影响模型运行的结果。其中，来自实际工程领域的数据为深中通道的问卷调研数据，已经通过了信度和效度检验。来自计算模型的数据分为输入参数和实验数据两种：前者即是基于问卷数据以及深度访谈的编写的概率密度函数，旨在生成与调研结果分布相符的数据序列；后者则是模型运行结果，包括 4 类 MSR 行为水平的分布比例、关系数、MSR 行为均值等。Demarsily 等指出，计算模型的实验数据效度通常借助敏感性分析得到验证（Demarsily 等，1992）。因此，实验数据效度将在下文的敏感性分析中进行验证，计算模型的输入参数效度在本节进行验证，考虑到输入参数都遵循了同样的方法，本节仅以制度环境的数据为例说明验证过程。

将概率密度函数 132 次的模拟值与 132 份问卷制度环境的真实值相对比，两组数据的描述性统计见表 9-5。两组数据的频数分布情况见图 9-10。可以看出，模拟值与真实值频数分布非常接近，保持了同一趋势。接下来进行独立样本 t 检验以检验两组数据的均值的差异性，t 检验结果见表 9-6。综合频数分布对比以及独立样本 t 检验来看，概率密度函数生成的模拟值与问卷数据的真实值是非常接近的，计算模型的输入参数效度得到验证。

真实与模拟值描述性统计　　　　　　　　　　　　　　表 9-5

类别	数量	平均值	标准差	均值标准误差
真实值	132	6.0114	1.13113	0.09845
模拟值	132	5.7474	1.13061	0.09841

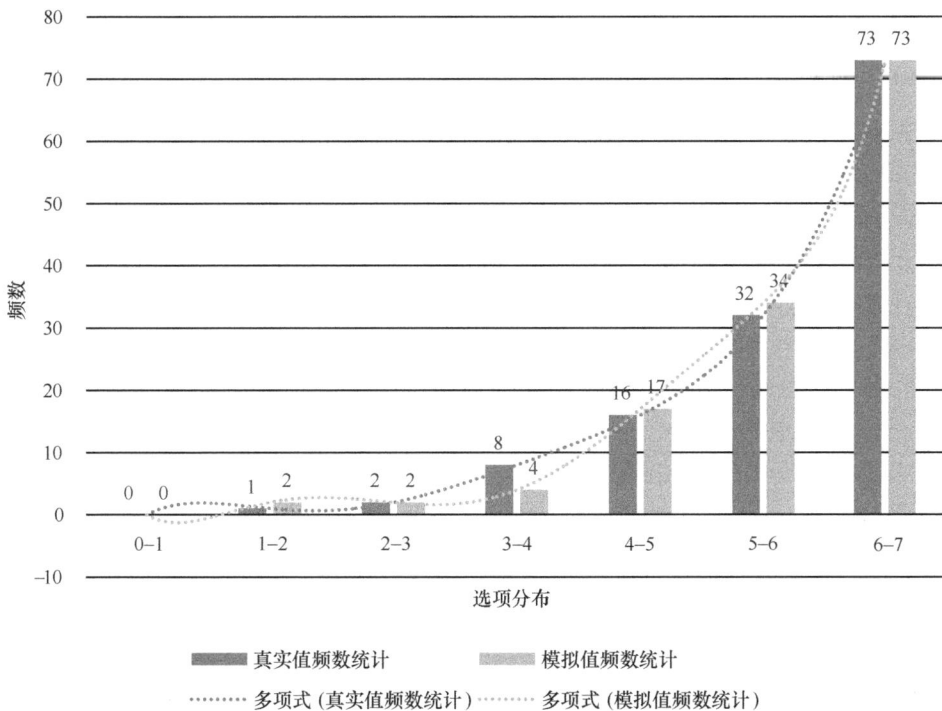

图 9-10　真实与模拟值描述性统计

模拟值与真实值的独立样本 t 检验

表 9-6

		Levene 检验		针对均值是否相等的 t 检验						
		F 检验	显著性	t	自由度	显著性（双尾）	平均差异	标准误差异	差异的 95% 置信区间	
									下界	上界
真实值与模拟值	假设方差相等	0.120	0.729	1.896	262	0.059	0.26392	0.13920	−0.01017	0.53802
	不假设方差相等			1.896	262.000	0.059	0.26392	0.13920	−0.01017	0.53802

第 10 章　重大工程社会责任行为演化仿真案例研究

本章首先以深中通道为工程案例设立基准分析情境，探究了深中通道MSR 行为的演化结果。结果表明，随着时间推移，深中通道的社会责任行为总能呈现出正向演化态势，并且可以划分为开始、发展和稳定三个阶段。其次通过敏感性分析挖掘了 MSR 行为的非线性演化机理，提取出了 MSR 行为演化的突变点，总结了 MSR 行为演化规律。针对制度环境、关系互动、纯粹利他价值观以及其他因素共计 9 个参数进行了单情境敏感性分析。结果表明制度环境、关系互动中的关系倾向和关系互动长度促进作用较强，三者促进作用的突变点分别为 60%最大值、75%最大值、60%最大值。意外的是纯粹利他价值观的促进作用较弱，突变点为 25%最大值。随后针对制度环境、关系倾向、关系互动长度三者的 27 种参数组合进行多情境敏感性分析。结果表明 MSR 行为演化可以划分为停滞、渐变和扩散三种模式，在不同模式下，不同因素发挥出不同的影响作用。这些 MSR 行为演化规律为重大工程社会责任行为治理对策的提出奠定了基础。

10.1　案例背景

本研究使用中国深中通道工程作为研究案例。深中通道工程是世界级超大的"桥、岛、隧、地下互通"集群工程，总投资达到 500 亿元人民币，属于典型的重大工程。深中通道旨在连接广东省深圳市和中山市，是珠江三角洲核心区域的重要过江通道。深中通道工程东起广深沿江高速公路机场胡同，向西延伸到中山市的马鞍岛，终于横门互通（杜海涛，王梦菊，2018）。深中通道工程全长达到 24km，其中桥梁段长 16.9km，海底隧道段长 7.1km，隧道两端各有一个人工岛屿。通道全程采用了双向八车道，设计时速达到了 100km/h。深中通道项目是粤港澳大湾区发展规划纲要所提及的重点项目之一，对于完善珠三角区域的综合交通运输体系、推动珠江两岸的互联互通、促进粤港澳大湾区城市群融合发展具有重要的战略意义。深中通道地理位置见图 10-1。

在 2004 年，深中通道被提上议程，由于担心可能会与规划兴建的港珠澳大桥功能重合，深中通道的立项工作暂缓推进。直到 2008 年，国务院批复《珠江三角洲地区改革发展规划纲要（2008—2020 年)》，深中通道被编为 G2518 国家高速公路（深

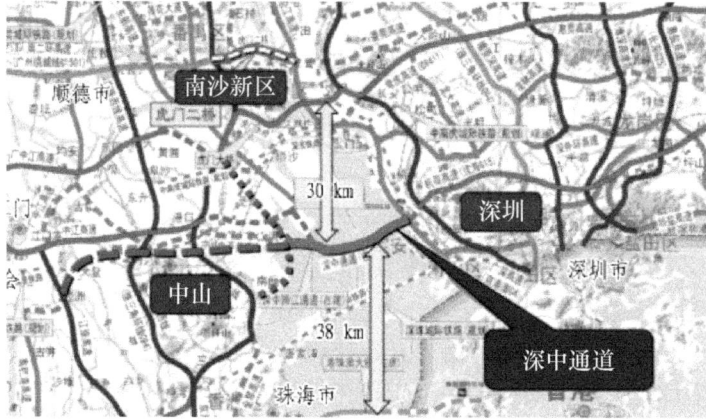

图 10-1　深中通道地理位置

圳—广西岑溪），确立为构建珠三角地区现代化交通运输体系的重大工程之一。在 2015 年，国家发展改革委正式批复建设深中通道项目。在 2016 年，广东省交通厅发布了《深中通道深圳至中山跨江通道工程海洋工程环境影响报告书》，强调了深中通道建设的必要性和紧迫性，并建议采用可研报告中的"东隧西桥"方案进行建设。深中通道主体工程已经于 2016 年 12 月开工建设，预计于 2024 年建成通车。深中通道工程分为 S1～S9 九个标段，目前 S1 标段已经建成，其余标段正在有序施工。

　　作为典型的重大工程，深中通道不仅履行着狭义上的工程社会责任，也履行着广义上的工程社会责任。从狭义社会责任角度出发，重大工程需要在满足传统工程管理目标之外实现健康、安全、环境等议题的妥善处理。例如深中通道项目需要跨越国家一级保护动物中华白海豚的洄游区。为此，项目早在规划设计期间就反复进行方案比选，优化隧道和人工岛的建设方案，最终选取东隧西桥的方案，尽可能远离中华白海豚洄游区这一环境敏感区域，并采取了各种污染防治措施和生态保护措施。从广义社会责任视角出发，重大工程承担着超越一般工程的社会责任，表现为对于组织、行业、国家的溢出效应。从组织出发，深中通道旨在建设世界一流的可持续的跨海通道工程，要求实现安全舒适、优质耐久、绿色经济、和谐美观的建设目标。在深中通道的建设过程中，高标准的建设目标激励各个参建方探索"互联网＋"、BIM 等现代化技术手段实现精益化和智慧化管理，从而提升组织管理能力和项目治理效能。从行业出发，深中通道以项目为依托深入开展科研工作，旨在为行业攻克具有共性的关键技术难题，实现关键技术成果的行业共享。具体来说，旨在研发适用于"桥、岛、隧、地下互通"集群工程的系统化设计和施工指南，促进行业技术装备和管理方法的升级迭代。从国家出发，深中通道作为珠江两岸"A"型骨架最重要一横，有利于消除两岸的交通阻隔，提升大湾区内部尤其是深圳和中山的经济联系，强化大湾区内湾核心发展，服务"交通强国""21 世纪海上丝绸之路"等国家战略。

10.2 重大工程社会责任行为演化过程

10.2.1 情境设定

理论模型的验证需要涉及广泛的重大工程类型，而计算模型的模拟仿真则需要依托于某一个具体的重大工程案例来设定演化情境。情境是行为选择时所考虑的环境背景，不同情境下的行为存在显著差别。因此，行为具有情境依赖性。重大工程社会责任行为由各个参建方实现，他们的行为选择与自身所处情境息息相关，不同情境可能演化出不同的社会责任行为。因此，有必要对于特定案例的重大工程社会责任行为的演化情境进行设定，以确保演化结果贴近于重大工程实际。

深中通道社会责任行为演化情境数据收集通过问卷发放以及深度访谈两种方式实现。问卷数据来自于第 8 章调研数据中的深中通道数据，这些数据在收集时相比于其他工程增加了所在标段、社会责任行为评价、来往频率和影响程度等问项，具体详见附录 1（Lin 等，2017）。并且基于 Lin 等开发的重大工程社会责任评价量表对深中通道参建方社会责任行为进行了评价（杜海涛，王梦菊，2018），并通过了信度和效度检测。随后邀请了参与过港珠澳大桥或深中通道建设的资深业界专家以及拥有丰富重大工程管理经验的专家学者进行讨论，评价深中通道的社会责任履行情况，对收集到的问卷数据进行修正以获取情境参数。最终得到了深中通道的社会责任行为演化情境参数，见表 10-1。其中，4 种 MSR 行为比例（1：2：3：4）指的是防御行为、反应行为、适应行为和利他行为 4 种 MSR 行为依次占总体的比值，总和为 1。参数概率密度函数将参数取值区间等分为 7 个小区间（同 7 级量表对应），（1：2：3：4：5：6：7）代表了概率密度函数在生成结果时落在各个小区间的概率之比，总和为 1。

深中通道社会责任行为演化情境参数　　　　　　　表 10-1

情景参数	企业方	政府方
Agent 数量	400	100
4 种 MSR 行为比例： （1：2：3：4）	0.23：0.33：0.26：0.18	0.13：0.22：0.33：0.32
制度环境概率密度 （1：2：3：4：5：6：7）	0.01：0.02：0.09：0.13：0.31：0.24：0.20	0：0.04：0.05：0.23：0.41：0.14：0.13
关系倾向概率密度 （1：2：3：4：5：6：7）	0：0.02：0.04：0.14：0.28：0.26：0.26	0：0.05：0.07：0.27：0.25：0.18：0.18
关系信任为真概率	0.74	0.74
关系沟通与投入次数概率密度 （1：2：3：4：5：6：7）	0.01：0.02：0.10：0.27：0.33：0.14：0.13	0：0.09：0.18：0.31：0.11：0.16：0.15
关系互动长度概率密度 （1：2：3：4：5：6：7）	0.02：0.04：0.12：0.31：0.27：0.12：0.12	0：0.14：0.20：0.20：0.10：0.18：0.18

情景参数	企业方	政府方
MSR 行为转变意向概率密度 （1：2：3：4：5：6：7）	0：0.04：0.08：0.14：0.32： 0.21：0.21	0：0.02：0.10：0.11：0.43： 0.20：0.14
MSR 行为转变缓冲期概率密度 （1：2：3：4：5：6：7）	0.03：0.02：0.08：0.10：0.15： 0.34：0.28	0.02：0.02：0.08：0.10：0.18： 0.40：0.20
纯粹利他价值观概率密度 （1：2：3：4：5：6：7）	0.01：0.02：0.06：0.12：0.24： 0.28：0.27	0：0.02：0.14：0.11：0.23： 0.30：0.20

针对表中未列出的关系倾向性，本研究计算了影响程度和来往频率的乘积结果，发现企业方和政府方在选择关系伙伴上的倾向性差异比较小。其中，业主（深中通道管理中心）、施工单位、监理单位等企业方同政府部门与企业方的关系互动倾向概率为47%，企业方内部之间的关系互动倾向概率则为53%。政府方内部的关系互动倾向概率为53%，政府方与企业方的关系互动倾向概率则为47%。以上结果与理想情况下各50%的关系互动倾向概率非常接近，仅有3%的差距。这可能是以下原因导致的：一方面，深中通道并非像港珠澳大桥等重大工程由政府成员组成的指挥部负责管理，而是由广东省交通厅内部成立的兼职工作小组进行管理。在政府介入程度上相对港珠澳大桥等其他重大工程较弱，政府参与人数相对其他重大工程较少。因此，综合影响程度和来往频率两个维度来看，政府与企业旗鼓相当，差异较小。另一方面，本研究调查的是信息关系、个人关系、利益关系等非正式关系，具有一定的隐蔽性，在中国往往被视为敏感话题，特别是政府方。综合以上分析，为尽可能贴近重大工程实际，设置不同类别行为主体的关系互动倾向概率为47%，同一类别行为主体的关系互动倾向概率为53%。

10.2.2 仿真结果

将上节所设定的深中通道情境输入模型中进行50次模拟。这些模拟结果均显示，随着时间推移，深中通道的社会责任行为总能呈现出正向演化态势。在演化开始前不同MSR行为类型的主体均有分布，主体之间的MSR行为差异明显。随着演化过程的推进，主体之间开始发生关系互动进程，随着主体间关系互动水平的增强，很多主体的MSR行为发生转变，平均有75%左右主体的MSR行为将演化为利他行为，组织场域中的利他行为占比最终稳定在90%左右。

其中一次模拟的结果如图10-2所示。Ticks=0时，演化尚未开始，主体之间不存在关系。Ticks=50时，仅有若干个孤立的主体建立了关系，Ticks=200时，大量主体加入了关系互动进程，关系网络初具规模。Ticks=300、Ticks=400时，关系互动进程进一步推进，但是增长速度明显低于前期。Ticks=606时，演化结束，几乎所有的主体都建立了关系。可以观察到，主体之间关系互动的进程并非是由一个中心点逐步向外发展的，而是首先存在着多个没有关联的关系链接，随着关系互动进程

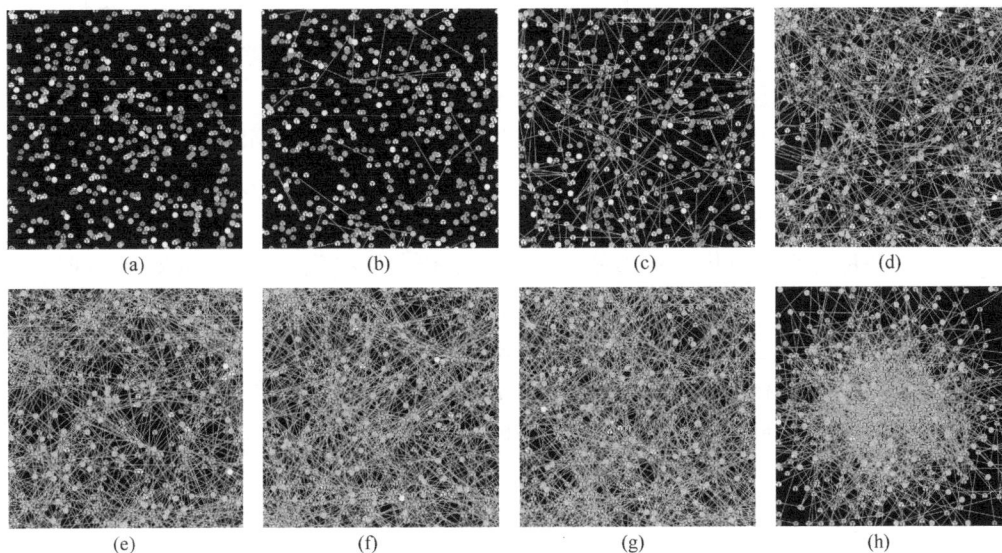

图 10-2　MSR 行为演化各阶段模拟结果

(a) Ticks＝0；(b) Ticks＝50；(c) Ticks＝100；(d) Ticks＝200；

(e) Ticks＝300；(f) Ticks＝400；(g) Ticks＝606；(h) Ticks＝606（优化布局后）

的推行，这些关系链接发挥出桥接作用，将更为广泛的主体纳入关系互动进程中，详见 Ticks＝50 到 Ticks＝100。

关系数量以及建立关系的主体数量的变化情况见图 10-3。可以观察到，关系互动进程并非以固定的速度推进，而是先快后慢。从 Ticks＝190 开始，关系数量的增速下降，由线性增长转为对数增长。到 Ticks＝370 左右时，关系数量基本稳定不变，主体之间不再建立新的关系，而是全面转向维护已有的关系。同样的，建立关系的主

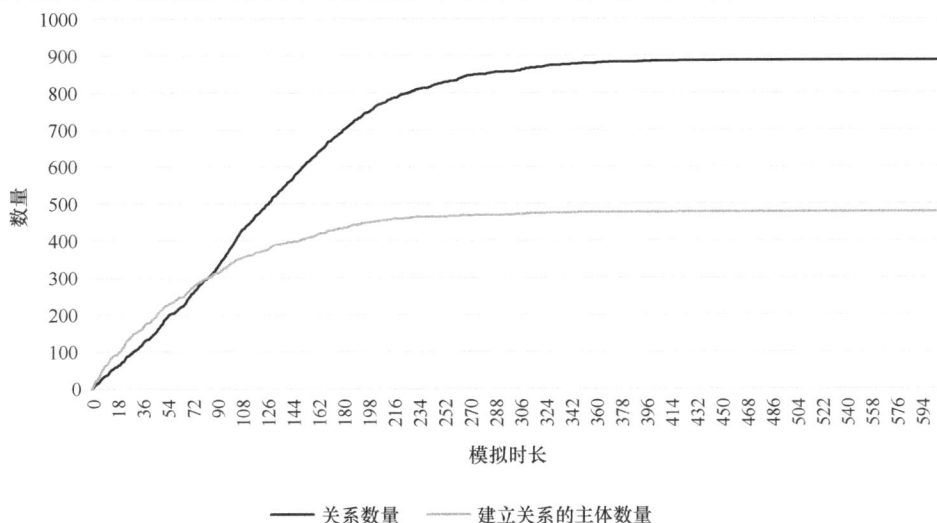

图 10-3　关系数量以及建立关系的主体数量演化趋势

体数量也保持了这一规律，只是数量的稳定点略有提前。这一结论与上文的模拟结果也是一致的，可以观察到前期关系数量增长明显高于后期，特别在 Tick＝400 之后，关系数量增长不再明显。

图 10-4 展示了 MSR 行为均值在演化过程中的变动趋势。MSR 行为演化前均值为 2.432，演化后均值为 3.854，这也证实了深中通道 MSR 行为的正向演化。随着时间推移，MSR 行为演化速度先快后慢，在 Ticks＝370 基本停滞下来。图 10-5 展示了 4 种 MSR 行为在演化过程中分布趋势的变化。从演化开始到 Ticks＝39 时，4 种类型的 MSR 行为均未发生变动。在此阶段，主要是制度环境发挥出作用，关系互动进程仅在个别主体之间出现。从 Ticks＝39 到 Ticks＝372，主体之间的关系互动进程逐渐旺盛，大量主体发生 MSR 行为转变，4 种 MSR 行为分布不断变动，MSR 行为不断正向演化。在此阶段，防御行为数量随时间推移而不断下降，反应行为数量随

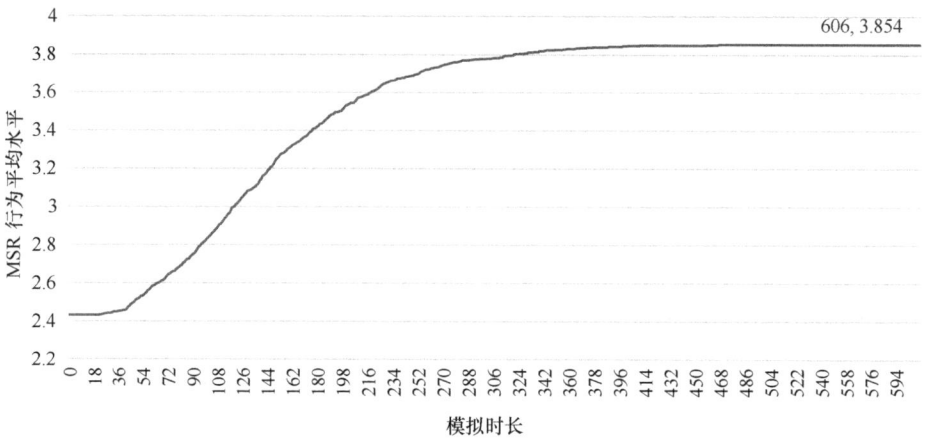

图 10-4　MSR 行为均值演化趋势

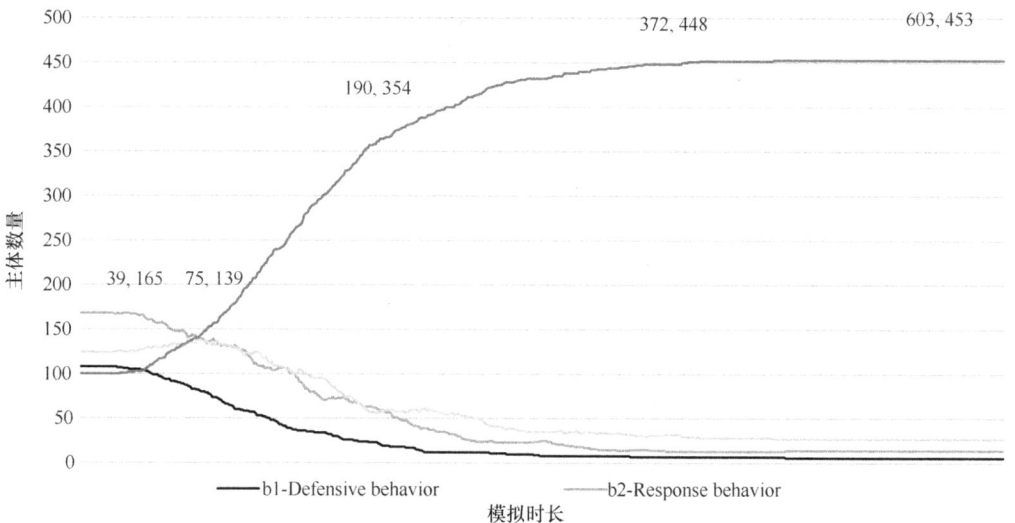

图 10-5　MSR 行为分布趋势

时间推移而小幅波动下降。这表明这些主体在关系互动进程中获取了 MSR 知识与资源，模仿了履行社会责任良好的主体的 MSR 行为，MSR 得以转变。反应行为数量的下降还说明了从防御行为转变到反应行为的主体数量小于同期从反应行为转变到适应行为的主体数量。此阶段的适应行为以 Ticks＝75 为分界点，呈现先小幅增加，再波动减少的趋势。这是由于在 Ticks＝75 之前，从反应行为跃迁到适应行为的主体占据主导地位；Ticks＝75 之后，大量的适应行为主体转变为利他行为，这使得适应行为的主体数不断减少。此阶段的利他行为呈现出增速先快后慢的特点，这是由于关系数量的增速在 Ticks＝190 后开始下降。从 Ticks＝372 到演化结束，各种 MSR 行为的数量基本不再发生变化，MSR 行为基本稳定。这是由于此时主体全面进入了关系维护阶段，不再建立新的关系。

综合以上分析，深中通道的 MSR 行为演化呈现出正向演化良好态势，随着时间推移，大多数主体都会表现出利他的社会责任行为。根据 MSR 行为分布态势以及关系数量的变化，可以将深中通道 MSR 行为演化分为开始、发展和稳定 3 个阶段，见表 10-2。在开始阶段，仅有个别孤立主体在制度环境的作用下尝试同其他主体建立关系，主体 MSR 行为基本并未发生转变。在发展阶段，越来越多的主体开展关系互动进程，大量的 MSR 行为转变得以发生，MSR 行为整体性状快速正向演化。在稳定阶段，大部分主体不再建立新的关系而是转向维护已有关系，MSR 行为分布基本稳定，直至演化结束。

深中通道 MSR 行为演化阶段划分　　　　　　　　　　表 10-2

MSR 行为演化阶段	特征				
	关系数量	防御行为数量	反应行为数量	适应行为数量	利他行为数量
开始阶段	若干孤立链接	基本不变	基本不变	基本不变	基本不变
发展阶段	逐渐形成网络	一直下降	波动下降	先升后降	持续上升
稳定阶段	稳定关系网络	基本不变	基本不变	基本不变	基本不变

10.3　基于单情境的重大工程社会责任行为演化规律研究

参数敏感性分析旨在探究输入参数的微小变化对于输出结果的影响程度，有助于找出 MSR 行为演化的敏感点，进而总结出 MSR 行为演化规律。因此，本节在深中通道案例的 MSR 行为演化情境的基础上，在行为空间中对各个情境参数进行敏感性分析。MSR 行为的平均水平可以评价重大工程社会责任的整体履行情况，主体之间建立的关系数量可以衡量组织场域中的关系互动水平，因此选取 MSR 行为均值以及关系数量两个参数表征 MSR 行为整体性状。为保证输出结果的稳定性，降低分析误差，重复运行模型 50 次取平均值。

10.3.1　制度环境的敏感性分析

在制度环境的敏感性分析中，制度环境的取值范围为（0，10），分析连续变化的制度环境值对于 MSR 行为演化后均值与关系数量的影响，见图 10-6。对于 MSR 行为演化后均值，制度环境作用小于 5 时，MSR 行为演化后均值增幅逐步提高，在达到临界值 6 时，MSR 行为演化后均增幅明显放缓，处于稳定状态。通过观察拟合曲线，可以发现确实制度环境在 6 左右（60％最大值）时 MSR 行为演化后均值增幅最大。对于关系数量，随着制度环境的增强，二者呈现出线性增长的关系。对制度环境与 MSR 行为演化后均值与关系数量进行相关性分析，结果见表 10-3。在相关性分析方法选取上，Pearson 相关分析要求两个变量符合双变量正态分布，Spearman 相关分析则对于变量分布无严格要求，因此本研究采用 Spearman 相关分析。一般认为，相关系数（r_s）小于 0.3 时，无相关关系；在 0.3～0.6 时，中度相关；大于 0.6 时，高度相关（吴明隆，2010）。当显著性（p）小于 0.05 时，说明显著性显著，具有统计学意义。同观察结果一致，二者均保持了强烈的正相关关系。随着制度环境作用的增强，二者都存在提高的趋势。

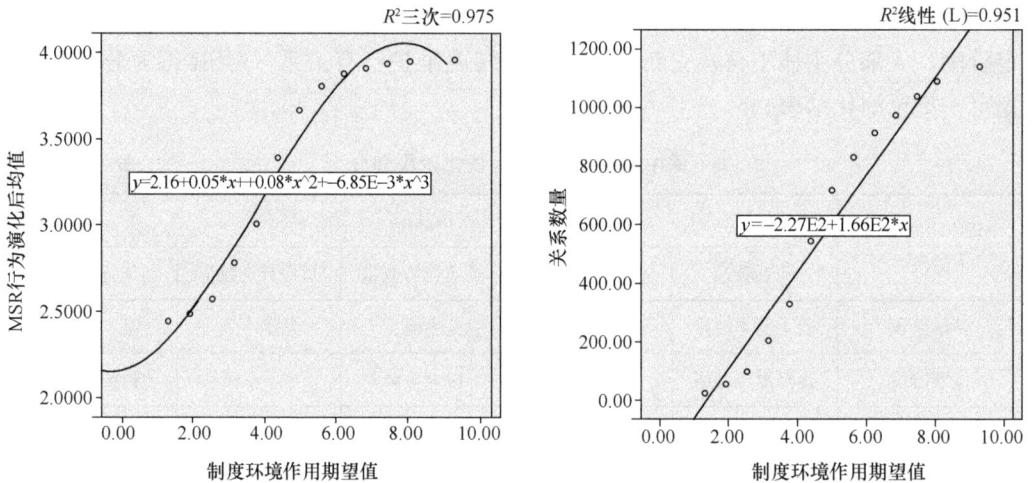

图 10-6　制度环境敏感性分析结果分布与拟合

制度环境相关性分析结果　　　　表 10-3

相关性指标检验内容	相关性检验指标	相关性检验结果
MSR 行为演化后均值	相关系数	0.937＊＊
	显著性（双尾）	0
	N	13
关系数量	相关系数	1.000＊＊
	显著性（双尾）	0
	N	13

结论 1：制度环境对于 MSR 行为演化具有较强的促进作用，随着制度环境的增强，MSR 行为整体性状先快速提升，再趋于平稳。促进作用并非一直存在，适中的制度环境（60%最大值）最有利于促进重大工程参建方的社会责任行为演进，过强的制度环境则不再产生这一促进作用。重大工程参建方的社会责任行为的正向演化不能单纯依赖于政府、行业协会等颁布的法律、条例、规范等外部制度要素，应当尝试结合关系互动、价值观等内部驱动要素。

随着重大工程中条例、规定的制度同构类要素的增强，各个参建方受到的约束作用越强，社会责任表现得越好。但这种促进作用并不是无限度的，因为社会责任具有明显的自发性和利他性，仅仅依靠与现有的法律、规定等制度类要素并不能起到很好的促进作用。这一结论在重大工程组织公民行为（MCBs）的制度压力促进作用研究中得到了印证，研究发现，规制性压力对于 MCBs 的促进作用并不显著（Wang 等，2018）。这表明随着重大工程组织中制度类要素增多，其发挥出的 MSR 行为演化的促进作用是有限的，应当探究如何激发出参见方的内部驱动力。关系的线性增长验证了上文提出的制度环境是主体交互的诱因的观点，制度环境可以通过新的承诺、学习效仿、规范服从等多种方式来促进主体交互，解决重大工程复杂组织情境下 MSR 行为的协同机制（Powell，Bromley，2015）。

10.3.2 关系互动类因素的敏感性分析

1. 关系倾向的敏感性分析

在关系倾向的敏感性分析中，关系倾向的取值范围为（0，10），分析连续变化的关系倾向值对于 MSR 行为演化后均值与关系数量的影响，见图 10-7。对于 MSR 行为演化后均值，其值随着关系倾向的增大而增大，增幅逐渐从扩大过渡到收窄。在关系倾向达到 7.5 时（75%最大值），MSR 行为演化后均值趋于平稳，增幅限制在 0.02 内。对于关系数量而言，关系数量随着关系倾向递增，增幅基本不变。对关系倾向和 MSR 行为演化后均值与关系数量进行相关性分析，结果见表 10-4。同上述观察结果一致，二者均保持了强相关关系。这一结果与现实是相符的，随着关系倾向的增强，主体之间存在的关系越来越多，演化后的 MSR 行为也越来越好。

关系倾向相关性分析结果　　　　表 10-4

相关性指标检验内容	相关性检验指标	相关性检验结果
MSR 行为演化后均值	相关系数	0.995**
	显著性（双尾）	0
	N	13
关系数量	相关系数	1.000**
	显著性（双尾）	0
	N	13

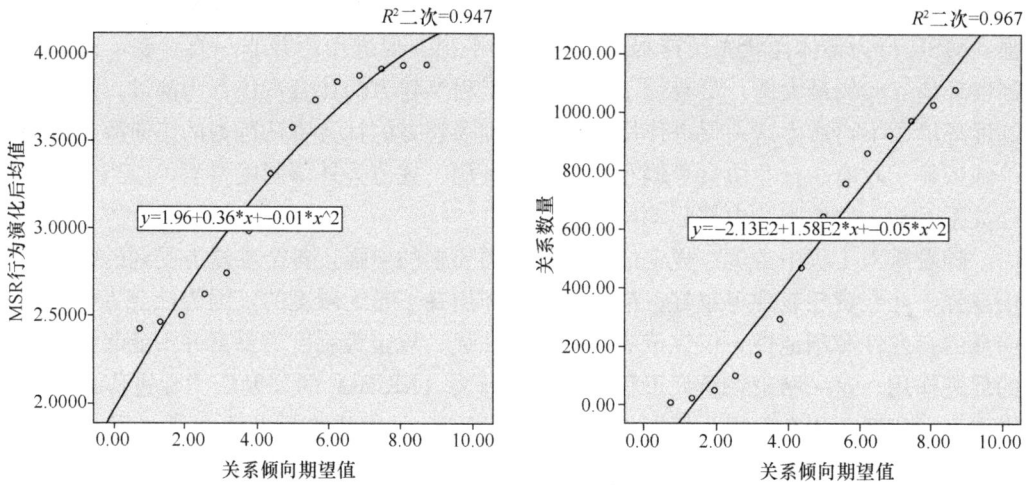

图 10-7　关系倾向敏感性分析结果分布与拟合

结论 2：关系倾向的提高可以显著促进关系互动进程，进而显著提升 MSR 行为演化后的整体性状，这种促进作用一直持续到强关系倾向水平（75％最大值）。随着参建方关系倾向的增长，重大工程组织场域中的非正式关系数量随之稳定增长，参建方间的关系互动进程增多，大量的 MSR 行为转变发生，MSR 行为积极演进。

重大工程建设是一项极具挑战的任务，包括社会责任在内的各项工作都要求各个参建方在短时间内迅速形成合作团队。然而参建方是多元异质的，他们来自不同的公司，分散于不同的模块，加入重大工程的时间也不同（Tai 等，2009）。在此背景下，关系互动成了团队整合的有效方法。在关系互动进程中，彼此的意图、思想、观念等信息得到充分沟通，社会责任和利益得到明确（Adami 等，2019），社会责任的结构安排和运作机制得以重构和优化，从而显著推动了 MSR 行为的正向演化。

2. 关系信任为真概率

在关系信任为真概率的敏感性分析中，其取值范围为（0，1），数值代表关系信任为真的概率越大。分析连续变化的关系信任为真概率对于 MSR 行为演化后均值与关系数量的影响，见图 10-8。对于 MSR 行为演化最终均值，无论关系信任的概率取值如何，其值始终在 3.8750～3.9250 之间震荡，并且震荡的幅度不一。对于关系数量，关系信任为真概率对于其影响不大，也不存在某种具备统计学意义的规律。对于关系信任为真概率与 MSR 行为演化后均值与关系数量进行相关性分析，结果见表 10-5。结果显示，两者皆不具备相关性，这进一步支持了上述的观点。

关系信任为真概率相关性分析结果　　　　　　　表 10-5

相关性指标检验内容	相关性检验指标	相关性检验结果
MSR 行为演化后均值	相关系数	0.10
	显著性（双尾）	0.960
	N	20

相关性指标检验内容	相关性检验指标	相关性检验结果
	相关系数	0.129
关系数量	显著性(双尾)	0.587
	N	20

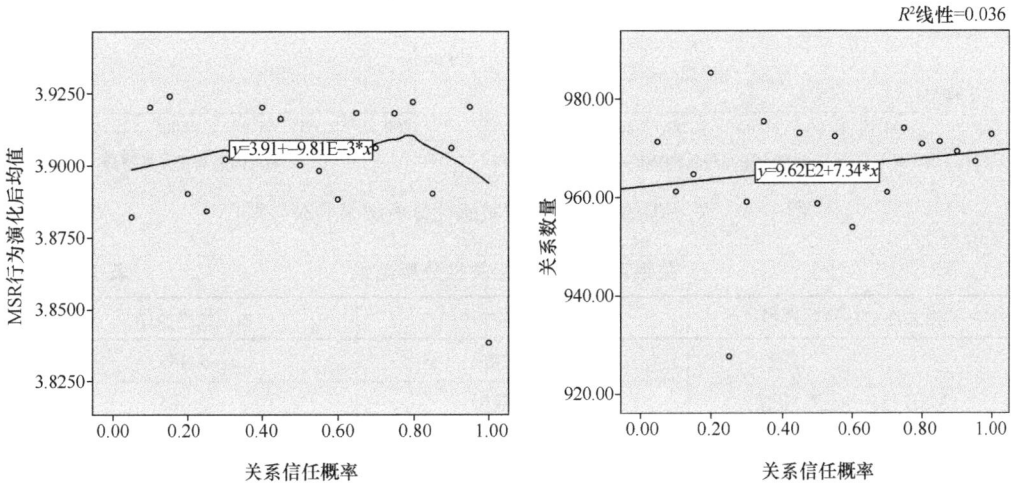

图 10-8　关系信任为真概率敏感性分析结果分布与拟合

结论 3：关系信任与 MSR 行为演化并不相关，未能呈现出规律性。在重大工程中，即使参建方之间存在的信任强度并不高，他们之间依然能够建立和发展起非正式关系。

重大工程建设时间跨度超越了一般的基础设施工程，因此各个参建方之间的协作关系是长期关系（Wang 等，2019）。即使各参建方相互之间的信任水平较低，由于高度的相互依赖性，各方也会为了维护协作关系而履行好自身社会责任，限制机会主义行为（Provan，1993）。

3. 关系沟通与投入的敏感性分析

在关系沟通与投入的敏感性分析中，关系沟通与投入次数的取值范围为（1，50），分析连续变化的关系沟通与投入次数值对于 MSR 行为演化后均值与关系数量的影响，见图 10-9。可以看出，两者的分布均较为散乱，难以用常规的函数拟合，故采用 Loess 方法进行拟合。对于 MSR 行为演化后均值和关系数量，两者均随着主体可接受的关系沟通与投入次数的增长而增长，在关系沟通与投入次数达到 15（30％最大值）后小幅震荡。可以发现，关系沟通与投入次数对于 MSR 行为演化的促进作用并不明显，当关系沟通与投入次数达到较低水平（30％最大值）时，对于 MSR 行为演化的促进作用消失。对于关系沟通与投入次数和 MSR 行为演化后均值与关系数量进行相关性分析，结果见表 10-6。结果表明，MSR 行为演化后均值与关系沟通与投入次数并没有相关关系，关系数量与关系沟通与投入次数具有较低的相关关系。

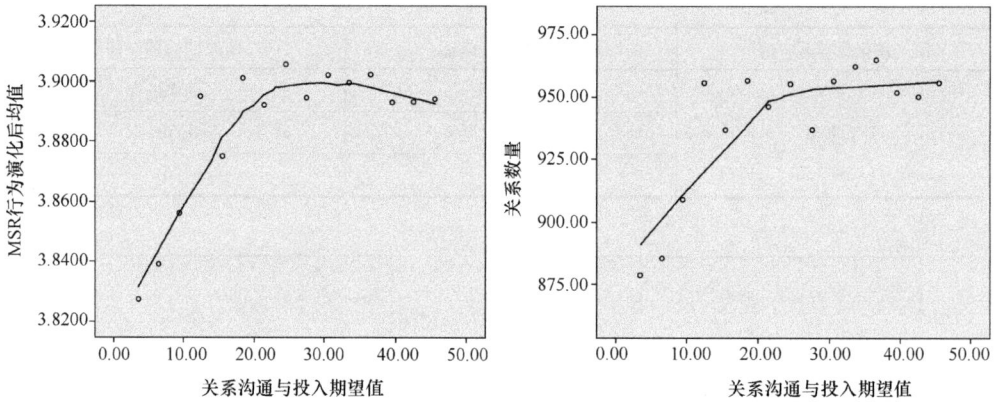

图 10-9　关系沟通与投入次数敏感性分析结果分布与拟合

关系沟通与投入相关性分析结果　　　　　　　　　　表 10-6

相关性指标检验内容	相关性检验指标	相关性检验结果
MSR 行为演化后均值	相关系数	0.489
	显著性（双尾）	0.064
	N	15
关系数量	相关系数	0.595 *
	显著性（双尾）	0.019
	N	15

结论 4：关系沟通与投入对于 MSR 行为演化的促进作用较小，且促进作用仅维持到低关系互动强度（30% 最大值）。重大工程参建方的 MSR 行为转变与否并不依赖于反复的关系沟通与投入，随着时间的推移，有限的关系沟通与投入次数仍然能发挥出良好的 MSR 行为演化促进作用。

中国重大工程社会责任行为的独特性之一在于突出的社会关系，重大工程的参建方往往有着较强的关系倾向（Hofman 等，2017）。在关系倾向较强的组织环境中，参建方之间往往需要不多的关系沟通与投入次数就能建立起关系。这在一定程度上可以解释以上结果。

4. 关系互动长度的敏感性分析

在关系互动长度的敏感性分析中，关系互动长度的取值范围为（1，200），分析连续变化的关系互动长度值对 MSR 行为演化后均值与关系数量的影响，见图 10-10。对于 MSR 行为演化后均值，其值随着关系互动长度的增长而增长，且增幅逐渐趋于零。在关系互动长度达到 120（60% 最大值）时，MSR 行为演化后均值基本达到峰值。对于关系数量，其值随关系互动长度的增长而增长，增长幅度先大后小，增幅并不趋于零。对于关系互动长度和 MSR 行为演化后均值与关系数量进行相关性分析，结果见表 10-7。结果表明，关系互动长度和 MSR 行为演化后均值与关系数量均具有良好的相关性。这进一步验证了上述的分析。

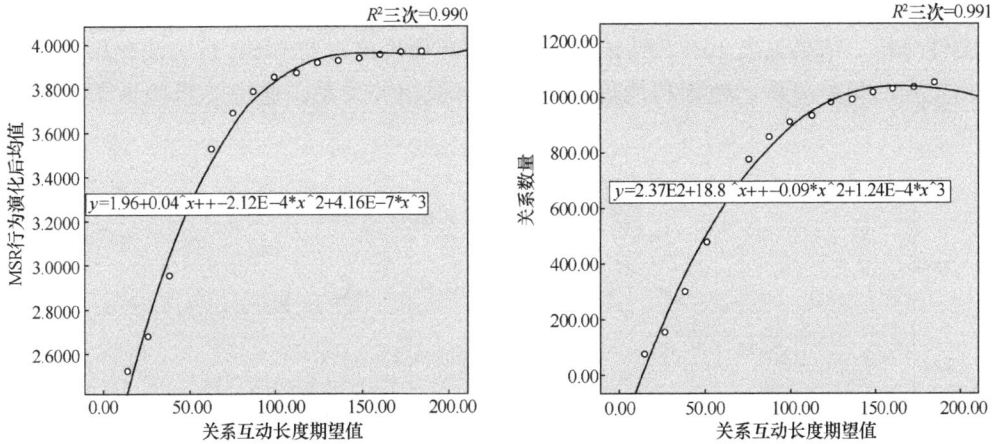

图 10-10　关系互动长度敏感性分析结果分布与拟合

关系互动长度相关性分析结果　　　　　　　　　　表 10-7

相关性指标检验内容	相关性检验指标	相关性检验结果
	相关系数	1.000**
MSR 行为演化后均值	显著性(双尾)	0
	N	15
	相关系数	1.000**
关系数量	显著性(双尾)	0
	N	15

结论 5：关系互动长度对于 MSR 行为演化具有较强的促进作用。随着关系互动长度的提升，MSR 行为整体性状快速提升，在达到适中关系互动长度水平（60％最大值）时，MSR 行为整体性状趋于平稳。对于重大工程的参建方而言，保持发展关系的总数量和总投入在一个适度的水平最为有利，过高会导致精力和资源的过度投入，过低则无法有效获取社会责任知识和资源。

关系互动长度的增加对应于现实重大工程中某主体同其他参建方发展非正式关系的持续时间增加，这意味着管理复杂性的增加，需要主体花费更多的时间、精力和资源来协调这些关系（Adami 等，2019）。因此，参建方并不愿意投入过多的精力到建立和发展非正式关系中，保持一个适度的投入是最理性的选择。

10.3.3　纯粹利他价值观的敏感性分析

在纯粹利他价值观的敏感性分析中，纯粹利他价值观的取值范围为（0，10），分析连续变化的纯粹利他价值观值对 MSR 行为演化后均值与关系数量的影响，见图 10-11。对于 MSR 行为演化后均值，纯粹利他价值观对其影响的规律性不是很清晰。可以发现的是，纯粹利他价值观在 0～2.5（25％最大值）内对于 MSR 行为演化后均值起到促进作用；在超过 2.5 后，促进作用消失。对于关系数量，其值随着纯粹利他价值观的提高而降低。对于纯粹利他价值观和 MSR 行为演化后均值与关系数量进行相关性分析，结果见表 10-8。结果显示，纯粹利他价值观与 MSR 行为演化后均值呈现出较强的相关关系，纯粹利他价值观表现出强相关关系。这进一步验证了上述的观点。

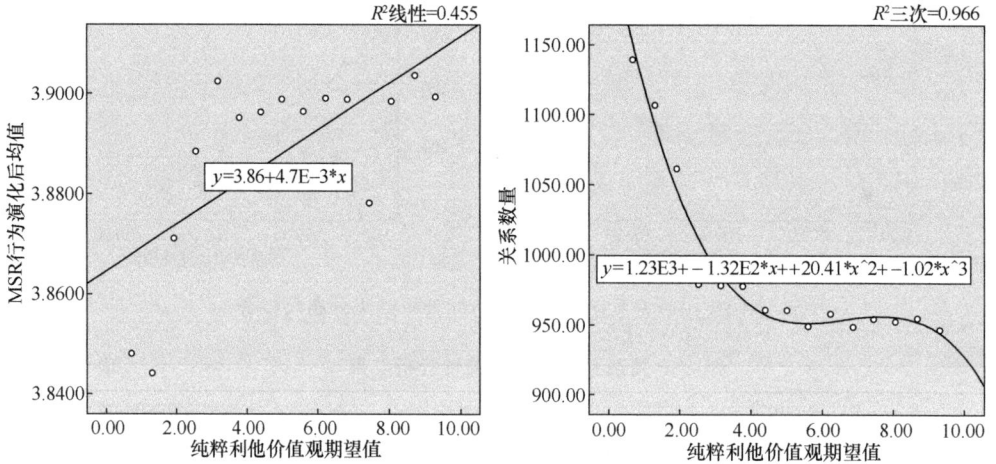

图 10-11　纯粹利他价值观敏感性分析结果分布与拟合

纯粹利他价值观相关性分析结果　　　　　　　　表 10-8

相关性指标检验内容	相关性检验指标	相关性检验结果
MSR 行为演化后均值	相关系数	0.677＊＊
	显著性（双尾）	0.006
	N	15
关系数量	相关系数	−0.929＊＊
	显著性（双尾）	0
	N	15

　　结论 6：纯粹利他价值观对于 MSR 行为演化的促进作用并不明显，仅在较低的纯粹利他价值观水平（25% 最大值）起到促进作用。这一结论对于理解 MSR 行为演化具有非常意义的。即使重大工程参建方的高层管理团队最初履行社会责任的动机并不来源于高度的自发性和利他性，随着项目推进他们最终也会表现出良好的 MSR 行为。这从侧面印证了制度环境以及关系互动进程对于参建方 MSR 行为转变的引导作用的强大性。

　　这一结论能从现实中得到印证，在重大工程实践中，指挥部或是其他政府部门有时会发起创造性的劳动竞赛，对各个参建方在一定时间内的安全、进度、质量、技术创新、节能环保等关键任务进行评比。各个参建方往往积极响应，相互之间主动配合，紧密协作以争取突破性的进展（Yang 等，2018）。显然，所有参建方都秉持高度的纯粹利他价值观的可能性较低，因此可以推断出部分参建方是在指挥部的引导下，在同其他参建方的关系互动进程中受到积极影响，从而逐渐表现出利他的社会责任行为的。至于关系数量的降低，这是由于参建方高层管理团队的纯粹利他价值观水平越高，越不依赖于关系互动进程学习模仿其他主体的 MSR 行为。

10.3.4　其他因素的敏感性分析

1. 主导 MSR 行为类型的敏感性分析

在主导 MSR 行为类型的敏感性分析中，分别探究 4 种 MSR 行为（分别由数字1-4 代表）分别占据初始主导（即占比超过 85%）情境下的运行结果，将运行结果绘制成散点图，并对其中的点进行拟合，最终结果见图 10-12 主导 MSR 行为类型敏感性分析结果分布与拟合。对于 MSR 行为演化后均值，可以观察到类似指数增长的态势。有趣的是，这种增长是先爆炸式增长再趋于平稳的，增幅逐渐减小。对于关系数量，随着主导 MSR 行为表现的提高，关系数量逐渐减少。接下考察 MSR 行为演化后均值、关系数量敏感性分析结果与主导 MSR 行为类型的相关性，见表 10-9。可以看出，两者均有着强相关关系。这说明，在重大工程的组织场域中，初始时表现出良好 MSR 行为的主体越多，最终的 MSR 行为演化结果就越理想。

主导 MSR 行为类型相关性分析结果　　　　　表 10-9

相关性指标检验内容	相关性检验指标	相关性检验结果
MSR 行为演化后均值	相关系数	1.000**
	显著性（双尾）	0
	N	4
关系数量	相关系数	−1.000**
	显著性（双尾）	0
	N	4

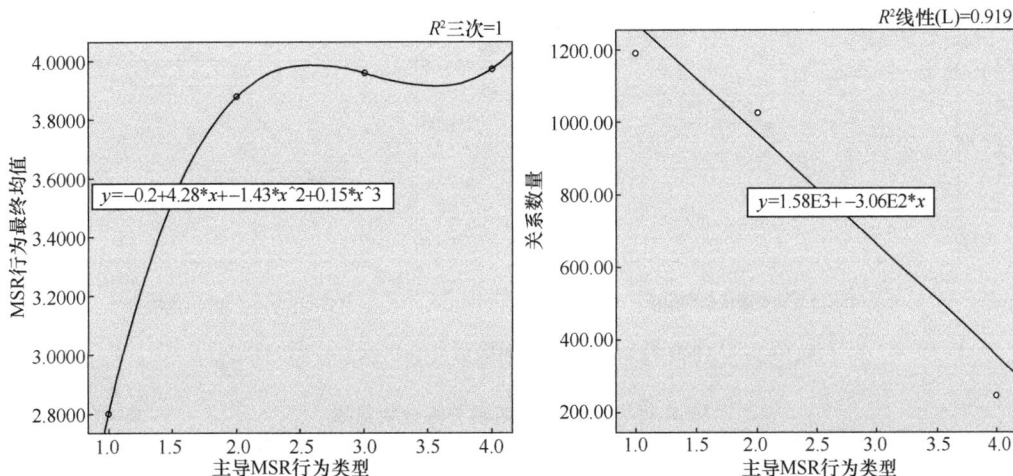

图 10-12　主导 MSR 行为类型敏感性分析结果分布与拟合

结论7：在重大工程组织场域中，随着初始的主导MSR行为的提升，MSR行为演化后的整体性状越佳。当初始的主导MSR行为从防御行为切换到反应行为时，MSR行为演化后的整体性状的提升幅度最大，从反应行为到适应行为，再到利他行为的提升幅度则较之偏小。

当表现出防御行为的主体占据主导地位时，高MSR行为表现主体积极与其进行关系互动，尽管数量较少，却仍然唤醒多数主体的MSR意识。此种情况下，大多数主体发生MSR行为转变，尽管转变的幅度较小，由于初始均值较低，增长率较大。当后三种MSR行为占据主导地位时，随着MSR行为初始均值的提高，增长率自然也就下降了。在工程组织场域中，表现出较高MSR行为的主体对于MSR具有良好的认知和行动，这在一定程度上消解了重大工程的不确定性和风险。因此，他们并不依赖于关系互动的方式来获取MSR相关知识。

2. MSR行为转变潜伏期的敏感性分析

在MSR行为转变潜伏期的敏感性分析中，MSR行为转变潜伏期的取值范围为（1，50），分析连续变化的MSR行为转变潜伏期值对于MSR行为演化后均值与关系数量的影响，见图10-13。对于MSR行为演化后均值，其值的分布是相当散乱的，并未发现规律性。对于关系数量，其值基本上随着MSR行为转变潜伏期的增长而增长。这是由于潜伏期越长，主体同其他主体进行关系互动的时间也就越长，从而导致了关系数量的增长。对于MSR行为转变潜伏期和MSR行为演化后均值与关系数量进行相关性分析，结果见表10-10。结果显示，MSR行为转变潜伏期与MSR行为演化后均值无相关性，MSR行为转变潜伏期与关系数量具有良好的相关性。这进一步支持了上述观点。

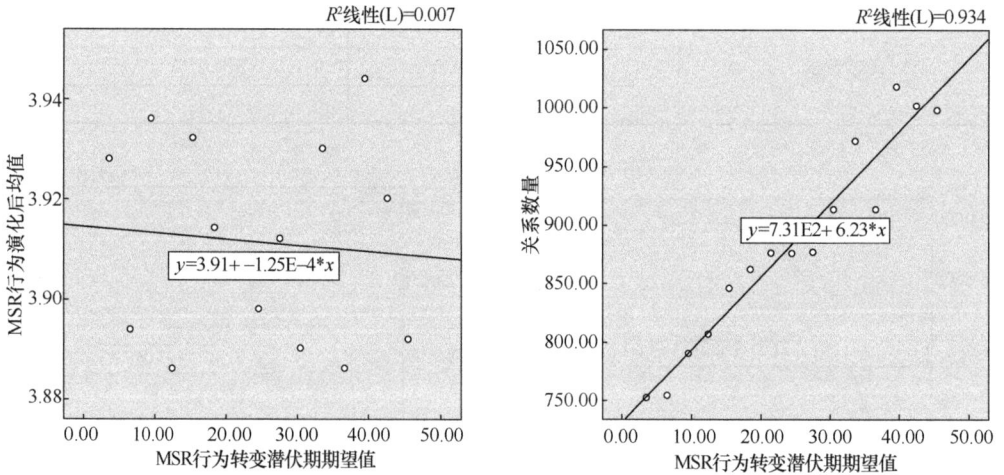

图中左图：R^2线性(L)=0.007，$y=3.91+-1.25E-4*x$

图中右图：R^2线性(L)=0.934，$y=7.31E2+6.23*x$

图 10-13　MSR行为转变潜伏期敏感性分析结果分布与拟合

MSR行为转变潜伏期相关性分析结果　　　　　　　　　　表 10-10

相关性指标检验内容	相关性检验指标	相关性检验结果
MSR行为演化后均值	相关系数	−0.100

相关性指标检验内容	相关性检验指标	相关性检验结果
MSR 行为演化后均值	显著性（双尾）	0. 723
	N	15
关系数量	相关系数	−0.973**
	显著性（双尾）	0
	N	15

结论 8：MSR 行为转变潜伏期与 MSR 行为演化并不相关，未能呈现出规律性。

尽管上文认为 MSR 行为转变是一定时间尺度上发生的渐变过程，本次实验结果表明这一时间尺度并不是统一的。这可能是由于个体差异的缘故，重大工程包含了政府、业主、施工方、分包方、设计方、监理方、咨询方、供应商等众多参建方，他们来自不同的公司或部门，拥有着不同的利益诉求，即使同一参建方的高层管理者个体之间的思想和观念也不尽相同。而且 MSR 行为转变潜伏期在现实中也难以测量，这也影响了结果的相关性。

3. MSR 行为转变意向的敏感性分析

在 MSR 行为转变意向的敏感性分析中，MSR 行为转变意向的取值范围为（0，10），分析连续变化的 MSR 行为转变意向值对 MSR 行为演化后均值与关系数量的影响，见图 10-14。可以发现，MSR 行为转变意向对于 MSR 演化影响较小，只有在较低水平（20%最大值）内才对 MSR 行为转变起到促进作用。类似的，关系数量与 MSR 行为转变意向也呈现出类似关系，MSR 行为转变意向仅在达到 20%最大值水平后，对于关系数量的促进作用基本消失。对于 MSR 行为转变意向和 MSR 行为演化后均值与关系数量进行相关性分析，结果见表 10-11。结果显示，两者均与 MSR 行为转变意向呈现出强相关关系，这进一步验证了上述观点。

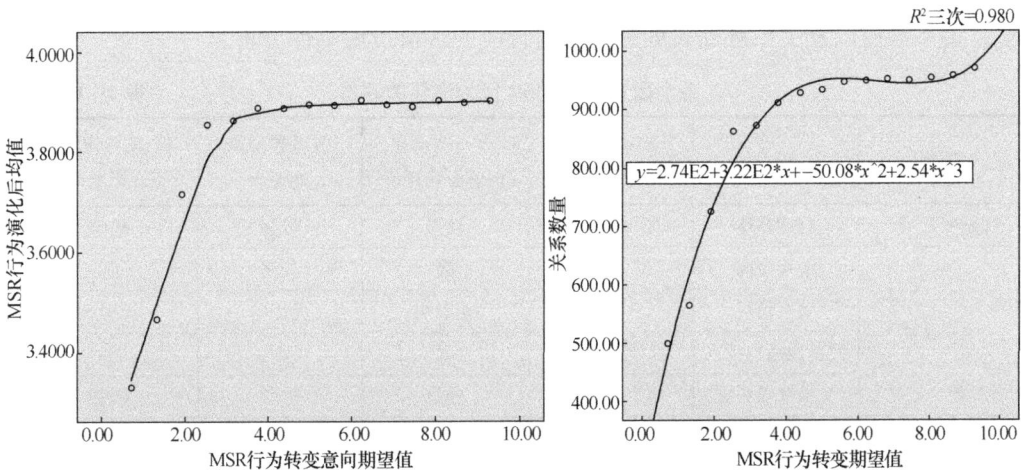

图 10-14　MSR 行为转变意期望值敏感性分析结果分布与拟合

MSR 行为转变意向相关性分析结果　　　　　　　　　　表 10-11

相关性指标检验内容	相关性检验指标	相关性检验结果
MSR 行为演化后均值	相关系数	0.989**
	显著性(双尾)	0
	N	15
关系数量	相关系数	0.904**
	显著性(双尾)	0
	N	15

结论 9：MSR 行为转变意向对于 MSR 行为演化的促进作用较弱，仅在较低水平（20%最大值）时发挥出促进作用。这一结论对于理解 MSR 行为演化具有非常意义，随着工程进度的推进，即使最初并不愿改善 MSR 行为的参建方在关系互动进程的作用下最终往往也会改善 MSR 行为。

这表明非正式的关系互动提供了灵活的信息共享和任务分配机制（Holti，R.，2011），将各个参建方紧密地聚合成一个整体，实现了履行社会责任的最大合力。在深中通道工程的情境下，即使当下部分参建方的 MSR 行为转变意向并不高，随着工程进度的推进，参建方之间关系互动的增多，社会责任履行不佳的参建方最终会改善自身 MSR 行为，MSR 行为整体性状呈现出正向演进的态势。

本小节用 MSR 行为演化后均值与关系数量表征 MSR 行为整体性状，分析了不同因素对于 MSR 行为演化的影响。综合 9 个结论来看，不同因素对于 MSR 行为演化的影响机制和影响程度不同，将具体影响评价汇总在表 10-12。可以看出，其中影响较为显著的是主导 MSR 行为类型、制度环境、关系倾向以及关系互动长度四因素，具体的影响评价以及致因机理已经在各自的结论处进行了分析。尽管主导 MSR 行为类型也较为显著，但是这由重大工程的社会责任现状决定，其分析也只是理论上的探讨，而非立足与深中通道的基准情境。因此，本书将在下节进一步探究制度环境、关系倾向以及关系互动长度三因素组合成的多情境敏感性分析。

各个因素对于 MSR 行为演化的评价　　　　　　　　　表 10-12

类别	因素	影响作用消失点	MSR 行为演化后均值影响评价	关系数量影响评价	MSR 行为演化综合影响评价
制度环境	制度环境	60%最大值	较强	较强	较强
关系互动	关系倾向	75%最大值	强	较强	强
	关系信任	不相关	无影响	无影响	无影响
	关系沟通与投入	30%最大值	弱	弱	弱
	关系互动长度	60%最大值	较强	较强	较强
纯粹利他价值观	纯粹利他价值观	25%最大值	弱	弱	弱
其他因素	主导 MSR 行为类型	始终存在	强	强	强

续表

类别	因素	影响作用消失点	MSR 行为演化后均值影响评价	关系数量影响评价	MSR 行为演化综合影响评价
其他因素	MSR 行为转变潜伏期	不相关	无影响	一般	弱
	MSR 行为转变意向	20%最大值	弱	一般	弱

10.4 基于多情境的重大工程社会责任行为演化规律研究

在上节的单情境敏感性分析结果显示制度环境、关系倾向以及关系互动长度三因素对于 MSR 行为演化的影响作用较为显著，具有很好的代表性。因此，本节将对这三因素不同取值范围组合成的多情境进行敏感性分析。

制度环境的取值范围为（0，10），关系倾向的取值范围为（0，10），关系互动长度的取值范围为（1，200），将其各自划分为低、中、高三个区间，并选取区间中点的概率密度来代表该区间，具体的结果见表 10-13。不同情境参数组合起来一共有 27种情况，分别对其进行 50 次模拟以确保结果的稳定性。最终的模拟结果见表 10-14。

多情境参数设置　　　　表 10-13

因素	情境参数	取值区间	概率密度
制度环境	低制度环境	（0，3）	0.88：0.02：0.02：0.02：0.02：0.02：0.02
	中制度环境	（3，7）	0.02：0.02：0.02：0.88：0.02：0.02：0.02
	高制度环境	（7，10）	0.02：0.02：0.02：0.02：0.02：0.02：0.88
关系倾向	低关系倾向	（0，3）	0.88：0.02：0.02：0.02：0.02：0.02：0.02
	中关系倾向	（3，7）	0.02：0.02：0.02：0.88：0.02：0.02：0.02
	高关系倾向	（7，10）	0.02：0.02：0.02：0.02：0.02：0.02：0.88
关系互动长度	低关系互动长度	（1，60）	0.88：0.02：0.02：0.02：0.02：0.02：0.02
	中关系互动长度	（60，140）	0.02：0.02：0.02：0.88：0.02：0.02：0.02
	高关系互动长度	（140，200）	0.02：0.02：0.02：0.02：0.02：0.02：0.88

多情境敏感性分析结果　　　　表 10-14

情境编号	参数组合			MSR 行为演化后均值	关系数量	模拟时长
	制度环境	关系倾向	关系互动长度			
1	低	低	低	2.3848	0.30	187.10
2	低	低	中	2.4031	0.55	181.65
3	低	低	高	2.3894	0.80	206.05

193

续表

情境编号	参数组合			MSR 行为演化后均值	关系数量	模拟时长
	制度环境	关系倾向	关系互动长度			
4	低	中	低	2.3903	2.00	182.35
5	中	低	低	2.3782	2.05	185.45
6	高	低	低	2.393	6.65	188.00
7	中	低	中	2.3884	8.45	241.80
8	低	中	中	2.3994	9.10	223.60
9	低	高	低	2.4331	9.50	192.35
10	中	低	高	2.4211	16.50	372.15
11	低	中	高	2.4214	16.75	420.60
12	低	高	中	2.4398	26.20	283.75
13	高	低	中	2.4563	28.65	311.10
14	中	中	低	2.4619	36.30	233.90
15	高	低	高	2.4837	52.55	541.20
16	低	高	高	2.5491	73.90	620.85
17	中	高	低	2.5928	111.10	274.75
18	高	中	低	2.6176	120.60	292.35
19	中	中	中	2.7453	187.50	511.95
20	中	中	高	3.3293	505.70	1138.30
21	高	高	低	3.3055	518.90	549.85
22	高	中	中	3.7867	833.90	582.25
23	中	高	中	3.7944	835.15	628.60
24	高	中	高	3.9297	974.30	625.40
25	中	高	高	3.9327	992.75	633.30
26	高	高	中	3.9504	1260.00	367.20
27	高	高	高	3.9714	1316.15	484.45

如果制度环境、关系倾向和关系互动长度三者因素水平均为低时，MSR 行为并未发生正向演化现象，仍停留在演化前水平。如果有任意两个因素为低水平，无论第三个因素水平如何，MSR 行为演化几乎仍未发生，建立的关系数量为个位数，模拟时长始终维持在 200 左右。在此种情境下，MSR 行为演化处在停滞阶段，关系数量非常少，模拟时长也处于较低水平。这表明，在重大工程组织场域中，制度环境、关系倾向和关系互动长度三因素缺一不可，任一因素的缺失都会导致社会责任行为正向演化的停滞。

如果制度环境、关系倾向和关系互动长度三者中有两个因素水平为中或高时，MSR 行为演化后均值随着低水平因素水平的提高而缓慢提高，关系数量随之稳步增长。模拟步长基本随关系数量增长而增长，关系互动长度水平越高，模拟步长也会越长。从各个因素水平来看，在制度环境水平为低，关系倾向和关系互动长度水平为中或高时，MSR 行为演化后均值稳步提升，关系数量稳步增长。在关系倾向水平为低，制度环境和关系互动长度水平为中或高时，MSR 行为演化后均值缓慢提升，关系数量稳步增长。在关系互动长度水平为低时，制度环境和关系倾向水平为中或高时，MSR 行为演化后均值相对较快稳步提升，关系数量相对较快稳定增长，此种情境下的增幅大于以上两种情境。对比三个因素水平变化对于 MSR 行为演化的影响，可以发现制度环境以及关系倾向在此阶段发挥出主导作用。即使关系互动长度水平为高，但制度环境或关系倾向水平为中或低时，MSR 行为演化的结果仍不理想。反之，则相对理想。这表明，对于制度环境、关系倾向以及关系互动长度水平一般的重大工程，任一因素水平的提升会缓慢促进 MSR 行为的正向演化，其中最有效的方法是提升制度环境和关系倾向作用，例如政府明确社会责任奖励要求、颁布鼓励参建方协作的奖励机制等。

如果制度环境、关系倾向和关系互动长度三者中至少有两个因素水平为中或高时，MSR 行为演化后均值随着中水平因素水平的提高而快速提高，关系数量随之迅速增长。模拟步长基本随关系数量增长而增长，关系互动长度水平对于模拟步长的促进作用更为明显。从各个因素水平来看，任何一个因素水平的提升均能导致 MSR 行为演化结果的快速提升。尽管三个因素的促进作用相差不大，但是关系倾向水平从中跃迁到高的促进作用相对突出。这一结论也验证了上节得出的关系倾向的作用区间（75％最大值）大于制度环境和关系互动长度（60％最大值）的结论。这表明，对于制度环境、关系倾向以及关系互动长度水平适中的重大工程，任何因素的提升均能快速推动 MSR 行为正向演化，其中关系倾向的提升最为显著。

综合以上分析，将 MSR 行为的演化划分为停滞模式、渐变模式和扩散模式，详见表 10-15。综合本小节分析来看，制度环境、关系倾向以及关系互动长度中任一因素的缺失都会导致 MSR 行为正向演化的停滞。当单一因素存在短板时，从较低到适中的增强会涌现出 MSR 行为演化的渐变模式，MSR 行为缓慢正向演化，其中制度环境和关系倾向的促进作用相对显著。从适中到较高的增强则会涌现出 MSR 行为演化的扩散模式，其中三因素的促进作用差别不大，关系倾向相对突出。

MSR 行为演化模式划分　　　　　　　　　　　表 10-15

模式	条件	特征
停滞模式	至少两个因素水平为低	MSR 行为正向演化停滞，关系数量基本不变 任一因素的改善均未发挥出促进作用
渐变模式	两个因素水平为中或高	MSR 行为缓慢正向演化，关系数量稳步增长 低水平因素改善发挥出一定促进作用 制度环境和关系倾向促进作用相对显著

模式	条件	特征
扩散模式	至少两个因素水平为中或高	MSR 行为快速正向演化，关系数量迅速增长 中水平因素的改善发挥出显著促进作用 三因素的促进作用差别不大，关系倾向相对显著

综合单情境和多情境敏感性分析的结论，MSR 行为仿真涌现出的演化规律是令人惊讶的。尽管制度环境、关系互动以及高层管理团队价值观三类因素对于 MSR 行为演化的促进作用得到了证实，各类因素对于 MSR 行为的影响强度差别较大。从单情境敏感性分析结论出发，制度环境和关系互动对于 MSR 行为演化发挥出较强的促进作用，高层管理团队的价值观的促进作用则较弱。制度环境促进作用的突变点为 60% 最大值，这表明中国重大工程组织场域中的制度环境作用适中时效果最好，单纯依赖于条例、规范等制度约束的增强并不能进一步促进 MSR 行为的正向演化。关系互动中，关系倾向和关系互动长度的促进作用显著，关系倾向促进作用的突变点为 75% 最大值，关系互动长度的促进作用的突变点为 60% 最大值。这表明中国重大工程中突出的关系互动可以将各个参建方有效整合起来，重构和优化社会责任的结构安排和运作机制，进而促进 MSR 行为的正向演化。高层管理团队的价值观促进作用的突变点为 20% 最大值，并未发挥出显著促进作用。这一结论是令人惊讶的，这表明即使中国重大工程参建方的高层管理团队最初履行社会责任的动机并不来源于高度的自发性和利他性，随着工程推行他们最终也会表现出良好的 MSR 行为。这意味着，在制度环境和关系互动进程的推动下，各个参建方被紧密地聚合成一个整体，社会责任的合力越来越大。

从多情境敏感性分析结论出发，MSR 行为演化可以划分为停滞、渐变和扩散三种模式。当任一因素缺失时，涌现出 MSR 行为演化的停滞模式，MSR 行为正向演化基本停滞，甚至可能诱发逆向异化。当单一因素存在短板时，从较低到适中的增强会涌现出 MSR 行为演化的渐变模式，MSR 行为缓慢正向演化，其中制度环境和关系倾向的促进作用相对显著。从适中到较高的增强则会涌现出 MSR 行为演化的扩散模式，三因素的促进作用差别不大，其中关系倾向相对突出。

第四篇

重大工程社会责任行为治理篇

第 11 章　重大工程社会责任行为治理对策研究

> 本章聚焦重大工程社会责任行为治理，针对制度环境、组织文化、社会责任认知等关键因素，从"正向促进"和"反向遏制"两个方面，提出重大工程社会责任行为的治理对策，并在制度层面确立"企业—政府—社会"治理机制。

11.1　重大工程社会责任行为"正向促进"和"反向遏制"对策

11.1.1　重大工程社会责任行为"正向促进"对策

基于前面章节的研究结论，为了促进重大工程社会责任行为的正向演化，本书认为中国的重大工程应当打造适中的制度环境、较强的关系互动以及良好的价值观念。具体来说，分为以下治理对策。

1. 强化政府管制

第 10 章研究结论指出，制度环境对于重大工程社会责任行为演化的促进作用的突变点为 60%，这意味着适中的制度环境就能发挥出最佳的促进作用。在中国目前重大工程社会责任概念模糊、意识相对薄弱的现状下，法律法规、相关条例、合同约束等强制性手段是必不可少的措施。对于重大工程，政府的角色和影响力相对较大，政府通常像一个"风向标"或者说是"焦点"，企业的行为通常会围绕这一焦点展开（Mcadams，Nadler，2005），政府文件向社会发出一个强烈的信号——这一议题非常重要，然后社会各界都开始重视这一议题，企业自身关注，消费者、投资者、竞争对手等外界组织的关注再进一步放大议题重要性，从而迫使企业开始注重这一议题。而在重大工程社会责任中，政府更承担着领头羊作用（Ma 等，2017）。政府应当通过强制性手段，引起各行为主体对社会责任的重视，提高各行为主体的社会责任意识。

2. 加强社会责任合同约束

尽管中国政府关于重大工程社会责任的关注日益增多，顶层的制度设计从利益导向逐渐向多元可持续导向发展，具体的社会责任相关的制度管理条例逐渐增多，这些制度要素往往并不能实现从政府—业主—各个承包商的有效传导。根本原因是合同这一传导渠道的缺失，社会责任要求尚未在建设合同中得到明确。这也解释了强制性制度压力对于社会责任的促进作用为何并非总是能得到实证检验的支持（Suk 等，2013）。在合同中确立社会责任要求的意义不仅在于实现重大工程整体社会责任的有效分配，更在于发挥出一种"信号"作用，激发各个参建方对于社会责任议题的重视。在中国重大工程中，环境管理系统往往与实际施工活动相脱节（Wang 等，2017），"信号"可以推动承包商实质性部署社会责任行动而非只是象征性做做样子。

3. 缔造社会责任文化氛围

强制性措施只能规范行为底线，但社会责任的要求明显高于行为底线，需要行为主体具有自愿主动履行社会责任的意识。因此强制措施对于社会责任行为的推行只是暂时性手段，真正的长效机制是文化氛围的构建。如通过引导公众关注工程社会责任，吸引媒体报道工程社会责任履行情况，定期嘉奖社会责任行为良好的工程及组织，这对于在整个重大工程建设管理过程中营造社会责任文化氛围至关重要。在这个过程中，各个参建方得以认知社会责任价值和社会责任优先事项，提高自身社会责任行为动机和行为效果。

4. 聚焦关键组织的工程社会责任行为表现

在整个推动社会责任行为的过程中，关注关键主体的工程社会责任行为表现能够起到事半功倍的效果。这里的关键组织包括两类：一类是组织中影响范围广及影响力大的组织，优先提高这些组织的社会责任履行意识和培育这些组织的社会责任行为，并在全工程范围内加大宣传和嘉奖力度，促进良性社会责任行为的传播和扩散；第二类组织是工程中社会责任行为表现以及自身社会责任认知过差的组织，重点关注这些组织的社会责任行为表现，能够防止不良思想和行为在工程中的传播和扩散。

5. 鼓励组织间关系互动

在重大工程中，社会责任行为的耦合需要在不确定的环境中协调不同参建方的社会责任行为，社会责任行为的演化结果很大程度上取决于这些组织之间建立的以协作为目的的非正式关系。因此，有必要鼓励组织之间的关系互动，实现更大程度上的行为整合和协调，将履行社会责任的力量拧成一股绳。这一观点也得到了现有文献的支持（Zheng 等，2018）。一个有效的办法是定期组织社会责任实施交流活动，让各个参建方定期接触到项目中的最佳社会责任实践。具有最佳社会责任实践的参建方可以充当关系中的中介者角色，协调其他参建方之间关系的建立和发展，促进社会责任知识和资源的共享。此外，政府或业主也可以通过给予物质奖励或精神嘉奖的方式来鼓励行为主体之间的高效协作，鼓励自愿的和利他的社会责任行为的出现。

6. 提高专业团队参与水平

行业专家、咨询公司和教育机构等专业团队可以为重大工程的参与者提供专业知识，帮助参与者对社会责任的重要性和价值有更深入的了解。然而这些专业团队在中国重大工程中的参与程度并不高（Wang 等，2018）。这些专业团队通常有着共通的价值标准（Cao 等，2014），他们可以从行业规范角度确定哪些社会责任是重大工程的参与者履行的。如果专业团队能充分参与重大工程建设管理过程中，关系互动可以放大专业团队所倡导的价值标准和规范理念的影响作用，促进 MSR 行为的正向演化。一种有效的做法是积极引入外部的专家团队来指导重大工程社会责任实践，促进社会责任资源的共享。

7. 提高组织社会责任认知

从国家、行业层面来说，提高企业的社会责任能够从根本上减轻重大工程社会责任管理压力。组织社会责任认知是组织实施工程社会责任的内部驱动力，也是最根本也最直接的行为动因。如果一个企业自身的社会责任认知水平很高，甚至组织内部拥有完善的社会责任战略和管理机制，那么工程管理者在不需要施加过多外力的情况下，就可以保证有良好的社会责任行为表现水平。

11.1.2　重大工程社会责任行为"反向遏制"对策

为了遏制重大工程社会责任行为从积极行为向消极行为转化，本书从建立严厉的惩罚机制、增强曝光力度、设置合理经济目标等方面提出治理对策。

1. 优化制度环境，降低信息不对称性

规制缺陷是重大工程社会责任行为从异化的主要原因，有缺陷的规定本身就会诱发腐败、欺诈等行为。我国在工程建设领域的法律法规体系仍不完善。基于重大工程政府主导性强的特性，制度环境在重大工程社会责任行为的形成机理和演化过程中承担着极为重要的角色。建议监管机构进一步完善社会责任治理办法、监管制度和工程合同，对严重的重大工程社会责任异化行为严惩不贷。增加社会责任行为异化的惩罚力度，可以降低行为异化的收益，有利于规范重大工程各参建方的社会责任行为。

此外，由于信息的不对称性，追求利润最大化的业主会在有利条件下，例如采取消极行为带来的回报较高的情况，愿意承担更多的风险，铤而走险实施更多"消极行为"；同时，项目的参建方比监管方更灵活，能更好地依据手上的信息灵活调整自己的策略，这无疑会增强监管难度。工程项目信息在一定深度和广度上公开，能够增强对社会责任行为主体的外在约束，也有利于社会公众力量的监督和举报。建立信息公开共享的透明机制，提高工程责任透明度，是防止重大工程社会责任行为消极转化的重要策略。

2. 加强教育，提高社会责任认知

工程参建方是工程社会责任行为的直接实施者，对社会责任行为表现具有显著影响，而且这种影响是先导性的、深层次的。因此有必要在工程社会责任行为异化发生之前，从工程参建方的社会责任态度及动机方面提前介入，加强工程参建方履行社会责任的教育，让各个工程参建方意识到，工程建设的成功与否与其所在企业单位社会责任行为表现息息相关，工程社会责任是不可回避的，工程参建方应该积极务实履行社会责任。同时，承担社会责任并不是要通过牺牲组织相关的利益来补偿社会，希望各个参建方转变观念，调整行为，找到一条可以提高重大工程社会责任履行绩效，促进工程可持续发展的路径，实现共赢。

11.2　重大工程社会责任行为"企业—政府—社会"治理机制

11.2.1　重大工程社会责任行为——治理主体

不同于企业社会责任的战略会受到企业高管团队或 CEO 的潜在偏好的影响（Reimer 等，2018），重大工程社会责任为行为治理的主体相对模糊且具有开放性。重大工程利益相关者具有高度异质性（Zeng 等，2015），在多样化的社会责任议题中扮演的角色均有所不同，因此重大工程社会责任行为治理需要从利益相关者元组织结构中梳理出这些不同角色。

基于利益相关者视角出发的工程社会责任治理主体，可以分为三大部分：企业（business）、政府（government）及社会（society）（Steiner，Steiner，1997）。需要注意的是，重大工程由临时性组织实施；其特点是决策权分散，资源分配迅速以及利益相关者复杂，因此，企业、政府、社会的任一方都无法独自承担重大工程社会责任（Zeng 等，2017）。

11.2.2　重大工程社会责任行为——治理策略

重大工程社会责任行为具有丰富的外延，涉及政治、经济、法律和伦理层面的内容。本节将从企业—政府—社会（BGS）模型中治理主体视角讨论重大工程社会责任行为治理的策略。

（1）企业实施重大工程社会责任行为治理的策略

企业视角的重大工程社会责任行为治理，主要是指企业内部的治理策略。主要包括：提高企业社会责任认知，尤其是高层管理者或高层管理团队的认知；完善企业社会管理制度；设立相应的奖惩措施，激励良性工程社会责任行为出现。

（2）政府实施重大工程社会责任行为治理的策略

通常来说，重大工程对于当地经济社会发展具有巨大的推动作用，政府在治理MSR 行为方面也发挥着重要作用。尤其是政府面对征地、拆迁等相关的社会责任问题时，政府可以通过采取一系列治理策略使得这些棘手问题得以顺利解决（Liu 等，2016）。

政府治理工程社会责任行为的策略主要有：有效的宣传运动，通过主动沟通来减轻潜在的纠纷；通过向广大公众公开信息来建立对利益相关者的信任和承诺；动员地方干部开展解释工作，减轻实施社会责任行为的阻力等。

（3）社会实施重大工程社会责任行为治理的策略

随着传统重大工程社会责任履行中问责制度缺失的问题日益受到广泛关注，公众参与作为一种制度创新，开始得到高度关注。公众参与被认为是保证工程为公众认可，使工程带来的社会经济发展与工程造成的环境危害之间相互协调的重要途径。Zeng 等（2017）提出了一个工程社会责任治理的概念性框架，认为"工程—政府—

社会"框架下的社会责任机制本质上是一种有效的社会治理，能够为重大工程中全部利益相关者创造共享的、可持续的价值。社会公众，与政府机构，企业共同形成重大工程治理框架，在该治理网络中的各利益相关者以实现社会责任共担和谋求可持续发展为共同目标而开展决策与行动（马汉阳，2018）。

大多数社会大众并不以组织形式参与 MSR 行为治理，但受到政府或媒体的引导和影响。公众影响社会责任履行的方式包括：投诉或抗议，向政府报告；非政府组织则可以通过宣传教育，社会责任运动等方式对工程社会责任行为实施影响（Lin 等，2019）。

第 12 章 总 结 与 展 望

12.1 主要结论

重大工程社会责任作为重大工程建设管理的重要支撑和重大工程品牌的重要表征，受到了社会、行业的广泛关注，引起了工程界和学术界的高度关注。本书在国内外已有研究基础上，整合组织行为学、复杂性理论、新制度主义理论等理论，对重大工程社会责任行为内涵进行界定，探索了重大工程社会责任行为机理和演化规律，提出治理对策和治理机制。主要研究结论如下：

1) 重大工程社会责任行为内涵及特征

重大工程社会责任行为是指：重大工程行为主体在制度环境、社会压力等综合作用下，出于组织肩负的社会责任意识，试图去应对与组织相关的重大工程社会责任问题，为此所采取的明确发生了的相应行动，无论行动是积极的还是消极的。

重大工程责任行为具有网络性、生命周期性以及政治与社会性。可从行为态度视角和网络视角对重大工程社会责任行为进行分类。

中国政治体制和文化环境赋予了中国重大工程社会责任行为有别于西方重大工程的典型特性。通过对比分析，这些典型特性分别为强大的政府介入、复杂的制度环境、突出的社会关系以及特有的价值观念。这些典型特性，又造成了中国重大工程社会责任行为在形成和演变上具有独特的规律性。

2) 重大工程社会责任行为规则

制度环境对组织工程社会责任行为具有促进作用，组织社会责任认知在其中起到中介作用。信息沟通机制和组织间关系网络能够调节制度环境与重大工程社会责任行为之间关系。不同制度环境使各因素的中介和调节作用产生差异。

3) 重大工程社会责任行为涌现路径

在整个重大工程社会责任行为涌现过程中，制度环境对行为涌现路径起到关键作用。理论分析认为制度环境能够推动组织的社会责任行为，这种正向作用通过组织间的关系来往在工程中扩散，即通过组织间来往与相互影响，社会责任行为发生正向传播，促使行为水平较差的组织改善自身行为，最终实现整体工程社会责任行为水平的提升。但实际案例分析发现，当规制压力是制度环境中的主要作用因素时，尽管制度环境仍然能够促进组织的社会责任行为，但这种正向作用却不能良好地在组织间扩散，组织间关系来往反而促使社会责任行为的逆向传播，降低原本行为水平较好的组织的行为积极性，最终使整体工程社会责任行为水平降低。当减弱规制压力，增强规范和文化认知作用时，整体的行为传播路径与理论分析实现一致。综上，主体间行为交互结果决定整体工程社会责任行为水平，而影响主体间行为交互结果的因素主要是制度环境。

4）重大工程社会责任行为演化规律

本书使用计算模型通过模拟仿真和敏感性分析挖掘了 MSR 行为的非线性演化机理，提取出了 MSR 行为演化的突变点，总结了 MSR 行为演化规律。本书针对制度环境、关系互动、纯粹利他价值观以及其他因素共计 9 个参数进行了单情境敏感性分析。结果表明，不同因素对于 MSR 行为的影响强度差别较大。制度环境和关系互动对于 MSR 行为演化发挥出较强的促进作用，高层管理团队的价值观的促进作用则较弱。制度环境促进作用的突变点为 60％最大值，这表明中国重大工程组织场域中的制度环境作用适中时效果最好，单纯依赖于条例、规范等制度约束的增强并不能进一步促进 MSR 行为的正向演化。关系互动中，关系倾向和关系互动长度的促进作用显著，关系倾向促进作用的突变点为 75％最大值，关系互动长度的促进作用的突变点为 60％最大值。这表明中国重大工程中突出的关系互动可以将各个参建方有效整合起来，重构和优化社会责任的结构安排和运作机制，进而促进 MSR 行为的正向演化。高层管理团队的价值观促进作用的突变点为 20％最大值，并未发挥出显著促进作用。这一结论是令人惊讶的，这表明即使中国重大工程参建方的高层管理团队最初履行社会责任的动机并不来源于高度的自发性和利他性，随着工程推行他们最终也会表现出良好的 MSR 行为。这意味着，在制度环境和关系互动进程的推动下，各个参建方被紧密地聚合成一个整体，社会责任的合力越来越大。

12.2　创新性和实践启示

12.2.1　创新性

（1）研究对象与研究内容上的创新。当前，重大工程社会责任问题受到普遍关注，工程社会责任行为是影响工程社会责任实施绩效的关键因素，具有理论研究和实践价值。针对目前传统工程项目管理理论缺乏针对社会责任柔性目标的有效管理策略的现状，本书扎根中国重大工程实际情景，聚焦于重大工程社会责任行为，基于行为人导向的网络动力学，通过融合组织行为学、质性研究、元网络分析、系统仿真等多学科理论与方法，从行为视角研究不同情景下工程利益相关方的社会责任行为模式、行为选择机理以及行为演化路径，探索工程社会责任行为响应规律，优化工程社会责任实践路径，具有研究对象与研究内容上的创新。

（2）研究视角和研究路线上的创新。工程社会责任行为网络是一种特殊的网络，其网络结构是一个复杂的自适应系统，具有时空演化异质性，单纯关注传统物理因素对主体行为的影响无法准确洞悉行为背后隐性的选择策略和演化规律。本书从行为网络的动态视角，从全局的高度和系统的角度，对工程社会责任行为的选择机理、行为交互规则、演化路径以及响应规律等微观问题和中、宏观规律进行集成的、多层次的系统分析，具有研究视角和研究路线上的创新。

（3）研究方法上的创新。工程社会责任行为具有显著的多元异质性、复杂的情景依赖性和动态演化性，传统的数理方法无法准确刻画行为的交互规则、动态演化路径，本课题借助元网络理论分析主体、行为、任务、知识等要素间的互动关系，并利用基于 Agent 的仿真技术模拟分析多主体行为的动态演化过程，对工程社会责任行为进行情景仿真，刻画行为选择模式、情景动力学特征和行为人之间的交互关系，将微观个体层面的行为选择与宏观社会层面的情景要素有机结合，能够更好的探寻工程社会责任行为的内在交互、动态演化机理，具有研究方法上的创新。

12.2.2　实践启示

伴随人类社会的演变，重大工程的数量、体量、规模必将飞速增长，重大工程的建设运行对地区、国家乃至全人类都有着极大的影响力。作为一个庞大的影响深远的建筑产品，重大工程消耗大量社会的资源，若是社会责任履行欠缺引起负面的社会反响，造成的危害和损失难以估计，可能会导致工程失败，社会矛盾加剧，影响经济发展和社会稳定。MSR 体现了工程可持续发展理念，良好的 MSR 行为在保障工程成功，促进经济发展，消除社会冲突，建立工程与环境生态的和谐关系中发挥积极作用。

本文通过研究 MSR 行为主体的行为选择和演化，为重大工程的各个参建方履行社会责任提供了理论指导和方法工具，加强了他们的社会责任意识，帮助重大工程项目在遭遇社会责任问题时作出科学的应对。本书较全面地考虑了重大工程中各个社会责任行为主体的行为方式，呼吁各方参与协作，一同承担重大工程社会责任。政府及行业主管部门也可参考本书成果制定督促 MSR 行为实施的方针政策。本书从重大工程实际情况出发，力图保证重大工程社会责任的良好履行，让重大工程利益相关者实现共赢。

在可预见的未来里，中国仍将是一个重大工程建设大国，如何推动和引导工程各参与方协同履行社会责任，发挥社会责任对于工程效益的促进作用，这是一个具有重要实践意义的问题。然而 MSR 行为在形成或演化过程中出现的缺失和异化现象在重大工程实践中并不鲜见，根本原因在于 MSR 行为形成和演化的过程尚不清楚，规律尚未挖掘。为了遏制不良 MSR 行为的形成以及阻断 MSR 行为的反向异化，进一步培育良性 MSR 行为的形成和促进 MSR 行为的正向演化，探究 MSR 行为选择和演化过程，剖析 MSR 行为选择和演化规律对于提高重大工程社会责任行为管理绩效具有重要的研究意义。

12.3　局限性和展望

虽然笔者在理论研究、数据收集、仿真计算等方面做出了大量努力，但受笔者的知识水平与实践经验所限，本书尚存在以下不足之处，亟待后续探究。

（1）扩充样本数量做验证性实证研究。本书采用了探索性 PLS-SEM 的分析方法，待后期重大工程社会责任行为理论逐步完善后，可进一步扩大样本量做验证性实证研究，开展针对不同类型、不同管理模式、不同文化社会环境下重大工程的社会责任行为规律的对比研究。

（2）开展国外重大工程社会责任行为机理和演化规律探究。本书立足于中国重大工程具体情境来构建重大工程社会责任行为选择和演化理论模型，着重考虑了中国传统文化中集体荣誉感、群体意识、关系等因素对于主体行为的影响作用，总结了我国重大工程社会责任行为选择和演化的规律，但该理论模型及研究得出的规律未必适用于其他国家和地区。因此，有必要开展国外重大工程社会责任行为机理和演化规律探究。

附录 1
重大工程社会责任行为选择访谈提纲

1. 您是否熟悉重大工程社会责任这个词，谈谈您对它的理解？

2. 您认为在重大工程项目中，除以下主体外，还有哪些主体应该承担重大工程社会责任？（如政府、建设单位、勘察设计单位、承包商、监理单位、材料设备供应商、运营方）

3. 根据您参加过重大工程项目，您觉得上述主体在面对重大工程社会责任时有哪些行为特征和方式？（如积极主动履行、逃避责任等）

4. 我们总结出以下重大工程社会责任行为方式。根据您的经验，哪些行为方式在重大工程行为主体面对社会责任时出现过？您觉得哪些方式出现频率最多？（可补充新的行为方式）

行为方式	内涵解释	是否出现	出现频率最多
主动行为	行为主体出于组织利益等目的的驱动自行采取的积极、主动的行为		
循规行为	行为主体遵循组织场域内制度规则系统采取的循规蹈矩的行为		
效仿行为	行为主体受到群体主流的行为影响或者追随行业领导者采取的模仿借鉴行为		
合谋行为	行为主体认为单独开展 MSR 较困难而选择同其他行为主体合作履行的行为		
伪装行为	行为主体为了维护自身形象或迫于外界压力伪装出履行社会责任的虚假舞弊行为		
逃避行为	行为主体在权衡利弊下逃避、放弃履行自身某项社会责任的行为		

5. 我们将重大工程社会责任行为定义为"行为主体组织内部出于组织肩负的社会责任的意识，试图去应对与组织相关的重大工程社会责任问题，为此所采取的明确发生了的相应行动，无论行为有效与否，也无论行为是积极的还是消极的。"那么，根据您的判断，影响您所在的主体组织以及其他重大工程中的行为主体们选择社会责任行为的因素有哪些？

6. 行为主体内部特征是否会影响他们行为选择？不同的行为主体具体有哪些与行为选择有关的特征？

行为主体	组织内部特征	影响行为选择的组织种群
政府		
建设单位		
勘察设计单位		
承包商		
监理单位		
材料设备供应商		
运营方		

7. 您认为影响各个行为主体进行社会责任行为选择的重大工程中相关的组织（利益相关者）有哪些？他们是怎样影响行为主体的社会责任行为的？

8. 您认为下述提到的哪些法规、规范、制度等会影响行为主体的社会责任行为选择？除提及的这些制度外，您觉得还有哪些重大工程相关的制度会影响行为主体的选择？

场域制度影响	是否有影响
法律法规	
合同文件	
建设工程标准规范	
项目管理制度	
项目文化	
项目治理制度	
沟通机制	

9. 您认为以下重大工程内的模式、项目特征、环境等内容会影响行为主体的社会责任选择吗？除提及的因素外，您觉得还有哪些因素会影响行为主体的选择？

场域结构化和变迁动力影响	是否有影响
重大工程规模	
重大工程类型	
项目建设背景	
项目承发包模式	
项目管理模式	
项目投融资模式	
项目招投标模式	
项目组织结构	
工程建设环境	
重大工程绩效	
项目透明度	

10. 在您看来，如何提高重大工程社会责任的行为主体响应自身社会责任的积极性？

11. 介绍一下您参加过的重大工程项目基本情况。

附录2
重大工程社会责任行为选择机理
研究调研问卷（B）

尊敬的先生/女士：

您好！我是华南理工大学本科生。我们正在进行一项与重大工程社会责任行为有关的研究，研究问卷旨在调查我国重大工程项目中社会责任行为选择情况。鉴于您参与过重大建设工程项目的经验，我们诚挚地邀请您参加此次问卷调查。

本问卷中的"重大工程"是指超过60亿元人民币的大型建设工程项目，或是对我国政治、经济、社会、科技发展、环境保护、公众健康与国家安全等具有重要影响的大型公共工程。重大工程社会责任是指包含整个项目生命周期中参与的利益相关方的决策和实践，反映其为增进社会福祉而承担的责任。包含经济，法律，政治责任、道德和法律四个方面的社会责任，需要政府、承包商、建设单位、设计单位、监理单位、供应商等履行。

例如政府在政治方面的重大工程社会责任包括，移民安置、增加当地就业、消除贫困等，承包商在经济方面社会责任有确保工程质量安全、成本和工期，伦理和环境责任有合理使用资源、保护生态环境、保护当地社区环境等，建设单位确保项目效益、投资回报，关注社区公众需求，维持社会稳定；设计单位采取绿色设计，按行业标准设计；监理单位监督工程质量、安全；供应商提供绿色环保材料、保证质量；运营单位保护生态、社区环境，维持与当地居民互惠关系等。

您所提供的信息将仅用于本项研究，并会严格保密。如有任何问题，可发送电子邮件至 luoshu_chu@163.com 与我们联系。

第一部分 个人基本信息（请直接用"√"的形式选择您的答案，或直接填写您的答案）

1. 请问您的工作单位属于以下哪一个参建组织？（单选）

□政府 □建设单位 □勘察设计单位 □施工单位（包括总承包商以及各个分包商） □监理单位 □材料设备供应商 □运营方 □其他（包括工程咨询、招标投标代理公司等）

2. 请问您的性别：

□男 □女

3. 请问您的学历：

□高中及以下 □大专 □本科 □硕士 □博士

4. 请问您的职位是：

5. 请问您在建设工程领域的工作时间为：

□5 年以下　□6～10 年　□11～20 年　□21～30 年　□31 年以上

6. 请问您参与重大工程建设工作的时间为：

□5 年以下　□6～10 年　□11～20 年　□21～30 年　□31 年以上

第二部分（请您根据在重大工程中发生的实际情况，对下列问题用"√"的形式选择对应选项）

1. 您参加的重大工程类型

□摩天大楼　□大型赛事会展设施　□长大桥梁　□能源基地　□电站　□机场
□高铁　□高速公路　□港口工程
□山岭隧道　□交通枢纽　□地铁

2. 您参加的重大工程承发包模式是

□传统 DBB 模式（设计－招标－建造）　□CM 模式（建设管理模式）　□项目总承包模式（DB 总包、EPC 总包模式等）

3. 您参加的重大工程项目管理模式是

□项目法人型　□工程部指挥型　□代建型

4. 您参加的重大工程项目投融资模式是

□BOT 模式（含 BOOT、BOO 等基本和演变模式）　□TOT 模式　□PPP 模式（含 PFI、Partnering 模式）　□ABS 模式　□未采取融资（传统的资金来源如国家投资、银行贷款）

第三部分（请您根据在重大工程中发生的实际情况，对下列陈述选出符合的评价，请用"√"的形式选择您的评价，"1"表示很不赞同或非常不符合"7"表示非常赞同或非常符合，数字越大表示符合、赞同程度越高，选择不分对错，请根据您的想法真实作答）

1	建设工程成本质量安全、员工权益保护、生态环境保护、反腐败等方面法律法规完善	□1 □2 □3 □4 □5 □6 □7
2	合同文件中关于工程成本质量安全、处理公共社会事件、生态环境保护等条款要求明确	□1 □2 □3 □4 □5 □6 □7
3	各种建设标准规范中关于重大工程成本质量安全，环境保护，职业健康，绿色设计、施工等内容完善	□1 □2 □3 □4 □5 □6 □7
4	工程项目的文化非常倡导重视工程质量安全，公众社会影响，生态环境保护等问题	□1 □2 □3 □4 □5 □6 □7
5	项目对工程成本质量安全、职业健康、公众社会影响、生态环境等方面有严格的监督、考核和信息反馈工作	□1 □2 □3 □4 □5 □6 □7
6	项目采取了有效的沟通方式，如图表，表格等	□1 □2 □3 □4 □5 □6 □7
7	通过定期会议，项目各方之间的信息共享非常准确	□1 □2 □3 □4 □5 □6 □7
8	通过文件与其他参建方沟通非常及时	□1 □2 □3 □4 □5 □6 □7
9	参建各方可以获得足够的信息在适当的时间做出决定	□1 □2 □3 □4 □5 □6 □7

续表

10	参建各方可以在通信过程中进行简单可行的评估	□1 □2 □3 □4 □5 □6 □7
11	沟通策略可以考虑整体项目计划	□1 □2 □3 □4 □5 □6 □7
12	信息平台提供了足够的访问渠道，使各方都能获得所需的信息	□1 □2 □3 □4 □5 □6 □7
13	项目组提供信息对各参建方做出明智的决定是有用的，可理解的	□1 □2 □3 □4 □5 □6 □7
14	项目组希望各参建方知道项目在做什么以及为什么这样做	□1 □2 □3 □4 □5 □6 □7
15	招投标、征收土地、施工、质量安全等项目信息会向外界公开	□1 □2 □3 □4 □5 □6 □7
16	项目组往往在提供的信息中遗漏了重要的细节（R）	□1 □2 □3 □4 □5 □6 □7
17	项目组只在必要时才披露信息（R）	□1 □2 □3 □4 □5 □6 □7

第四部分（请您根据在重大工程中发生的实际情况，对下列陈述选出符合的评价，请用"✓"的形式选择您的评价，"1"表示很不赞同或非常不符合"7"表示非常赞同或非常符合，数字越大表示符合、赞同程度越高，选择不分对错，请根据您的想法真实作答）

1	其他项目参与方总是遵守对我方的承诺	□1 □2 □3 □4 □5 □6 □7
2	我方可以信赖项目参与方都是真诚的	□1 □2 □3 □4 □5 □6 □7
3	做出重要决定时，项目参与方会考虑我方的利益	□1 □2 □3 □4 □5 □6 □7
4	我方希望保持与项目参与方良好关系，因为我们真的享受与他们的关系	□1 □2 □3 □4 □5 □6 □7
5	我方对项目参建方在技术、管理等方面感到满意	□1 □2 □3 □4 □5 □6 □7
6	考虑到项目参与方的整体表现，可以说他们已经达到了我方的预期	□1 □2 □3 □4 □5 □6 □7
7	员工（建筑工人、参建方员工等）积极提出有关重大工程社会责任的意见	□1 □2 □3 □4 □5 □6 □7
8	政府相关监管部门要求重视社会责任问题	□1 □2 □3 □4 □5 □6 □7
9	公众对重大工程关注度高，媒体对项目社会责任报道频率频繁	□1 □2 □3 □4 □5 □6 □7
10	当地社区居民要求项目重视社会责任问题	□1 □2 □3 □4 □5 □6 □7
11	相关非政府组织要求项目重视社会责任问题	□1 □2 □3 □4 □5 □6 □7

第五部分（请根据您所在单位的实际情况，对下列陈述选出符合的评价，请用"✓"的形式选择您的评价，"1"表示很不赞同或非常不符合"7"表示非常赞同或非

常符合，数字越大表示符合、赞同程度越高，选择不分对错，请根据您的想法真实作答）

1	任何时候重大工程的公共利益都高于自己单位的利益	□1 □2 □3 □4 □5 □6 □7
2	任何时候都不能做与社会责任违背的事情	□1 □2 □3 □4 □5 □6 □7
3	社会对重大工程项目的期望只是完成建设任务（R）	□1 □2 □3 □4 □5 □6 □7
4	我方要关注重大工程的建设，不应该再承担社会责任（R）	□1 □2 □3 □4 □5 □6 □7
5	承担社会责任消耗我们额外的资源，偏离主要项目目标（R）	□1 □2 □3 □4 □5 □6 □7
6	我方在履行社会责任时都能够完全做到言行一致（R）	□1 □2 □3 □4 □5 □6 □7
7	我方从不会做出空洞的社会责任承诺（R）	□1 □2 □3 □4 □5 □6 □7
8	任何时候我方都不会假装履行社会责任（R）	□1 □2 □3 □4 □5 □6 □7
9	我方对提出的工程质量安全、员工权益保护、公众社会影响、生态环境等方面的某些措施并未真正实施相应行动	□1 □2 □3 □4 □5 □6 □7
10	我方履行的社会责任并没有达到实际的效果	□1 □2 □3 □4 □5 □6 □7
11	其他参建方能够提供支持以帮助我方解决社会责任问题	□1 □2 □3 □4 □5 □6 □7
12	我方能够提供支持以帮助其他参建方解决社会责任问题	□1 □2 □3 □4 □5 □6 □7
13	项目实施过程中出现的社会责任问题时，没有出现推诿情况	□1 □2 □3 □4 □5 □6 □7
14	项目的参建方都积极、持续地共同考虑社会责任问题	□1 □2 □3 □4 □5 □6 □7
15	各参建方不愿共同执行社会责任的计划（R）	□1 □2 □3 □4 □5 □6 □7
16	社会责任行为实施中，各参建方之间保持了良好的协作关系	□1 □2 □3 □4 □5 □6 □7

问卷已结束，谢谢您的帮助与支持！

关于本课题，如果您有兴趣获取我们的研究成果，欢迎您留下您的联系方式（自愿提供）：

姓名：　　　　电话：　　　　电子邮件：

附录 3
重大工程社会责任行为调查问卷

尊敬的女士/先生：

非常感谢您的支持和参与！该问卷大概只需要占用您 5 分钟时间。

我们是来自华南理工大学的研究团队，本调查数据仅用于学术研究，我们会对您的私人信息进行严格保密。问卷中涉及的所有问题答案没有对错之分，请您根据自己所在项目的真实感受作答即可。由于问卷填写不完整会使您的问卷失去研究价值，所以请勿遗漏任何一项！

该问卷中提到的"社会责任"指企业在项目建设过程中为自己的行为对"环境、员工、社区公众、其他项目参与者"带来的影响负责任。

第一部分　工程社会责任行为及社会责任认知

1. 请问您所在单位的专业类型属于？［单选题］*

（如果您所在单位既是政府单位又是项目业主，此项请选择项目业主）

○政府部门　　　　○建设单位/项目业主单位　　　　○施工单位

○监理单位　　　　○项目管理咨询单位　　　　○其他

2. 请您根据桂湾片区建设项目的实际情况，判断以下表述与建设单位（业主单位）的相符程度，并进行打分。*

	完全不符合	比较不符合	一般符合	比较符合	非常符合
1. 有完善的工程项目管理制度	○	○	○	○	○
2. 有完善的工程质量与安全管理机制	○	○	○	○	○
3. 关注投资资金的安全与合理回报	○	○	○	○	○
4. 在项目建设过程中注重绿色建筑与环保	○	○	○	○	○
5. 在项目建设过程中能够积极听取并采纳相关单位的绿色建造及环保意见	○	○	○	○	○
6. 在建设过程中关注周围社区公众的需求	○	○	○	○	○
7. 在建设过程中曾参加周围社区活动或曾邀请周围社区公众参与活动	○	○	○	○	○
8. 建设与决策过程中考虑社会稳定问题	○	○	○	○	○

3. 请您根据桂湾片区建设项目的实际情况，判断以下表述与施工单位的相符程度，并进行打分。

	完全不符合	比较不符合	一般符合	比较符合	非常符合
1. 有完善的工程质量与安全管理机制	○	○	○	○	○
2. 工程建设过程中成本与工期控制合理	○	○	○	○	○
3. 工程建设过程中使用了新技术、新工艺，或有其他施工创新	○	○	○	○	○
4. 注重资源的合理使用，减少资源浪费	○	○	○	○	○
5. 施工过程中注重保护当地社区环境，减少环境和噪声污染	○	○	○	○	○
6. 施工过程中注重保护当地生态环境	○	○	○	○	○
7. 有针对突发公共事件（涉及当地居民）的应急措施	○	○	○	○	○
8. 在建设过程中关注周围社区公众的需求	○	○	○	○	○
9. 在建设过程中曾参加周围社区活动或曾邀请周围社区公众参与活动	○	○	○	○	○

4. 请您根据桂湾片区建设项目的实际情况，判断以下表述与监理单位的相符程度，并进行打分。

	完全不符合	比较不符合	一般符合	比较符合	非常符合
1. 作为独立的第三方公正、公平地进行建设监理	○	○	○	○	○
2. 秉公监督，确保工程的质量与安全	○	○	○	○	○
3. 秉公监督，确保工程成本花费合理	○	○	○	○	○
4. 秉公监督，确保工程进度	○	○	○	○	○
5. 秉公监督建筑工人权益	○	○	○	○	○
6. 秉公监督，确保施工行为符合环境保护要求	○	○	○	○	○
7. 秉公监督，确保施工过程中资源的合理利用	○	○	○	○	○

5. 请根据本公司实际情况进行打分*

	完全不符合	比较不符合	一般符合	比较符合	非常符合
1. 本单位有制定清晰的社会责任实施计划	○	○	○	○	○
2. 本单位有完善的社会责任管理体系	○	○	○	○	○
3. 注重资源的合理使用，减少资源浪费	○	○	○	○	○
4. 注重保护当地社区环境，减少环境、噪声污染	○	○	○	○	○
5. 注重保护当地生态环境	○	○	○	○	○
6. 企业关注员工的健康与安全	○	○	○	○	○
7. 企业会定期安排各种教育培训（包括安全教育、专业技能培训等）	○	○	○	○	○
8. 企业注重员工人文关怀	○	○	○	○	○
9. 企业会定期参与慈善活动	○	○	○	○	○

第二部分

请根据您在参与桂湾片区工程建设过程中的真实感受对以下描述进行评判。

6. 相关政府部门要求项目重视社会责任问题［单选题］*
○完全不符合　　　○比较不符合　　　○一般符合　　　○比较符合　　　○非常符合

7. 相关政府部门通过严格监督执法等措施来保障社会责任［单选题］*
○完全不符合　　　○比较不符合　　　○一般符合　　　○比较符合　　　○非常符合

8. 相关政府部门通过各种形式来宣传社会责任理念［单选题］*
○完全不符合　　　○比较不符合　　　○一般符合　　　○比较符合　　　○非常符合

9. 相关政府部门对违反社会责任的经营行为有严厉的惩罚措施［单选题］*
○完全不符合　　　○比较不符合　　　○一般符合　　　○比较符合　　　○非常符合

10. 项目大力宣传并要求企业注重社会责任［单选题］*
○完全不符合　　　○比较不符合　　　○一般符合　　　○比较符合　　　○非常符合

11. 行业协会要求项目注重社会责任［单选题］*
○完全不符合　　　○比较不符合　　　○一般符合　　　○比较符合　　　○非常符合

12. 当地公众对企业履行社会责任的行为非常赞赏［单选题］*
○完全不符合　　　○比较不符合　　　○一般符合　　　○比较符合　　　○非常符合

13. 媒体报道与关注项目的社会责任表现［单选题］*
○完全不符合　　　○比较不符合　　　○一般符合　　　○比较符合　　　○非常符合

14. 公司领导、员工接受的社会责任教育对企业有很强的影响力［单选题］*
○完全不符合　　　○比较不符合　　　○一般符合　　　○比较符合　　　○非常符合

15. 业内企业因其社会责任履行较好而提升知名度［单选题］*
○完全不符合　　　○比较不符合　　　○一般符合　　　○比较符合　　　○非常符合

16. 社会责任建设做得好的同行在经营中的效益好［单选题］*

○完全不符合　　○比较不符合　　○一般符合　　○比较符合　　○非常符合

17. 桂湾建设片区内有企业因履行社会责任较好而受到褒奖 [单选题]*
○完全不符合　　○比较不符合　　○一般符合　　○比较符合　　○非常符合

18. 本地或同行标杆企业的社会责任履行情况对本企业有深刻影响 [单选题]*
○完全不符合　　○比较不符合　　○一般符合　　○比较符合　　○非常符合

19. 项目中企业间可以采用有效的沟通方法，如图表、表格、列表等 [单选题]*
○完全不符合　　○比较不符合　　○一般符合　　○比较符合　　○非常符合

20. 通过联合办公、例会，项目内企业之间的信息共享非常准确 [单选题]*
○完全不符合　　○比较不符合　　○一般符合　　○比较符合　　○非常符合

21. 通过文档与项目中其他团队的沟通非常及时 [单选题]*
○完全不符合　　○比较不符合　　○一般符合　　○比较符合　　○非常符合

22. 信息平台为每个人提供足够的知识获取渠道 [单选题]*
○完全不符合　　○比较不符合　　○一般符合　　○比较符合　　○非常符合

23. 团队可以获得足够的信息以便在正确的时间做出决策 [单选题]*
○完全不符合　　○比较不符合　　○一般符合　　○比较符合　　○非常符合

第三部分　社会网络关系

24. 请您根据桂湾片区项目建设过程中的实际情况，对您单位与其他单位来往的频繁程度进行打分，包括正式的工作来往与非正式的私人来往。*

	几乎不来往	较少来往	一般	较多来往	来往频繁
深港现代服务业合作区管理局	○	○	○	○	○
前海蛇口自贸新城建设指挥部（新城办）	○	○	○	○	○
咨询单位（项目管理公司）	○	○	○	○	○
其他项目的建设单位	○	○	○	○	○
负责本项目的承包商	○	○	○	○	○
其他项目的承包商	○	○	○	○	○
负责本项目的监理单位	○	○	○	○	○
其他项目的监理单位	○	○	○	○	○
设计单位	○	○	○	○	○
供应商	○	○	○	○	○
投资金融机构	○	○	○	○	○
公众	○	○	○	○	○
媒体	○	○	○	○	○
其他非政府组织	○	○	○	○	○

25. 请您评估在桂湾片区项目建设过程中，以下各单位对您单位工作和决策的影响程度，并根据影响程度的大小进行打分。*

	几乎没有影响	有较低影响	影响一般	有较大影响	有极大影响
深港现代服务业合作区管理局	○	○	○	○	○
前海蛇口自贸新城建设指挥部（新城办）	○	○	○	○	○
咨询单位（项目管理公司）	○	○	○	○	○
其他项目的建设单位	○	○	○	○	○
负责本项目的承包商	○	○	○	○	○
其他项目的承包商	○	○	○	○	○
负责本项目的监理单位	○	○	○	○	○
其他项目的监理单位	○	○	○	○	○
设计单位	○	○	○	○	○
供应商	○	○	○	○	○
投资金融机构	○	○	○	○	○
公众	○	○	○	○	○
媒体	○	○	○	○	○
其他非政府组织	○	○	○	○	○

第四部分　基本信息

26. 请问您公司目前参与前海桂湾片区的哪个建设项目？烦请您在下面写出参与建设的项目名称

_____ *

27. 请问您的性别是［单选题］*
○男　　　　　　　　　○女

28. 请问您的学历是［单选题］*
○高中及以下　　　　　○专科
○本科　　　　　　　　○硕士及以上

29. 请问您的职位是［单选题］*
○基层管理者　　　　　○中层管理者
○高层管理者　　　　　○其他

30. 请问您的工作时间是［单选题］*
○5 年以下　　　　　　○6～10 年
○11～15 年　　　　　 ○16～20 年

○20 年以上

31. 请问您所在单位的所有制性质属于？［单选题］*

○政府部门（包括事业单位）　　　○国企

○民营　　　　　　　　　　　　　○外企

○其他

附录 4
网 络 关 系 图

1. A-A 网络关系图

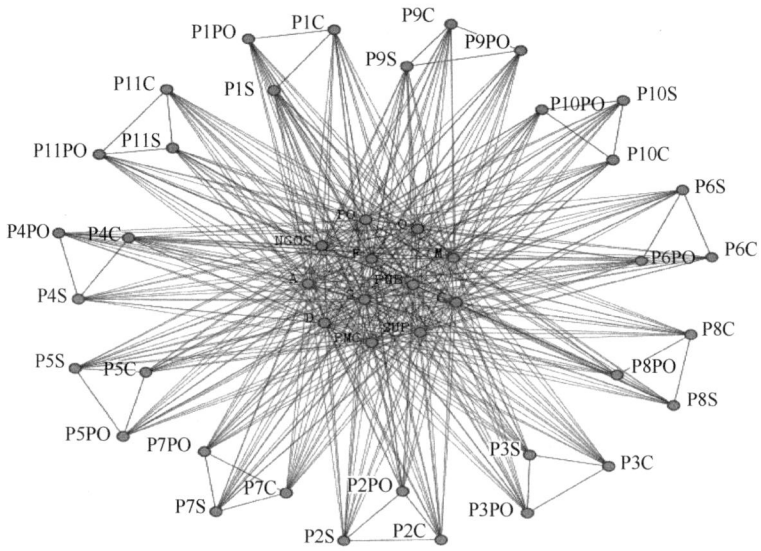

2. A-T 网络关系图

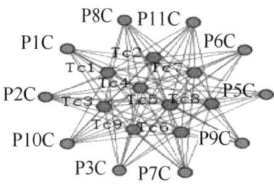

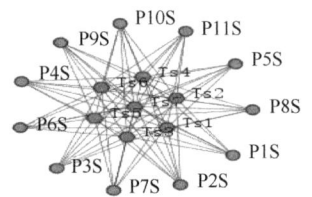

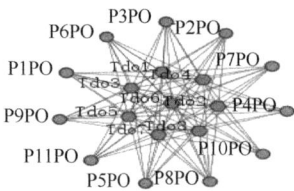

3. A-K 关系网络图

参 考 文 献

[1] Adami V S, Verschoore J R, Junior J A V A. Effect of Relational Characteristics on Management of Wind Farm Interorganizational Construction Projects[J]. Journal of Construction Engineering and Management, 2019, 145(3): 5018019.

[2] Aguilera R V, Rupp D E, Williams C A, et al. Putting the S Back in CSR: A Multi-level Theory of Social Change in Organizations[J]. 2007, 32.

[3] Aguinis H, Glavas A. What We Know and Don't Know About Corporate Social Responsibility: A Review and Research Agenda[J]. Journal of Management, 2012, 38(4): 932-968.

[4] Ahmadjian C L. Comparative institutional analysis and institutional complexity [J]. Journal of Management Studies, 2016, 53(1): 12-27.

[5] Ajzen I. The theory of planned behavior[J]. Organizational Behavior & Human Decision Processes, 1991, 50(2): 179-211.

[6] Altman N, Carley K M, Reminga J. ORA User's Guide 2018[R]. Carnegie Mellon University, School of Computer Science, Institute for Software Research, 2018.

[7] Aritua B, Smith N J, Bower D. Construction client multi-projects-A complex adaptive systems perspective[J]. International Journal of Project Management, 2009, 27(1): 72-79.

[8] Aronson, Z. H., Lechler, T. G. Contributing beyond the call of duty: examining the role of culture in fostering citizenship behavior and success in project-cased work[J]. R&D Management, 2010, 39: 444-460.

[9] Awortu B. Historicizing on corporate social responsibility and the rural development project in Nigeria[J]. Mediterranean Journal of Social Sciences, 2015, 6 (1 S1): 68.

[10] Azar E, Al Ansari H. Multilayer agent-based modeling and social network framework to evaluate energy feedback methods for groups of buildings[J]. Journal of Computing in Civil Engineering, 2017, 31(4): 4017007.

[11] Baccarini D. The concept of project complexity——a review[J]. International Journal of Project Management, 1996, 14(4): 201-204.

[12] Badir Y F, Buchel B, Tucci C L. A conceptual framework of the impact of NPD project team and leader empowerment on communication and performance: An alliance case context[J]. International Journal of Project Manage-

ment，2012，30(8)：914-926.

[13] Baker W E，Sinkula J M. Environmental marketing strategy and firm perform-
ance：Effects on new product performance and market share[J]. Journal of the
Academy of Marketing Science，2005，33(4)：461-475.

[14] Bansal P. Evolving sustainably：A longitudinal study of corporate sustainable
development. Strategic Management Journal，26(3)，197-218[J]. Strategic
Management Journal，2005，26(3)：197-218.

[15] Barclay D，Higgins C，Thompson R. The partial least squares (PLS) approach
to casual modeling：personal computer adoption ans use as an Illustration[M].
1995.

[16] Barkin D，Lemus B. Rethinking the Social and Solidarity Society in Light of
Community Practice[J]. Sustainability，2014，6(9)：6432-6445.

[17] Baron D P. A Positive Theory of Moral Management，Social Pressure，and
Corporate Social Performance[J]. Journal of Economics & Management Strat-
egy，2009，18(1)：7-43.

[18] Basu K，Palazzo G. Corporate Social Responsibility：A Process Model of Sen-
semaking[J]. Academy of Management Review，2008，33(1)：122-136.

[19] Berkes F. Evolution of co-management：role of knowledge generation，bridg-
ing organizations and social learning[J]. Journal of Environmental Manage-
ment，2009，90(5)：1692-1702.

[20] Berkes F，Reid W V，Wilbanks T J，et al. Bridging scales and knowledge sys-
tems[J]. Bridging scales and knowledge systems：Concepts and applications in
ecosystem assessment，2006，315.

[21] Bian Y. Bringing Strong Ties Back in：Indirect Ties，Network Bridges，and
Job Searches in China[J]. American Sociological Review，1997，62(3)：
366-385.

[22] Bice S. Corporate Social Responsibility as Institution：A Social Mechanisms
Framework[J]. Journal of Business Ethics，2015，143(1)：1-18.

[23] Bock G W，Zmud R W，Kim Y G，et al. Behavioral Intention Formation in
Knowledge Sharing：Examining the Roles of Extrinsic Motivators，Social-Psy-
chological Forces，and Organizational Climate[J]. Mis Quarterly，2005，29
(1)：87-111.

[24] Boesso G，Kumar K，Michelon G. Descriptive，instrumental and strategic ap-
proaches to corporate social responsibility[J]. Accounting Auditing & Ac-
countability Journal，2013，26(3)：399-422.

[25] Bohannon J. Counterterrorism's new tool：'metanetwork'analysis.[J]. Sci-
ence，2009，325(5939)：409-411.

[26] Bosch-Rekveldt M, Jongkind Y, Mooi H, et al. Grasping project complexity in large engineering projects: The TOE (Technical, Organizational and Environmental) framework[J]. International Journal of Project Management, 2011, 29(6): 728-739.

[27] Bourne L, Walker D H T. Visualising and mapping stakeholder influence[J]. Management Decision, 2005, 43(5): 649-660.

[28] Bowen P A, Edwards P J, Cattell K. Corruption in the South African construction industry: a thematic analysis of verbatim comments from survey participants[J]. Construction Management and Economics, 2012, 30 (10): 885-901.

[29] Brammer S, Millington A. Does It Pay to Be Different? An Analysis of the Relationship between Corporate Social and Financial Performance[J]. Strategic Management Journal, 2008, 29(12): 1325-1343.

[30] Briggs C, Little P. Impacts of Organizational Culture and Personality Traits on Decision-making in Technical Organizations[J]. Systems Engineering, 2008, 11(1): 15-26.

[31] Brocke J V, Lippe S. Managing collaborative research projects: A synthesis of project management literature and directives for future research[J]. International Journal of Project Management, 2015, 33(5): 1022-1039.

[32] Brockman J L. Interpersonal Conflict in Construction: Cost, Cause, and Consequence[J]. Journal of Construction Engineering & Management, 2014, 140 (2): 4013050.

[33] Brockmann C, Girmscheid G. Complexity of megaprojects[J]. Construction for Development, 2007.

[34] Brooks S. Corporate Social Responsibility and Strategic Management: The Prospects for Converging Discourses[J]. Strategic Change, 2010, 14 (7): 401-411.

[35] Burt R S. Network items and the general social survey ☆[J]. Social Networks, 1984, 6(4): 293-339.

[36] Butt A, Naaranoja M, Savolainen J. Project change stakeholder communication[J]. International Journal of Project Management, 2016, 34 (8): 1579-1595.

[37] Cambra-Fierro J, Wilson A, Polo-Redondo Y, et al. When do firms implement corporate social responsibility? A study of the Spanish construction and real-estate sector[J]. Journal of Manegement and Organigation, 2013, 19 (2): 150-166.

[38] Cao D, Li H, Wang G. Impacts of isomorphic pressures on BIM adoption in

construction projects[J]. Journal of construction engineering and management, 2014, 140(12): 4014056.

[39] Cao Z, Lumineau F. Revisiting the interplay between contractual and relational governance: A qualitative and meta-analytic investigation[J]. Journal of Operations Management, 2015, 33-34(1): 15-42.

[40] Carley K M, Pfeffer J, Nicholson D M. Dynamic network analysis (DNA) and ORA[J]. 2012.

[41] Carroll A B. A Three-Dimensional Conceptual Model of Corporate Performance[J]. Academy of Management Review, 1979, 4(4): 497-505.

[42] Carroll A B. The pyramid of corporate social responsibility: Toward the moral management of organizational stakeholders[J]. Business Horizons, 1991, 34 (4): 39-48.

[43] Casali G L. Developing a Multidimensional Scale for Ethical Decision Making [J]. Journal of Business Ethics, 2011, 104(4): 485-497.

[44] Charkham J. Corporate governance: Lessons from abroad[J]. European Business Journal, 1992, 4(2): 8-16.

[45] Chatterjee A, Hambrick D C. It's All about Me: Narcissistic Chief Executive Officers and Their Effects on Company Strategy and Performance[J]. Administrative Science Quarterly, 2007, 52(3): 351-386.

[46] Cheung S O, Yiu T W. Interweaving Trust and Communication for Project Performance[M]. 2014.

[47] Cheung S O, Yiu T W, Lam M C. Interweaving Trust and Communication with Project Performance[J]. Journal of Construction Engineering and Management, 2013, 139(8): 941-950.

[48] Chi C S, Ruuska I, Levitt R, et al. A relational governance approach for megaprojects: Case studies of Beijing T3 and bird's nest projects in China: Engineering Project Organizations Conference, Estes Park, Colorado, 2011 [C].

[49] Chin W W. The partial least squares approach to structural equation modeling [J]. Modern methods for business research, 1998, 295(2): 295-336.

[50] Chinowsky P, Diekmann J, Galotti V. Social Network Model of Construction [J]. Journal of Construction Engineering & Management, 2008, 134(10): 804-812.

[51] Chinowsky P S, Diekmann J, O Brien J. Project organizations as social networks[J]. Journal of Construction Engineering and Management, 2009, 136 (4): 452-458.

[52] Cigrang J. A., Wayne Talcott G., Tatum J., Baker M., Cassidy D., Son-

nek S., Snyder D. K., Balderrama-Durbin C., Heyman R. E., Smith Slep A. M. Intimate partner Communication from the war zone: A Prospective Study of relationship functioning, communication frequency, and cambat effectiveness[J]. Journal of Marital and Family Therapy, 2014, 40 (3): 332-343.

[53] Clarkson, M. E. A stakeholder framework for analyzing and evaluating corporate social performance[J]. Academy of Management Reviews, 1995, 20: 92-117.

[54] Contucci P, Gallo I, Menconi G M G. Phase Transitions In Social Sciences: Two-Population Mean Field Theory[J]. International Journal of Modern Physics B, 2008, 22(14): 2199-2212.

[55] Cropanzano R, Mitchell M S. Social Exchange Theory: An Interdisciplinary Review[J]. Journal of Management, 2005, 31(6): 874-900.

[56] D O A, S E. Exploring effectiveness of team communication: balancing synchronous and asynchronous communication in design teams14(14): 408-419. [J]. Engineering Construction & Architectural Management, 2007, 14(14): 408-419.

[57] Dalin C, Hanasaki N, Qiu H, et al. Water resources transfers through Chinese interprovincial and foreign food trade. [J]. Proceedings of the National Academy of Sciences of the United States of America, 2014, 111(27).

[58] Darnall N, Henriques I, Sadorsky P. Adopting Proactive Environmental Strategy: The Influence of Stakeholders and Firm Size[J]. Journal of Management Studies, 2010, 47(6): 1072-1094.

[59] Das T K, Teng B S. Between Trust and Control: Developing Confidence in Partner Cooperation in Alliances[J]. Academy of Management Review, 1998, 23(3): 491-512.

[60] Davis K. The Case for and against Business Assumption of Social Responsibilities[J]. Academy of Management Journal, 1973, 16(2): 312-322.

[61] De B V V, Graafland J J. Strategic and Moral Motivation for Corporate Social Responsibility[J]. Journal of Corporate Citizenship, 2006, 22 (20278): 111-123.

[62] Deegan B, Parkin J. Planning cycling networks: human factors and design processes[J]. Proceedings of the ICE-Engineering Sustainability, 2011, 164 (1): 85-93.

[63] Deephouse D L, Suchman M. Legitimacy in Organizational Institutionalism[J]. Social Science Electronic Publishing, 2016.

[64] Delmas M A, Toffel M W. Institutional pressures and organizational charac-

teristics: Implications for environmental strategy[J]. Harvard Business School Technology & Operations Mgt. Unit Working Paper, 2010(11-050).

[65] Demarsily G, Combes P, Goblet P. Comment on 'Ground-water models cannot be validated', by L. F. Konikow & J. D. Bredehoeft[J]. Advances in Water Resources, 1992, 15(6): 367-369.

[66] Desanctis G, Monge P. Communication Processes for Virtual Organizations[J]. Journal of Computer-Mediated Communication, 1998, 3(4): 1-16.

[67] DiMaggio P J, Powell W W. The Iron Cage Revisited: Institutional Isomorphism and Collective Rationality in Organizational Fields[J]. American Sociological Review, 1983, 48(2): 147-160.

[68] Doh J P, Guay T R. Corporate social responsibility, public policy, and NGO activism in Europe and the United States: an institutional - stakeholder perspective[J]. Journal of Management studies, 2006, 43(1): 47-73.

[69] onaldson, D. Railroads of the Raj: Estimating the Impact of Transportation Infrastructure[J]. Lse Research Online Documents on Economics, 2010, 32: 16487.

[70] Dong B, Dulleck U, Torgler B. Conditional corruption[J]. Journal of Economic Psychology, 2012, 33(3): 609-627.

[71] Du J. Investigation of interpersonal cooperation in construction project teams: An agent-based modeling approach[M]. Michigan State University. Construction Management, 2012.

[72] Duman D U, Giritli H, Mcdermott P. Corporate social responsibility in construction industry: A comparative study between UK and Turkey[J]. Built Environment Project & Asset Management, 2016, 6(2): 218-231.

[73] Dyer R. Cultural sense-making integration into risk mitigation strategies towards megaproject success[J]. International Journal of Project Management, 2016.

[74] Ensel N L W M, Vaughn J C. Social Resources and Strength of Ties: Structural Factors in Occupational Status Attainment[J]. American Sociological Review, 1981, 46(4): 393-405.

[75] Evan W M, Freeman R E. A stakeholder theory of the modern corporation: Kantian capitalism[M]. 1988.

[76] Farber, P. L. Evolutionary Theory[J]. Encyclopedia of Violence Peace&Conflict, 2008, 45: 808-812.

[77] Faris R E L. Field Theory in Social Science: Selected Theoretical Papers by Kurt Lewin[J]. Psychological Bulletin, 1951, 48(6): 520-521.

[78] Fassin Y, Buelens M. The hypocrisy-sincerity continuum in corporate communication and decision making: A model of corporate social responsibility and

business ethics practices[J]. Management Decision, 2011, 49(4): 586-600.

[79] Fassin Y, Werner A, Rossem A V, et al. CSR and Related Terms in SME Owner-Managers' Mental Models in Six European Countries: National Context Matters[J]. Journal of Business Ethics, 2015, 128(2): 433-456.

[80] Fehr E, Gächter S. Fairness and Retaliation: The Economics of Reciprocity[J]. Journal of Economic Perspectives, 2000, 14(3): 159-181.

[81] Feinstein N. Learning from Past Mistakes: Future Regulation to Prevent Greenwashing[J]. Boston College Environmental Affairs Law Review, 2013.

[82] Flyvbjerg B. What you should know about megaprojects and why: An overview[J]. Project management journal, 2014, 45(2): 6-19.

[83] Fornell C, Larcker D F. Structural equation models with unobservable variables and measurement error: Algebra and statistics[Z]. SAGE Publications Sage CA: Los Angeles, CA, 1981.

[84] Freedman M, Stagliano A J. Sustainability Reputation and Environmental Performance or "The Proof of the Pudding is in the Eating"[M]. 2010.

[85] Freeman L C. Centrality in social networks: Conceptual clarification[J]. SOCIAL NETWORKS, 1979(1): 215-239.

[86] Freeman R E. Strategy Management: A Stakeholder Approach[M]. Boston: Pitman, 1984.

[87] Fu Z. Research on the Influence of Political Correlation of Private Listed Companies on Corporate Social Responsibility Behavior[J]. American Journal of Industrial and Business Management, 2019, 9(3): 579.

[88] Fuenfschilling L, Truffer B. The structuration of socio-technical regimes—Conceptual foundations from institutional theory[J]. Research Policy, 2014, 43(4): 772-791.

[89] Galaskiewicz J, Wasserman S. Mimetic processes within an interorganizational field: An empirical test[J]. Administrative science quarterly, 1989: 454-479.

[90] Geisser S. The predictive sample reuse method with applications[J]. Journal of the American statistical Association, 1975, 70(350): 320-328.

[91] Gell-Mann M. Complex adaptive systems[J]. 1994.

[92] George, Cairns. Megaprojects: the Changing Politics of Urban Public Investment[J]. 1988.

[93] Georgel J M, Jones G R. Experiencing work: Values, attitudes, and moods [J]. Human relations, 1997, 50(4): 393-416.

[94] Gliedt T, Hoicka C E. Energy upgrades as financial or strategic investment? Energy Star property owners and managers improving building energy performance[J]. Applied Energy, 2015, 147: 430-443.

[95]　Godfrey P C, Hatch N W. Researching Corporate Social Responsibility: An Agenda for the 21st Century[J]. Journal of Business Ethics, 2007, 70(1): 87-98.

[96]　Godfrey P C, Merrill C B, Hansen J M. The Relationship between Corporate Social Responsibility and Shareholder Value: An Empirical Test of the Risk Management Hypothesis[J]. Strategic Management Journal, 2010, 30(4): 425-445.

[97]　Goldman L, Giles H, A. Hogg M. Going to extremes: Social identity and communication processes associated with gang membership[M]. 2014.

[98]　Gond J, Kang N, Moon J. The government of self-regulation: on the comparative dynamics of corporate social responsibility[J]. Economy & Society, 2011, 40(4): 640-671.

[99]　Granovetter M. Economic Action and Social Structure: The Problem of Embeddedness[J]. American Journal of Sociology, 1985, 91(3): 481-510.

[100]　Granovetter M. Problems of Explanation in Economic Sociology[M]. Harvard Business School Press, Boston, 1992.

[101]　Granovetter M S. The Strength of Weak Ties 1[J]. American Journal of Sociology, 1973, 78(6): 1360-1380.

[102]　Griffin M A. Specifying organizational contexts: Systematic links between contexts and processes in organizational behavior[J]. Journal of Organizational Behavior, 2007: 859-863.

[103]　Guikema S D. Engineering. Infrastructure design issues in disaster-prone regions. [J]. Science, 2009, 323(5919): 1302-1303.

[104]　Hafenbradl S, Waeger D. Ideology and the Microfoundations of CSR: Why Executives Believe in the Business Case for CSR and how this Affects their CSR Engagements[J]. Academy of Management Journal, 2016.

[105]　Hafner S, Miosga M. Mega projects in Munich in the area of conflict among competitive urban development strategy, social integration and ecological interests[J]. 2008.

[106]　Hagedoorn J. Understanding the cross-level embeddedness of interfirm partnership formation[J]. Academy of management review, 2006, 31(3): 670-680.

[107]　Hahn T, Olsson P, Folke C, et al. Trust-building, knowledge generation and organizational innovations: the role of a bridging organization for adaptive comanagement of a wetland landscape around Kristianstad, Sweden[J]. Human ecology, 2006, 34(4): 573-592.

[108]　Hair J F, Black W C, Babin B J, et al. Multivariate Data Analysis: A Global

Perspective[M]. 2010.

[109] Hair J F, Ringle C M, Sarstedt M. PLS-SEM: Indeed a Silver Bullet[J]. Journal of Marketing Theory and Practice, 2011, 19(2): 139-152.

[110] Harangozó G, Zilahy G. Cooperation between business and non-governmental organizations to promote sustainable development[J]. Journal of Cleaner Production, 2015, 89(Supplement C): 18-31.

[111] Hart O, Moore J. Contracts as reference points[J]. The Quarterly journal of economics, 2008, 123(1): 1-48.

[112] Hart P J, Saunders C S. Emerging Electronic Partnerships: Antecedents and Dimensions of EDI Use from the Supplier's Perspective[J]. Journal of Management Information Systems, 1998, 14(4): 87-111.

[113] He Q, Xu J, Wang T, et al. Identifying the driving factors of successful megaproject construction management: Findings from three Chinese cases[J]. Frontiers of Engineering Management, 2019: 1-12.

[114] Hemingway C A, Maclagan P W. Managers'Personal Values as Drivers of Corporate Social Responsibility[J]. Journal of Business Ethics, 2004, 50(1): 33-44.

[115] Hess D, Warren D E. The Meaning and Meaningfulness of Corporate Social Initiatives[J]. Business & Society Review, 2010, 113(2): 163-197.

[116] Heugens P P M A, Kaptein M, Oosterhout J V. Contracts to Communities: A Processual Model of Organizational Virtue[J]. Journal of Management Studies, 2010, 45(1): 100-121.

[117] Hofman P S, Moon J, Wu B. Corporate social responsibility under authoritarian capitalism: Dynamics and prospects of state-led and society-driven CSR[J]. Business & Society, 2017, 56(5): 651-671.

[118] Hogg M A. Uncertainty – identity theory[J]. Advances in experimental social psychology, 2007, 39: 69-126.

[119] Holland D, Krause A, Provencher J, et al. Transparency tested: The influence of message features on public perceptions of organizational transparency[J]. Public Relations Review, 2017.

[120] Holland J H. Hidden orderhow adaptation builds complexity[M]. 1995.

[121] Holti, R. Understanding Institutional Change in Project-Based Organizing[J]. Journal of Applied Behavioral Science, 2011, 47(3): 360-394.

[122] Hond F D, Bakker F G A D. Ideologically Motivated Activism: How Activist Groups Influence Corporate Social Change Activities[J]. Academy of Management Review, 2007, 32(3): 901-924.

[123] Hu J, Liden R C. Making a difference in the teamwork: Linking team proso-

cial motivation to team processes and effectiveness[J]. Academy of Management Journal, 2015, 58(4): 1102-1127.

[124] Hu Y, Chan A P C, Le Y, et al. From Construction Megaproject Management to Complex Project Management: Bibliographic Analysis[J]. Journal of Management in Engineering, 2013, 31(4): 4014052.

[125] Huang C, Kung F. Drivers of Environmental Disclosure and Stakeholder Expectation: Evidence from Taiwan[J]. Journal of Business Ethics, 2010, 96 (3): 435-451.

[126] Huang C F, Lu W H, Lin T T, et al. The Current Conditions of CSR Implementation in Construction Industry: A Lesson from Taiwan[J]. APPLIED ECOLOGY AND ENVIRONMENTAL RESEARCH, 2017, 15(2): 67-80.

[127] Hwang D B, Golemon P L, Chen Y, et al. Guanxi and business ethics in Confucian society today: An empirical case study in Taiwan[J]. Journal of Business Ethics, 2009, 89(2): 235.

[128] I. P, S. V. Dynamical networks as a tool for system analysis and exploration: 2009 IEEE Symposium on Computational Intelligence for Security and Defense Applications, 2009[C]. 2009.

[129] Idowu S O. ISO 26000—A Standardised View of Corporate Social Responsibility Practices, Cases and Facts: An Introduction: Practices, Cases and Controversies[M]. 2019.

[130] Ingram P, Silverman B S. The new institutionalism in strategic management /[M]. JAI, 2002.

[131] ISO26000: Guidance on Social Responsibility[S], 2010.

[132] Jamali D. A Stakeholder Approach to Corporate Social Responsibility: A Fresh Perspective into Theory and Practice[J]. Journal of Business Ethics, 2008, 82(1): 213-231.

[133] Jia M, Zhang Z. The CEO's representation of demands and the corporation's response to external pressures: Do politically affiliated firms donate more? [J]. Management and Organization Review, 2013, 9(1): 87-114.

[134] Jiang W, Lu Y, Le Y. Trust and project success: A twofold perspective between owners and contractors[J]. Journal of Management in Engineering, 2016, 32(6): 4016022.

[135] Jing Y, Shen G Q, Ho M, et al. Stakeholder management in construction: An empirical study to address research gaps in previous studies[J]. International Journal of Project Management, 2011, 29(7): 900-910.

[136] Jizi M. The Influence of Board Composition on Sustainable Development Disclosure[J]. Business Strategy & the Environment, 2017, 26(5).

[137] John B. Counterterrorism's new tool: 'metanetwork' analysis[J]. Science, 2009, 325(5939): 409-411.

[138] Johnson S, La Porta R, Lopez-de-Silanes F, et al. Tunneling[J]. American economic review, 2000, 90(2): 22-27.

[139] Ke, Y., Ling, F.Y.Y., Wang, S.Q., Zou, P.X.W., Kumaraswamy, M.M., Yan, N., Relationships among Contracting Parties and Their Effects on Outcomes of Public Construction Projects in China[J]. American Society of Civil Engineers, 2013: 73-82.

[140] Koerner M, Klein L. Projects as difference-towards a next practice of complex project management: Paper on 22nd IPMA World Congress, Roma, Italy, 2008[C].

[141] Korytárová J, Hromádka V. The Economic Evaluation of Megaprojects-Social and Economic Impacts ☆[J]. Procedia - Social and Behavioral Sciences, 2014, 119: 495-502.

[142] Lambe C J, Wittmann C M, Spekman R E. Social Exchange Theory and Research on Business-to-Business Relational Exchange[J]. Journal of Business-to-Business Marketing, 2001, 8(3): 1-36.

[143] Lane P J, Koka B R, Pathak S. The Reification of Absorptive Capacity: A Critical Review and Rejuvenation of the Construct[J]. Academy of Management Review, 2006, 31(4): 833-863.

[144] Larsson J, Eriksson P E, Olofsson T, et al. Leadership in civil engineering: Effects of project managers' leadership styles on project performance[J]. Journal of management in engineering, 2015, 31(6): 4015011.

[145] Le Y, Shan M, Chan A P C, et al. Overview of Corruption Research in Construction[J]. JOURNAL OF MANAGEMENT IN ENGINEERING, 2014, 30(025140014).

[146] Lee C, Chong H, Liao P, et al. Critical Review of Social Network Analysis Applications in Complex Project Management[J]. Journal of Management in Engineering, 2018, 34(2): 4017061.

[147] Lee, C., Jin, W.W., Jang, W., Jung, W., Han, S.H., Kwak, Y.H., Social conflict management framework for project viability: Case studies from Korean megaprofects[J]. International Journal of Project Management, 2017.

[148] Lee C, Won J W, Jang W, et al. Social conflict management framework for project viability: Case studies from Korean megaprojects[J]. International Journal of Project Management, 2017, 35(8): 1683-1696.

[149] Lee D Y, Dawes P L. Guanxi, Trust, and Long-Term Orientation in Chinese Business Markets[J]. Journal of International Marketing, 2005, 13(2):

28-56.

[150] Lee N, Rojas E M. Visual Representations for Monitoring Project Performance: Developing Novel Prototypes for Improved Communication[J]. Journal of Construction Engineering and Management, 2013, 139(8): 994-1005.

[151] Leigh, A., Neill, C., Can national infrastructure spending reduce local unemployment? Evidence from an Australian roads program[J]. ECONLETT, 2011, 113: 150-153.

[152] Li J, Tam V W Y, Zuo J, et al. Designers' attitude and behaviour towards construction waste minimization by design: A study in Shenzhen, China[J]. Resources Conservation & Recycling, 2015, 105: 29-35.

[153] Li L. Performing Bribery in China: guanxi-practice, corruption with a human face[J]. Journal of Contemporary China, 2011, 20(68): 1-20.

[154] Li N, Kirkman B L, Porter C O. Toward a model of work team altruism[J]. Academy of Management Review, 2014, 39(4): 541-565.

[155] Li N, Kirkman B L, Porter C O L H. Toward a Model of Work Team Altruism[J]. Academy of Management Review, 2014, 39(4): 541-565.

[156] Li W, Zhang R. Corporate Social Responsibility, Ownership Structure, and Political Interference: Evidence from China[J]. JOURNAL OF BUSINESS ETHICS, 2010, 96(4): 631-645.

[157] Li X, Liang X. A Confucian social model of political appointments among Chinese private-firm entrepreneurs[J]. Academy of Management Journal, 2015, 58(2): 592-617.

[158] Li Y, Han Y, Luo M, et al. Impact of Megaproject Governance on Project Performance: Dynamic Governance of the Nanning Transportation Hub in China[J]. Journal of Management in Engineering, 2019, 35(3): 5019002.

[159] Li Y, Lu Y, Cui Q, et al. Organizational behavior in megaprojects: Integrative review and directions for future research[J]. Journal of Management in Engineering, 2019, 35(4): 4019009.

[160] Li Y, Lu Y, Li D, et al. Metanetwork Analysis for Project Task Assignment [J]. Journal of Construction Engineering and Management, 2015, 141 (0401504412).

[161] Li Y, Lu Y, Ma L, Kwak, Y. H. Evolutionary Governance for Mega-Event Projects (MEPs): A Case Study of the World Expo 2010 in China[J]. Project Management Journal, 2018, 49(1): 57-78.

[162] Liang L, Han C, Xu W. Evolutionary analysis of the collaboration networks within National Quality Award Projects of China[J]. International Journal of Project Management, 2015, 33(3): 599-609.

[163] Lichtenstein S, Badu E, Owusu-Manu D G, et al. Corporate social responsibility architecture and project alignments: A study of the Ghanaian construction industry[J]. Journal of Engineering Design & Technology, 2013a, 11 (3): 334-353.

[164] Lichtenstein S, Badu E, Owusu-Manu D G, et al. Corporate social responsibility architecture and project alignments: A study of the Ghanaian construction industry[J]. Journal of Engineering, 2013b, 11(3): 334-353.

[165] Liden R C, Wayne S J, Sparrowe R T. An examination of the mediating role of psychological empowerment on the relations between the job, interpersonal relationships, and work outcomes[J]. Journal of Applied Psychology, 2000, 85(3): 407-416.

[166] Lin H, Sui Y, Ma H, et al. CEO narcissism, public concern, and megaproject social responsibility: A moderated mediating examination[J]. Journal of Management in Engineering, 2018, 34(4): 4018018.

[167] Lin H, Zeng S, Ma H, Tam, V. W. Y. An indicator system for evaluating megaproject social responsibility[J]. International Journal of Project Management, 2017, 35(7): 1415-1426.

[168] Lin H, Zeng S X, Ma H Y, et al. Can political capital drive corporate green innovation? Lessons from China[J]. Journal of Cleaner Production, 2014, 64 (2): 63-72.

[169] Lin L, Milhaupt C J. We Are the (National) Champions: Understanding the Mechanisms of State Capitalism in China[J]. Social Science Electronic Publishing, 2011, 40(4): 697-759.

[170] Lin X, Ho C M F, Shen G Q P. Who should take the responsibility? Stakeholders' power over social responsibility issues in construction projects[J]. Journal of Cleaner Production, 2017, 154: 318-329.

[171] Lin X, McKenna B, Ho C M F, et al. Stakeholders' influence strategies on social responsibility implementation in construction projects[J]. Journal of Cleaner Production, 2019, 235: 348-358.

[172] Little R G. The Emerging Role of Public Private Partnerships in Mega-Project Delivery [J]. Social Science Electronic Publishing, 2011, 16 (3): 240-249.

[173] Liu X, Liu B, Shishime T, et al. An empirical study on the driving mechanism of proactive corporate environmental management in China[J]. Journal of environmental management, 2010, 91(8): 1707-1717.

[174] Li Y, Han Y, Luo M, et al. Impact of Megaproject Governance on Project Performance: Dynamic Governance of the Nanning Transportation Hub in

China[J]. Journal of Management in Engineering, 2019, 35(3): 5019002.

[175] Liu Y W, Zhao G F, Wang S Q. Many hands, much politics, multiple risks-the case of the 2008 Beijing Olympics Stadium[J]. Australian Journal of Public Administration, 2010, 69: S85-S98.

[176] Liu Z, Zhu Z, Wang H, et al. Handling social risks in government-driven mega project: An empirical case study from West China[J]. International Journal of Project Management, 2016, 34(2): 202-218.

[177] Locatelli G, Mariani G, Sainati T, et al. Corruption in public projects and megaprojects: There is an elephant in the room! [J]. International Journal of Project Management, 2017, 35(3): 252-268.

[178] Logsdon J M, Yuthas K. Corporate Social Performance, Stakeholder Orientation, and Organizational Moral Development[J]. Journal of Business Ethics, 1997, 16(12/13): 1213-1226.

[179] Loosemore M, Lim B T H. Mapping corporate social responsibility strategies in the construction and engineering industry[J]. Construction Management and Economics, 2018, 36(2): 67-82.

[180] Louie M A, Carley K M. Balancing the criticisms: Validating multi-agent models of social systems[J]. Simulation Modelling Practice & Theory, 2008, 16(2): 242-256.

[181] Lu H, Trienekens J, Omta S. Guanxi and quality performance in Chinese vegetables chains[J]. Tropical food chains, 2007: 85-107.

[182] Lu H, Trienekens J H, Omta S W F, et al. The value of guanxi for small vegetable farmers in China [J]. British Food Journal, 2008, 110 (4): 412-429.

[183] Lu W, Wang J. The influence of conflict management styles on relationship quality: The moderating effect of the level of task conflict[J]. International Journal of Project Management, 2017a, 35(8): 1483-1494.

[184] Lu W, Wang J. The influence of conflict management styles on relationship quality: The moderating effect of the level of task conflict[J]. International Journal of Project Management, 2017b, 35(8): 1483-1494.

[185] Lu W, Ye M, Flanagan R, et al. Corporate social responsibility disclosures in international construction business: trends and prospects[J]. Journal of Construction Engineering and Management, 2015, 142(1): 4015053.

[186] Lu Y, Li Y, Pang D, et al. Organizational Network Evolution and Governance Strategies in Megaprojects[M]. 2015.

[187] Lui S S, Wong Y Y, Liu W. Asset specificity roles in interfirm cooperation: Reducing opportunistic behavior or increasing cooperative behavior? ☆[J].

Journal of Business Research，2009，62(11)：1214-1219.

[188] M. H W，M. J G B，G. J M S. Buffer Capacity Computation for Throughput Constrained Streaming Applications with Data-Dependent Inter-Task Communication：2008 IEEE Real-Time and Embedded Technology and Applications Symposium，2008[C]. 2008 22-24 April 2008.

[189] Zeng S，Ma H，Lin H，et al. The societal governance of megaproject social responsibility[J]. International Journal of Project Management，2017，35(7)：1365-1377.

[190] Ma H，Zeng S，Shen G Q，et al. International diversification and corporate social responsibility An empirical study of Chinese contractors[J]. Management Decision，2016，54(3)：750-774.

[191] Macal，M C. Everything you need to know about agent-based modelling and simulation[J]. Journal of Simulation，2016，10(2)：144-156.

[192] Mahalingam A，Levitt R E. Institutional theory as a framework for analyzing conflicts on global projects[J]. Journal of construction engineering and management，2007，133(7)：517-528.

[193] Maier，E. R. ，Branzei，O. On time and on budget：Harnessing creativity in large scale projects[J]. International Journal of Project Management，2014，32：1123-1133.

[194] Mair J，Mayer J，Lutz E. Navigating institutional plurality：Organizational governance in hybrid organizations[J]. Organization Studies，2015，36(6)：713-739.

[195] MALISIOVAS A，SONG X. Social network analysis (SNA)for construction projects' team communication structure optimization[M]. Construction Research Congress，2014.

[196] Marquis C，Yin L，Dongning Y. COSCO：Implementing Sustainability[J]. Social Science Electronic Publishing，2012，4(2)：132-144.

[197] Marrewijk A V，Clegg S R，Pitsis T S，et al. Managing public － private megaprojects：Paradoxes，complexity，and project design[J]. International Journal of Project Management，2008，26(6)：591-600.

[198] Marrewijk M V. Concepts and Definitions of CSR and Corporate Sustainability：Between Agency and Communion[J]. Journal of Business Ethics，2003，44(2/3)：95-105.

[199] Marsden P V，Campbell K E. Measuring Tie Strength[J]. Social Forces，1984，63(2)：482-501.

[200] Martínez J B，Fernández M L，Fernández P M R. Corporate social responsibility：Evolution through institutional and stakeholder perspectives[J]. Re-

vista Europea De Dirección Y Economía De La Empresa, 2016, 25(1): 8-14.

[201] Masurel E, Rens J. How Is CSR-Intensity Related to the Entrepreneur's Motivation to Engage in CSR? Empirical Evidence from Small and Medium-Sized Enterprises in the Dutch Construction Sector. [J]. International Review of Entrepreneurship, 2015, 13(4): 333-348.

[202] Matten D, Moon J. "Implicit" and "explicit" CSR: A conceptual framework for a comparative understanding of corporate social responsibility. [J]. Academy of Management Review, 2008, 33(2): 404-424.

[203] Matteson C L, Merth T, Finegood D T. Health Communication Cards as a Tool for Behaviour Change[J]. ISRN Obesity, 2014, 2014(7393): 579083.

[204] Mcadams R H, Nadler J. Testing the Focal Point Theory of Legal Compliance: The Effect of Third-party Expression in an Experimental Hawk/Dove Game[J]. Journal of Empirical Legal Studies, 2005, 2(1): 87-123.

[205] McElroy B, Mills C. Managing stakeholders[J]. Gower Handbook of Project Management, 2000: 757-775.

[206] Mcevoy P, Brady M, Munck R. Capacity development through international projects: a complex adaptive systems perspective[J]. International Journal of Managing Projects in Business, 2016, 9(3): 528-545.

[207] Mcwilliams A, Siegel D. Corporate Social Responsibility: A Theory of the Firm Perspective [J]. Academy of Management Review, 2001, 26 (1): 117-127.

[208] Meng X. The effect of relationship management on project performance in construction[J]. International Journal of Project Management, 2016, 30(2): 188-198.

[209] Meyer J W, Rowan B. Institutionalized organizations: Formal structure as myth and ceremony [J]. American journal of sociology, 1977, 83 (2): 340-363.

[210] Mezias S J. An Institutional Model of Organizational Practice: Financial Reporting at the Fortune 200[J]. Administrative Science Quarterly, 1990, 35 (3): 431-457.

[211] Mitchell R K, Agle B R, Wood D J. Toward a Theory of Stakeholder Identification and Salience: Defining the Principle of who and What Really Counts [J]. Academy of Management Review, 1997, 22(4): 853-886.

[212] Mok K Y, Shen G Q, Yang J. Stakeholder management studies in mega construction projects: A review and future directions[J]. International Journal of Project Management, 2015, 33(2): 446-457.

[213] Morris P W G. 13. Procurement and the Project's Commercial Management

[M]. Blackwell Publishing Ltd. , 2013.

[214] Muller A R, Kräussl R. Doing Good Deeds in Times of Need: A Strategic Perspective on Corporate Disaster Donations[J]. Strategic Management Journal, 2011, 32(9): 911-929.

[215] Müller R, Turner R, Andersen E S, et al. Ethics, trust, and governance in temporary organizations[J]. Project Management Journal, 2014, 45(4): 39-54.

[216] Ng S T, Rose T M, Mak M, et al. Problematic issues associated with project partnering-the contractor perspective[J]. International Journal of Project Management, 2002, 20(6): 437-449.

[217] Ng S T, Wong J M W, Wong K K W. A public private people partnerships (P4) process framework for infrastructure development in Hong Kong[J]. Cities, 2013, 31: 370-381.

[218] Nielsen I. The impact of employee perceptions of organizational corporate social responsibility practices on job performance and organizational citizenship behavior: evidence from the Chinese private sector[J]. International Journal of Human Resource Management, 2015, 26(9): 1226-1242.

[219] Ning Y, Ling F Y Y, Teo A C Y. Driving Forces behind and Barriers to Relational Transaction Practices in Public Construction Projects[J]. Journal of Professional Issues in Engineering Education & Practice, 2014, 140(1): 4013006.

[220] Nunnally J C. Psychometric theory 3E[M]. Tata McGraw-Hill Education, 1994.

[221] Oksenberg L, Kalton G. New strategies for pretesting survey questions[J]. Journal of official statistics, 1991, 7(3): 349.

[222] Olander S. Stakeholder impact analysis in construction project management [J]. Construction Management and Economics, 2007, 25(3): 277-287.

[223] Organ D W. Organizational citizenship behavior: The good soldier syndrome. [M]. Lexington Books/DC Heath and Com, 1988.

[224] Organ, W. D. Organizational Citizenship Behavior: It \ "s Construct Clean-Up Time[J]. Human Performance, 1997, 10(2): 85-97. [225]

[225] Orji K E, Awortu B. Historicizing on Corporate Social Responsibility and the Rural Development Project in Nigeria[J]. Mediterranean Journal of Social Sciences, 2015.

[226] Ormerod P, Rosewell B. Validation and Verification of Agent-Based Models in the Social Sciences, Berlin, Heidelberg, 2009[C]. Springer Berlin Heidelberg, 2009.

[227] Othman A, Abdellatif M. Partnership for integrating the corporate social responsibility of project stakeholders towards affordable housing development

[J]. Journal of Engineering, Design and Technology, 2011.

[228] Othman A, Abdellatif M. Partnership for integrating the corporate social responsibility of project stakeholders towards affordable housing development [J]. Journal of Engineering, Design and Technology, 2011b, 9: 273-295.

[229] Palmatier R W, Dant R P, Grewal D. A comparative longitudinal analysis of theoretical perspectives of interorganizational relationship performance[J]. Journal of marketing, 2007, 71(4): 172-194.

[230] Park H, Kim K, Kim Y, et al. Stakeholder management in long-term complex megaconstruction projects: The Saemangeum Project[J]. Journal of Management in Engineering, 2017, 33(4): 5017002.

[231] Patanakul P. Key attributes of effectiveness in managing project portfolio[J]. International Journal of Project Management, 2015, 33(5): 1084-1097.

[232] Pearson S P S. Project governance: case studies on financial incentives[J]. Building Research & Information, 2006, 34(6): 534-545.

[233] Peloza J, Shang J. How can corporate social responsibility activities create value for stakeholders? A systematic review[J]. Journal of the Academy of Marketing Science, 2011, 39(1): 117-135.

[234] Peng M W, Luo Y. Managerial Ties and Firm Performance in a Transition Economy: The Nature of a Micro-Macro Link[J]. The Academy of Management Journal, 2000, 43(3): 486-501.

[235] Petrenko O V, Aime F, Ridge J, et al. Corporate social responsibility or CEO narcissism? CSR motivations and organizational performance[J]. Strategic Management Journal, 2016, 37(2): 262-279.

[236] Pirsch J, Gupta S, Grau S L. A framework for understanding corporate social responsibility programs as a continuum: An exploratory study[J]. Journal of business ethics, 2007, 70(2): 125-140.

[237] Pollack J. The changing paradigms of project management[J]. International Journal of Project Management, 2007, 25(3): 266-274.

[238] Powell W W, Bromley P. New Institutionalism in the Analysis of Complex Organizations[J]. International Encyclopedia of the Social & Behavioral Sciences, 2015, 101(3): 764-769.

[239] Provan K G. Embeddedness, interdependence, and opportunism in organizational supplier-buyer networks[J]. Journal of management, 1993, 19(4): 841-856.

[240] Provan K G, Sydow J, Podsakoff N P. Network Citizenship Behavior: Toward a Behavioral Perspective on Multi-organizational Networks[J]. Academy of Management Annual Meeting Proceedings, 2014, 2014(1): 11520.

[241] Pryke S, Pearson S. Project governance: case studies on financial incentives [J]. Building Research & Information, 2006, 34(6): 534-545.

[242] Punzo V. How Crime Spreads Through Imitation in Social Networks: A Simulation Model[M]//Cecconi F. New Frontiers in the Study of Social Phenomena: Cognition, Complexity, Adaptation. Cham: Springer International Publishing, 2016: 169-190.

[243] Qi G Y, Shen L Y, Zeng S X, et al. The drivers for contractors' green innovation: an industry perspective[J]. Journal of Cleaner Production, 2010, 18(14): 1358-1365.

[244] Qiu Y, Chen H, Sheng Z, et al. Governance of institutional complexity in megaproject organizations[J]. International Journal of Project Management, 2019, 37(3): 425-443.

[245] Radhakrishnan M S, Chitrao P, Nagendra A. Corporate Social Responsibility (CSR) in Market Driven Environment ☆[J]. Procedia Economics & Finance, 2014, 11(14): 68-75.

[246] Ramus T, Vaccaro A, Brusoni S. Institutional complexity in turbulent times: Formalization, collaboration, and the emergence of blended logics[J]. Academy of Management Journal, 2017, 60(4): 1253-1284.

[247] Rao, A. K. , Reusch, P. J. A. Towrds Developing Knowledge Area on Social Responsibility for Project Management[C]. Proceedings of the 3rd SAICON International Conference on Management, 2011.

[248] Raoufi M, Robinson Fayek A. Fuzzy agent-based modeling of construction crew motivation and performance[J]. Journal of Computing in Civil Engineering, 2018, 32(5): 4018035.

[249] Reagans R, Mcevily B. Network Structure and Knowledge Transfer: The Effects of Cohesion and Range[J]. 2003, 48(2): 240-267.

[250] Reimer M, Van Doorn S, Heyden M L M. Unpacking Functional Experience Complementarities in Senior Leaders' Influences on CSR Strategy: A CEO - Top Management Team Approach[J]. Journal of Business Ethics, 2018, 151 (4): 977-995.

[251] Richardscott W. The institutional environment of global project organizations [J]. Engineering Project Organization Journal, 2012, 2(1-2): 27-35.

[252] Robbins S P. Organizational behavior: concepts, controversies, applications [M]. Prentice Hall, 1998.

[253] Robbins S P, Judge T. Essentials of organizational behavior[M]. Prentice Hall, 1992.

[254] Robinson S L, Wang W, Kiewitz C. Coworkers behaving badly: The impact

of coworker deviant behavior upon individual employees[J]. Annu. Rev. Organ. Psychol. Organ. Behav. , 2014, 1(1): 123-143.

[255] Rohan M J. A rose by any name? The values construct[J]. Personality and social psychology review, 2000, 4(3): 255-277.

[256] Safarzyńska K, van den Bergh J C. Evolutionary models in economics: a survey of methods and building blocks[J]. Journal of Evolutionary Economics, 2010, 20(3): 329-373.

[257] Sanderson J. Risk, uncertainty and governance in megaprojects: A critical discussion of alternative explanations[J]. International Journal of Project Management, 2012, 30(4): 432-443.

[258] Sashkin M, Rosenbach W E, Sashkin M G. Development of the power need and its expression in leadership and management with a focus on leader-follower relations: Leadership as legacy: Proceedings of the twelfth scientific meeting of the AK Rice Institute. Jupiter, FL: AK Rice Institute, 1997[C].

[259] Scalco A, Ceschi A, Shiboub I, et al. The Implementation of the Theory of Planned Behavior in an Agent-Based Model for Waste Recycling: A Review and a Proposal[M]//Alonso-Betanzos A, Sánchez-Maroño N, Fontenla-Romero O, et al. Agent-Based Modeling of Sustainable Behaviors. Cham: Springer International Publishing, 2017: 77-97.

[260] Schieg M. The Model of Corporate Social Responsibility in Project Management[J]. Business Theory & Practice, 2009, 10(4): 315-321.

[261] Schonberger R J, Ansari A. "Just-In-Time" Purchasing Can Improve Quality [J]. Journal of Purchasing and Materials Management, 1984, 20(1): 2-7.

[262] Schoorman F D, Mayer R C, Davis J H. An integrative model of organizational trust: Past, present, and future[Z]. Academy of Management Briarcliff Manor, NY 10510, 2007.

[263] Schwartz S H, Bilsky W. Toward a universal psychological structure of human values. [J]. Journal of personality and social psychology, 1987, 53 (3): 550.

[264] Scott W R. Institutions and organizations: Toward a theoretical synthesis[J]. Institutional environments and organizations: Structural complexity and individualism, 1994: 55-80.

[265] Scott W R. The institutional environment of global project organizations[J]. Engineering Project Organization Journal, 2012, 2(1-2): 27-35.

[266] Seitanidi M. Adaptive Responsibilities: Non-Linear Interactions Across Social Sectors. Cases from Cross Sector Social Partnerships[J]. Emergence Complexity & Organization, 2008, 10.

[267] Sen S, Bhattacharya C B. Does Doing Good Always Lead to Doing Better? Consumer Reactions to Corporate Social Responsibility[J]. Journal of Marketing Research, 2001, 38(2): 225-243.

[268] Sheng Z. Fundamental Principles Behind the Theory of Mega Infrastructure Construction Management[M]. 2018.

[269] Shenhar A J, Dvir D. Project Management Research—The Challenge and Opportunity[J]. Project Management Journal, 2007, 38(2): 93-99.

[270] Shenhar A J, Dvir D. Project Management Research—The Challenge and Opportunity[J]. Project Management Journal, 2007, 38(2): 93-99.

[271] Silvius A J G, de Graaf M. Exploring the project manager's intention to address sustainability in the project board[J]. Journal of Cleaner Production, 2019, 208: 1226-1240.

[272] Simpkins, C. A., Simpkins, A. M. An Introduction to Cybernetics (Ross, A.; 1963)[On the Shelf]. IEEE ROBOT AUTOM MAG, 2013, 20: 96.

[273] Song-ting P, Ning C. Dimension exploitation and measurement of tie strength in enterprise network[J]. China Soft Science, 2010(5): 108-115.

[274] Spivey M J. Discovery in Complex Adaptive Systems[J]. Cognitive Systems Research, 2018, 51: S2050134406.

[275] Stanwick P A, Stanwick S D. The Relationship Between Corporate Social Performance, and Organizational Size, Financial Performance, and Environmental Performance: An Empirical Examination[M]. Springer Netherlands, 2013.

[276] Stein G L. Introduction[J]. Semin Cutan Med Surg, 2018, 37(3S): S59.

[277] Steiner G A, Steiner J F. Business, Government, and Society[M]. Random House Business Division, 1997.

[278] Stone M. Cross-validatory choice and assessment of statistical predictions[J]. Journal of the Royal Statistical Society: Series B (Methodological), 1974, 36 (2): 111-133.

[279] Strauch L, Takano G, Hordijk M. Mixed-use spaces and mixed social responses: Popular resistance to a megaproject in Central Lima, Peru[J]. Habitat International, 2015, 45: 177-184.

[280] Suchman M C. Managing Legitimacy: Strategic and Institutional Approaches [J]. Academy of Management Review, 1995, 20(3): 571-610.

[281] Suk S, Liu X, Sudo K. A survey study of energy saving activities of industrial companies in the Republic of Korea[J]. Journal of Cleaner Production, 2013, 41: 301-311.

[282] Syn T, Ramaprasad A. Megaprojects-symbolic and sublime: an ontological review[J]. International Journal of Managing Projects in Business, 2019.

[283] Tai S，Wang Y，Anumba C J. A survey on communications in large-scale construction projects in China[J]. Engineering，Construction and Architectural Management，2009，16(2)：136-149.

[284] Tang Y，Qian C，Chen G，et al. How CEO Hubris Affects Corporate Social (Ir) responsibility [J]. Strategic Management Journal，2015，36（9）：1338-1357.

[285] Thomsen J，Levitt R E，Kunz J C，et al. A Trajectory for Validating Computational Emulation Models of Organizations[J]. Computational & Mathematical Organization Theory，1999，5(4)：385-401.

[286] Turner，R.，Zolin，R. Forecasting Success on Large Projects：Developing Reliable Scales to Predict Multiple Perspectives by Multiple Stakeholders Over Multiple Time Frames[J]. Journal of Project Management，2012，43：87-99.

[287] Udayasankar K. Corporate Social Responsibility and Firm Size[J]. Journal of Business Ethics，2008，83(2)：167-175.

[288] Urbach N，Ahlemann F. Structural equation modeling in information systems research using partial least squares[J]. Journal of Information technology theory and application，2010，11(2)：5-40.

[289] Valentine M，Edmondson A C. Team Scaffolds：How Meso-Level Structures Support Role-based Coordination in Temporary Groups[M]. INFORMS，2015.

[290] Valor C. Corporate Social Responsibility and Corporate Citizenship：Towards Corporate Accountability[J]. Business & Society Review，2010，110(2)：191-212.

[291] Velásquez T A. The science of corporate social responsibility (CSR)：Contamination and conflict in a mining project in the southern Ecuadorian Andes [J]. Resources Policy，2012，37(2)：233-240.

[292] Vos M，Luoma，ho V. Towards a more dynamic stakeholder model：acknowledging multiple issue arenas[J]. Corporate Communications：An International Journal，2010，15(3)：315-331.

[293] W·理查德·斯科特. 制度与组织——思想观念与物质利益[M]. 姚伟，王黎芳，译. 第三版. 中国人民大学，2010.

[294] Wagner III J A，Hollenbeck J R. Organizational behavior：Securing competitive advantage[M]. Routledge，2014.

[295] Wagner T，Lutz R J，Weitz B A. Corporate Hypocrisy：Overcoming the Threat of Inconsistent Corporate Social Responsibility Perceptions[J]. Journal of Marketing，2009，73(6)：77-91.

[296] Wall F. Agent-based modeling in managerial science：an illustrative survey

and study[J]. Review of Managerial Science, 2016, 10(1): 135-193.

[297] Wang D, Fang S, Fu H. Impact of control and trust on megaproject success: the mediating role of social exchange norms[J]. Advances in Civil Engineering, 2019, 2019.

[298] Wang D, Lu Y, Fang S. Connection between Relationship Quality and Megaproject Success: Moderating Role of Contractual Functions[J]. Advances in Civil Engineering, 2019, 2019: 1-13.

[299] Wang G, He Q, Meng X, et al. Exploring the impact of megaproject environmental responsibility on organizational citizenship behaviors for the environment: A social identity perspective[J]. International Journal of Project Management, 2017, 35(7): 1402-1414.

[300] Wang G, He Q, Xia B, et al. Impact of Institutional Pressures on Organizational Citizenship Behaviors for the Environment: Evidence from Megaprojects[J]. Journal of Management in Engineering, 2018, 34(5): 4018028.

[301] Wang, H., Qian, C. Corporate Philanthropy and Corporate Financial Performance: The Rales of Stakeholder Response and Political Acce[J]. Academy of Management, 2011, 54: 1159-1181.

[302] Wartick S L, Cochran P L. The Evolution of the Corporate Social Performance Model[J]. Academy of Management Review, 1985, 10(4): 758-769.

[303] Wenjuan , S., Justin, T., Huiyu Zhang. The interaction and co-evolution of enterprise environment, strategy and corporate social responsibility: a theoretical model and literature review[J]. Chinese Journal of Management, 2012, 9: 345.

[304] Whitty S J, Maylor H. And then came Complex Project Management (revised)[J]. International Journal of Project Management, 2009, 27(3): 304-310.

[305] Williams P, Ashill N J, Naumann E, et al. Relationship quality and satisfaction: Customer-perceived success factors for on-time projects[J]. International Journal of Project Management, 2015, 33(8): 1836-1850.

[306] Winch G, Bonke S. Project stakeholder mapping: Analysing the interests of project stakeholders[J]. 2002.

[307] Wood D J. Measuring Corporate Social Performance: A Review[J]. International Journal of Management Reviews, 2010, 12(1): 50-84.

[308] Wood J D. CORPORATE SOCIAL PERFORMANCE REVISITED. [J]. Academy of Management Review, 1991, 16(4): 691-718.

[309] Wood J L. Understanding gang membership: The significance of group processes [J]. Group Processes & Intergroup Relations, 2014, 17(6): 710-729.

[310] Woolthuis R K, Hillebrand B, Nooteboom B. Trust, contract and relation-ship development[J]. Organization studies, 2005, 26(6): 813-840.

[311] Wu G, Cong L, Zhao X, et al. Investigating the relationship between com-munication-conflict interaction and project success among construction project teams[J]. International Journal of Project Management, 2017, 35(8): 1466-1482.

[312] Wu G, Liu C, Zhao X, et al. Investigating the relationship between commu-nication-conflict interaction and project success among construction project teams[J]. International Journal of Project Management, 2017, 35(8): 1466-1482.

[313] Xie L, Han T, Chu H, et al. Behavior Selection of Stakeholders toward Mega-project Social Responsibility: Perspective from Social Action Theory[J]. Advances in Civil Engineering, 2019, 2019.

[314] Xie X, Jia Y, Meng X, et al. Corporate social responsibility, customer satis-faction, and financial performance: The moderating effect of the institutional environment in two transition economies[J]. Journal of Cleaner Production, 2017, 150: 26-39.

[315] Xing X, Chalip L. Marching in the glory: Experiences and meanings when working for a sport mega-event[J]. Journal of Sport Management, 2009, 23 (2): 210-237.

[316] Xue X., Zhang R., Zhang X., Yang R. J., Li H. Environmental and socail chal-lenges for urban subway construction: An empirical study in China[J]. International Journal for Project Management, 2015, 33: 576-588.

[317] Yamaguchi I. Interpersonal Communication Tactics and Procedural Justice for Uncertainty Management of Japanese Workers[J]. The Journal of Business Communication (1973), 2005, 42(2): 168-194.

[318] YAN N. Boosting Public Construction Project Outcomes through Relational Transactions in Singapore[D]. , 2013

[319] Yang D, He Q, Cui Q, et al. Organizational Citizenship Behavior in Con-struction Megaprojects[J]. JOURNAL OF MANAGEMENT IN ENGI-NEERING, 2018, 34(040180174).

[320] Yang D, He Q, Cui Q, et al. Non-economic motivations for organizational citizenship behavior in construction megaprojects[J]. INTERNATIONAL JOURNAL OF PROJECT MANAGEMENT, 2020, 38(1): 64-74.

[321] Yang D, He Q, Cui Q, et al. Organizational Citizenship Behavior in Con-struction Megaprojects[J]. JOURNAL OF MANAGEMENT IN ENGI-NEERING, 2018, 34(040180174).

[322] Yun S J. Experts' Social Responsibility in the Process of Large-Scale Nature-Transforming National Projects[J]. Development & Society, 2014, 43(1): 109-141.

[323] Zeng S, Ma H, Lin H, et al. The societal governance of megaproject social responsibility[J]. International Journal of Project Management, 2017, 35 (7): 1365-1377.

[324] Zhai Z, Ahola T, Le Y, et al. Governmental governance of megaprojects: the case of EXPO 2010 Shanghai[J]. Project Management Journal, 2017, 48(1): 37-50.

[325] Zhang B., Le Y., Xia B., Skitmore M. Causes of business-to-government corruption in the tenderting process in China[J]. Journal of Management in Engineering, 2016, 33: 5016022.

[326] Zhang B, Le Y, Xia B, et al. Mixed perceptions of business-to-government Guanxi in tendering and bidding for infrastructure projects in China[J]. Journal of Professional Issues in Engineering Education and Practice, 2017, 143 (4): 5017001.

[327] Zhang Q, Oo B L, Lim B T H. Drivers, motivations, and barriers to the implementation of corporate social responsibility practices by construction enterprises: A review[J]. Journal of Cleaner Production, 2019, 210: 563-584.

[328] Zhang S B, Fu Y F, Gao Y, et al. Influence of trust and contract on dispute negotiation behavioral strategy in construction subcontracting[J]. Journal of Management in Engineering, 2016, 32(4): 4016001.

[329] Zhang X, Wu Y, Shen L. Embedding "green" in project-based organizations: the way ahead in the construction industry? [J]. Journal of Cleaner Production, 2015, 107: 420-427.

[330] Zhao X, Liu J, Liu Q, et al. Physical and virtual water transfers for regional water stress alleviation in China. [J]. Proceedings of the National Academy of Sciences of the United States of America, 2015, 112(4).

[331] Zhao Z, Zhao X, Davidson K, et al. A corporate social responsibility indicator system for construction enterprises[J]. Journal of Cleaner Production, 2012, 29-30: 277-289.

[332] Zheming, LIU, Liangyan, et al. Social responsibility in infrastructure megaprojects: A case study of ecological compensation for Sousa chinensis during the construction of the Hong Kong-Zhuhai-Macao Bridge[J]. FRONTIERS OF ENGINEERING MANAGEMENT, 2018.

[333] Zheng S, Kahn M E. China's bullet trains facilitate market integration and mitigate the cost of megacity growth. [J]. Proceedings of the National Acade-

my of Sciences of the United States of America，2013，110(14).

[334] Zheng X，Lu Y，Le Y，et al. Formation of Interorganizational Relational Behavior in Megaprojects：Perspective of the Extended Theory of Planned Behavior[J]. Journal of Management in Engineering，2018，34(1)：4017052.

[335] Zhou Z，Irizarry J. Integrated Framework of Modified Accident Energy Release Model and Network Theory to Explore the Full Complexity of the Hangzhou Subway Construction Collapse[J]. Journal of Management in Engineering，2016，32(5)：5016013.

[336] Zhou Z，Mi C. Social responsibility research within the context of megaproject management：Trends，gaps and opportunities[J]. International Journal of Project Management，2017，35(7).

[337] Zollo M，Reuer J J，Singh H. Interorganizational Routines and Performance in Strategic Alliances[J]. Organization Science，2002，13(6)：701-713.

[338] 毕天云. 布迪厄的"场域-惯习"论[J]. 学术探索，2004(01)：32-35.

[339] 边燕杰，张文宏. 经济体制、社会网络与职业流动[J]. 中国社会科学，2001(2)：77-89.

[340] 曹家彦. 企业家社会责任认知与企业社会责任行为关系的研究[D]. 浙江大学，2009.

[341] 曾赛星，林翰，马汉阳. 重大基础设施工程社会责任[M]. 北京：科学出版社，2018.

[342] 曾祥龙，王丽萍. 中小企业社会责任行为的文献综述[J]. 经济界，2019(6)：71-76.

[343] 超鸿燕. 中国"走出去"企业的社会责任风险[J]. 合作经济与科技，2014(22)：191-192.

[344] 陈晨. 政府投资建设项目利益相关关系网络的构建与分析[D]. 山东：山东大学，2011.

[345] 陈国权，毛益民. 腐败裂变式扩散：一种社会交换分析[J]. 浙江大学学报(人文社会科学版)，2013，43(2)：5-13.

[346] 陈浩，刘春林，吴超. 网络位置、网络密度对企业社会责任报告行为的交互影响效应研究[J]. 现代财经(天津财经大学学报)，2018(3)：82-98.

[347] 陈文津. 怎样正确看待利己行为[J]. 商，2015(30)：289.

[348] 陈星光，朱振涛. 复杂系统视角下的大型工程项目管理复杂性研究[J]. 建筑经济，2017，38(1)：42-47.

[349] 陈真. 心理学利己主义和伦理学利己主义[J]. 求是学刊，2005(6)：50-56.

[350] 程程. 关爱建设者 赠书到工地[J]. 中国安全生产，2018，13(12)：70-71.

[351] 程书萍. 重大基础设施工程管理中的适应性选择原理与策略[J]. 运筹与管理，2017，26：153-157.

[352] 邓娇娇，严玲，吴绍艳．中国情境下公共项目关系治理的研究：内涵、结构与量表[J]．管理评论，2015(8)：213-222.

[353] 丁翔，盛昭瀚，李真．基于计算实验的重大工程决策分析[J]．系统管理学报，2015，24(4)：545-551.

[354] 董宋行．奢侈品企业的社会责任行为及其对消费者的影响[J]．湖北工程学院学报，2019，39(5)：103-106.

[355] 杜春澎．复杂网络中的演化博弈与实力非对称行为实验研究[D]．云南财经大学，2019.

[356] 杜海涛，王梦菊．深中通道对中山市交通发展的影响分析[J]．交通科技与经济，2018，20(1)：36-40.

[357] 段运峰，李永奎，乐云，等．复杂重大工程共同体的社会结构、网络关系及治理研究评述[J]．建筑经济，2012(10)：79-82.

[358] 费显政．新制度学派组织与环境关系观述评[J]．外国经济与管理，2006，28(08)：10-18.

[359] 冯臻．企业社会责任行动实施过程影响因素实证研究——基于计划行为理论视角[J]．企业经济，2014(4)：48-51.

[360] 高星林，张鸣功，方明山，等．港珠澳大桥工程创新管理实践[J]．重庆交通大学学报(自然科学版)，2016，35(s1)：12-26.

[361] 葛艾红．基于态度理论探究短视频社交软件对大学生的影响[J]．新媒体研究，2019，5(9)：112-114.

[362] 韩婷．基于元网络的重大工程社会责任行为研究[D]．华南理工大学，2019.

[363] 何大安．个体选择理论的行为和实验分析[J]．浙江学刊，2008(4)：19-26.

[364] 何清华，陈震，李永奎．基于项目组织公民行为的重大基础设施工程项目成功评价体系研究——以无锡太湖国际科技园区开发为例[J]．科技进步与对策，2014，31(11)：62-66.

[365] 何清华，范道安，谢坚勋，等．重大工程实施主体组织模式演化与博弈[J]．同济大学学报(自然科学版)，2016(12)：1956-1961.

[366] 黄丹萍．建筑企业社会责任行为选择及与企业绩效协调发展研究[D]．广州大学，2019.

[367] 黄陵东．人类行为解读：韦伯与哈贝马斯的社会行动理论[J]．福建论坛(人文社会科学版)，2003(4)：58-65.

[368] 黄瑛，王宝荣．群体公民行为的培育——基于SHRP视角的实证研究[J]．经济管理，2012，34(10)：175-183.

[369] 季闯．基于计算实验方法的重大工程社会风险评估与治理研究[D]．南京：东南大学，2016.

[370] 姜楠．基于计划行为理论的创业行为影响因素扎根研究[D]．哈尔滨工业大学，2019.

[371] 姜岩．"小世界与无标度网络"：复杂网络理论视角下的思政教学反思[J]．滨州学院学报，2019，35(3)：60-64.

[372] 姜雨峰．外部压力、伦理型领导与企业社会责任的关系研究[D]．吉林大学，2015.

[373] 金帅，张洋，孟庆峰．动态惩罚机制下企业环境遵从行为演化动态分析[J]．系统管理学报，2017(6)：1122-1130.

[374] 赖文勇．基于过程视角的建筑企业社会责任行为识别与优化研究[D]．广州大学，2019.

[375] 乐云，李永奎，胡毅，等．"政府—市场"二元作用下我国重大工程组织模式及基本演进规律[J]．管理世界，2019，35(4)：17-27.

[376] 乐云，刘敏，李永奎．政府投资建设项目业主的"隧道行为"及监管博弈[J]．土木工程学报，2012，45(S2)：236-240.

[377] 李大元，贾晓琳，辛琳娜．企业漂绿行为研究述评与展望[J]．外国经济与管理，2015(12)：86-96.

[378] 李梦．复杂供应链网络的协作同步动力学模型研究[D]．天津工业大学，2019.

[379] 李伟侠．企业社会责任驱动机理及其实现路径[D]．大连理工大学，2014.

[380] 李艳丽，高岚．林业企业社会责任行为的内容、水平与影响因素分析[J]．林业经济问题，2015，35(4)：323-329.

[381] 李永奎，乐云，何清华，等．大型复杂项目组织网络模型及实证分析[J]．同济大学学报(自然科学版)，2011，39(6)：930-934.

[382] 李永奎，乐云，卢昱杰．基于SNA的大型工程项目组织总控机制及实证[J]．同济大学学报(自然科学版)，2011，39(11)：1715-1719.

[383] 李永奎，李彪，刘晓雪．重大工程组织理论研究的关键方向和创新方法——超越传统工程视角的思考[J]．工程管理学报，2019，33(3)：92-97.

[384] 梁茹，陈永泰，徐峰，等．社会系统多元情景可计算模式研究[J]．管理科学学报，2017，20(1)：53-63.

[385] 林翰．重大基础设施工程社会责任耦合机理及评价体系[D]．上海交通大学，2016.

[386] 刘伯恩．组织合法性视角下矿业企业社会责任驱动机理研究[D]．中国地质大学(北京)，2014.

[387] 刘聪，吴光东，段错丰，等．基于CAS理论的建设工程项目冲突管理策略研究[J]．工程管理学报，2017，31(3)：102-107.

[388] 刘芳．项目利益相关方的动态治理关系研究[D]．山东：山东大学，2012.

[389] 刘计含，王建琼．基于社会网络视角的企业社会责任行为相似性研究[J]．中国管理科学，2016(9)：115-123.

[390] 刘军．整体网分析：UCINET软件使用指南[M]．第二版．上海：上海格致

出版社/上海人民出版社，2014.

[391] 刘生龙，胡鞍钢. 基础设施的外部性在中国的检验：1988—2007[J]. 经济研究，2010，45(3)：4-15.

[392] 刘潇. 国际贸易复杂动态元网络模型及应用[D]. 广州：华南理工大学，2011.

[393] 刘燕. 心理契约违背对员工行为选择策略的影响机制研究[D]. 吉林大学，2014.

[394] 刘元奎. 论当前我国工程项目工程师的社会责任[D]. 湖北大学，2011.

[395] 刘正强. 中国访民的理想型——立基于韦伯社会行动理论的本土解释[J]. 学术月刊，2018，50(2)：103-113.

[396] 陆佑楣. 水坝工程的社会责任——论水坝水电站工程的生态影响和生态效应[J]. 工程研究-跨学科视野中的工程，2005，2：48-54.

[397] 罗家德. 社会网分析讲义[M]. 北京：社会科学文献出版社，2009.

[398] 吕政宝，凌文辁，马超. 群体公民行为研究述评[J]. 华东经济管理，2010，24(2)：145-148.

[399] 马汉阳. 重大基础设施工程社会责任效应与治理[D]. 上海交通大学，2018.

[400] 马庆国. 管理统计[M]. 北京：科学出版社，2002.

[401] 麦强，安实，林翰，等. 重大工程复杂性与适应性组织——港珠澳大桥的案例[J]. 管理科学，2018，31(3)：86-99.

[402] 孟晓华，曾赛星，张振波，等. 高管团队特征与企业环境责任——基于制造业上市公司的实证研究[J]. 系统管理学报，2012(6)：825-834.

[403] 帕森斯塔尔科特，帕森斯，张明德. 社会行动的结构[M]. 译林出版社，2012.

[404] 彭为，陈建国，伍迪，等. 政府与社会资本合作项目利益相关者影响力分析——基于美国州立高速公路项目的实证研究[J]. 管理评论，2017，29(5)：205-215.

[405] 区莹. 关于建筑企业社会责任问题的思考[J]. 建筑经济，2007(7)：94-96.

[406] 曲娜. 基于自组织理论的工程项目组织演化动力机制研究[D]. 中南大学，2011.

[407] 荣泰生. AMOS 与研究方法[M]. 重庆大学出版社，2010.

[408] 荣泰生. AMOS 与研究方法. 第 2 版[M]. 2016.

[409] 申鹏霞. 基于理性行为理论的 90 后旅游者网络分享行为研究[D]. 北京交通大学，2019.

[410] 沈岐平，杨静. 建设项目利益相关者管理框架研究[J]. 工程管理学报，2010(4)：412-419.

[411] 斯蒂芬·P·罗宾斯，贾奇. 组织行为学(第 12 版)[M]. 中国人民大学出版社，2008.

[412] 斯科特，姚伟，王黎芳. 制度与组织：第 3 版[M]. 2010.

[413] 宋洁. 组织变迁的动力——基于组织场域的视角[J]. 中国物价，2011(12)：58-60.

[414] 陶友之. 企业经济利益追求中的问题与治理[J]. 上海市经济管理干部学院学报，2008(5)：28-33.

[415] 田祖海，叶凯. 企业社会责任研究述评[J]. 中南财经政法大学学报，2017(1)：140-147.

[416] 汪应洛，王宏波. 工程科学与工程哲学[J]. 自然辩证法研究，2005(9)：59-63.

[417] 王爱民. 重大工程社会责任与危机管理协同的信息策略[J]. 科技管理研究，2014(23)：21-24.

[418] 王爱民. 基于社会责任的重大工程危机管理研究[J]. 当代经济管理，2015，37(3)：13-17.

[419] 王歌，何清华，杨德磊，等. 制度压力、环境公民行为与环境管理绩效：基于中国重大工程的实证研究[J]. 系统管理学报，2018，27(1)：118-128.

[420] 王红丽，陆云波. 可计算组织模型的验证难点与验证方法综述[J]. 系统工程理论与实践，2014，34(2)：382-391.

[421] 王磊，丁荣贵，许萍，等. 基于利益相关方关系网络的项目成功评价方法[J]. 工业工程与管理，2017，22(2)：69-75.

[422] 王禹杰. 建设工程项目组织沟通机理、互动机制及其有效性评价研究[D]. 吉林大学管理科学与工程，2009.

[423] 温炎. 企业社会责任行为与其品牌成长关系的研究[D]. 吉林大学，2012.

[424] 吴明隆. 结构方程模型：AMOS 的操作与应用[M]. 重庆大学出版社，2010.

[425] 吴明隆. 问卷统计分析实务：SPSS 操作与应用[M]. 2010.

[426] 吴晓姣. 企业价值观、组织支持感对其社会责任行为的影响研究[D]. 浙江财经大学，2013.

[427] 向鹏成，董东. 跨区域重大工程项目风险相互关系的社会网络分析[J]. 世界科技研究与发展，2014，36(6)：674-680.

[428] 肖红军，张俊生，李伟阳. 企业伪社会责任行为研究[J]. 中国工业经济，2013(6)：109-121.

[429] 肖兴政，杨晓宇. 组织行为学[M]. 2015.

[430] 肖兴志，赵文霞. 规制遵从行为研究评述[J]. 经济学动态，2011(5)：135-140.

[431] 谢琳琳，褚海涛，韩婷，等. 重大工程组织场域的结构化与变迁——以港珠澳大桥珠海口岸工程为例[J]. 工程管理学报，2018，32(6)：92-97.

[432] 谢琳琳，褚海涛，韩婷，等. 基于社会行动理论的重大工程社会责任行为选择[J]. 土木工程与管理学报，2018，35(6)：57-64.

[433] 谢小辉. 我国民营企业社会责任行为影响因素的实证研究——以浙江为例[D]. 浙江工商大学，2008.

[434] 许劲，任玉珑. 项目关系质量、项目绩效及其影响关系实证研究[J]. 预测，

2010，29（1）：71-75.

[435] 许萍. 国际工程项目社会责任对项目绩效的影响研究[D]. 山东大学，2016.

[436] 许婷婷. 管理者价值观与企业社会责任表现关系研究[D]. 辽宁大学，2014.

[437] 许钰垫. 无标度网络中谣言传播模型研究[D]. 北京邮电大学，2019.

[438] 薛薇. SPSS统计分析方法及应用[M]. 电子工业出版社，2013.

[439] 闫波. 工程项目管理中的"关系"研究[D]. 南京：东南大学，2004.

[440] 严敏，严玲，邓娇娇. 行业惯例、关系规范与合作行为：基于建设项目组织
的研究[J]. 华东经济管理，2015（8）：165-174.

[441] 严云峰. 小世界网络中基于Agent的创新扩散建模及仿真研究[D]. 华东理
工大学，2011.

[442] 颜剩勇. 企业社会责任的财务评价研究[J]. 科技进步与对策，2006，23（8）：
175-177.

[443] 杨春方. 中国企业社会责任影响因素实证研究[J]. 经济学家，2009（1）：
66-76.

[444] 杨春方. 我国企业社会责任驱动机制研究[D]. 华中科技大学，2009.

[445] 杨汉明，吴丹红. 企业社会责任信息披露的制度动因及路径选择——基于"制
度同形"的分析框架[J]. 中南财经政法大学学报，2015（1）：55-62.

[446] 杨菊兰. 企业社会责任行为对员工工作绩效的跨层次作用机制研究[D]. 山西
财经大学，2016.

[447] 姚志强，刘伟. 腐败行为形成的社会心理机制——基于环境-个体-行为三元决
定论的分析[J]. 理论导刊，2011（1）：54-56.

[448] 尹守军. 基于复杂适应系统的组织结构演化研究[D]. 电子科技大学，2014.

[449] 于飞. 制度环境、企业社会责任行为与利益相关者关系质量研究[D]. 武汉大
学，2014.

[450] 负杰. 中国地方政府绩效评估：研究与应用[J]. 政治学研究，2015（6）：
76-86.

[451] 韵江，高良谋. 公司治理、组织能力和社会责任——基于整合与协同演化的
视角[J]. 中国工业经济，2005（11）：103-110.

[452] 张兵. 政府投资项目招投标腐败网络的模型构建与仿真分析[D]. 上海：同济
大学，2016.

[453] 张兵，乐云，李永奎，等. 工程腐败的网络结构特征与打击策略选择——基于
动态元网络视角的分析[J]. 公共管理学报，2015，12（3）：33-44.

[454] 张合军，陈建国，贾广社，等. 社会网络分析与建设工程绩效目标设置[J]. 科
技进步与对策，2009，26（21）：176-180.

[455] 张军，盛昭瀚. 组织行为演化研究的计算实验方法[J]. 复杂系统与复杂性科
学，2005，2（4）：33-40.

[456] 张坤. 企业社会责任实现机制研究[D]. 中南大学，2013.

[457] 张玉爽．企业家社会责任认知、企业社会责任行为与企业绩效的关系研究[D]．吉林大学，2011．

[458] 赵红丹．企业伪社会责任行为的动因研究[J]．当代财经，2014(12)：77-86．

[459] 赵红丹，周君．国外企业伪社会责任研究述评与展望[J]．首都经济贸易大学学报，2017(1)：96-103．

[460] 赵晓婧．建筑企业社会责任指标体系及管理模型研究[D]．华北电力大学，2012．

[461] 郑海东．企业社会责任行为表现：测量维度、影响因素及对企业绩效的影响[D]．浙江大学，2007．

[462] 祝军，何清华，叶丹丹，等．基于扎根理论的重大工程组织公民行为模型[J]．工程管理学报，2017，31(1)：94-100．